JN412243

미국형사소송 실무와 절차

오경식·최창호

책을 출판하면서

한 사회의 문명화 척도는 형사절차를 통하여 파악할 수 있다.

바야흐로 헌법의 시대가 도래하여 헌법적 형사소송이 논의되고 모든 국민의 기본권은 헌법에 터잡아 논의가 진행되며, 높아진 인권의식 및 적법절차에 대한 강조로 말미암아 형사사법의 운영실태에 대한 관심이 고조되고 있다.

모든 형사절차가 헌법에 규정되어야 하는 것이 아니라고 하더라도 미국 연방헌법 수정 제4조, 제5조 및 제6조의 규정은 형사절차와 밀접한 관계를 가지고 있다.

우리 헌법의 기본권 조항에 형사절차에 관한 내용이 많이 포함되어 있는 것은 국민의 기본권을 보장하고자 하는 헌법제정권자의 결단이라고 보아야 한다. 미국의 헌법 및 형사소송법은 우리나라 형사절차에 지대한 영향을 주었고, 특히 영장주의의 도입부터 우리의 형사법체계는 미국의 영향을 받았다.

미국 사회에 있어서 중요한 판례 하나가 역사의 물줄기를 바꾼 사례가 적지 않다. 미국에서는 인권침해 및 범죄에 대한 사회의 방어를 위한 투쟁을 거치면서 주옥같은 판결들이 축적되었고, 이들이 밤하늘의 별처럼 밝게 빛나면서 인권을 신장시키는 기폭제가 되었다. 그러한 판결을 통하여 미국은 선진국으로의 지위를 확고부동하게 차지하고 있는 것이다. 물론 시대의 변화에 따라 판례가 변경되기도 하고 판결의 내용이 항상 공정한 것은 아니었지만, 연방대법원의 판결은 사회의 방향을 제시하는 나침반으로서의 역할을 감당하고 있다.

비록 저자들은 충분하지 않은 미국 체류 기간이었지만 미국의 법질서를 경험할 수 있었던 기회가 있었고, 이를 통하여 인종의 집합소라 할 수 있는 거대한 미국 사회를 지탱하는 중심에 법치주의가 존재하고 있다는 것을 느낄 수 있었다. 유기체처럼 짜여진 형사절차를 통하여 사회가 운영되는 것을 목격하고 미국 형사절차 및 그 운영에 대한 지속적인 관심을 유지하게 되었는데, 이 책은 그 결과물이라 할 수 있다.

이 책에서는 미국 형사절차의 전체적인 모습을 조망하면서 그 운영의 실태를 소개하고자 노력하였다.

미국에서도 정의를 실현하고 차별을 방지하며 형사처벌의 합리적 한계를 넘지 않는 범위 내에서 범죄를 통제하고자 하는 목표를 실현하고자 한다. 그러나 미국의 형사절차에 대하여도 많은 비판이 제기되고 있는 것이 사실이다. 특히 차별의 심화, 과도한 재량, 붕괴된 법의 지배, 배심제의 문제점, 형 집행의 가혹, 고장난 시계추처럼 애매한 판결 등에 대하여 많은 비판이 제기되고 있다. 어느 나라의 제도라 하더라도 전지전능할 수는 없는 것이고, 장단점이 있는 법이다.

사법개혁이라는 화두가 세상에 등장하면 항상 미국의 제도가 어떠한가 하는 질문이 시작된다. 이 책은 미국 형사사법제도라는 거울을 통하여 우리를 되돌아보고 우리의 앞길을 밝히는 등대를 찾고자 하는 조그만 시도의 한 걸음에 불과하다.

우리나라에서도 법학전문대학원 제도가 도입되었고, 미국 유학을 꿈꾸는 학생들이 증가함에 따라 미국법 이해에 대한 수요는 증가하고 있다.

향후 제도에 대한 비교법적 연구, 판례의 변천 및 실무의 운영실태를 지속적으로 분석하여 책의 내용을 보완할 예정이다. 독자들의 많은 질정을 바란다.

이 책이 우리의 몸에 맞는 사법제도 개선에 참고가 되고, 미국법의 이해를 희망하는 독자들에게 인식의 지평을 넓히는 역할을 충실하게 수행할 수 있기를 기대해 본다.

이 책의 발간을 위하여 편집작업을 해주신 전충영 상무님과 유원북스 이구만 사장님께 진심으로 감사의 뜻을 전합니다.

2017. 4.

저자들

차 례

제 1 장 미국 형사소송절차의 개요와 특징

제2장 체포, 상당한 이유, 수색영장

제4장 전자적 감시와 비밀정보원

제5장 자백과 경찰심문

제6장 대질확인, 그 밖의 재판 전 동일인 확인절차

제7장 위법수집증거 배제의 원칙(The Exclusicnary Rule)

제8장 변호인의 조력을 받을 권리(The Right to Counsel)

제9장 정식소송절차(Formal Proceedings)

제 1 장

미국 형사소송절차의 개요와 특징

제 1 절 미국 형사소송절차의 개요

영국에서는 11세기 윌리엄 1세가 노르만왕조를 수립하여 강력한 중앙집권적 봉건제도가 수립된 이후, 법조원(Inns of Court) 및 순회재판소의 활동에 의하여 형성된 판결을 토대로 전국적으로 공통된 일반적 규범으로서의 보통법(Common Law)이라는 법체계가 형성되었다. 이는 계속성과 강인성 이외에 배심제와 법의 지배원리(doctrine of rule of law)를 그 특색으로 한다. 또한 교회법원(ecclesiastical court)이 성립하여 19세기 중엽까지 종교적·도덕적 사항에 관한 민사법상의 중요한 역할을 함으로써 보통법이 발전되었다.

이와는 성격이 다른 재판소로서 보통법(Common Law)재판소와 대립되는 형평법재판소(또는 대법관재판소, Court of Chancery)를 들 수 있는데, 이는 보통법의 지나친 엄격성을 완화하고 선결례(precedents)에 구애되지 않고 구체적 타당성을 존중하며, 법관의 자유재량을 인정하며, 법의 도덕화를 지향하고 있다. 이로 인해 형성된 법을 형평법(Equity Law)이라 한다.

19세기 후반에는 보통법재판소와 형평법재판소가 각각 병존하여 서로 다른 법을 적용함으로써 소송당사자에게 불편을 주게 되자 1873년 최고재판소(Supreme Court of Judicature)를 설립하여 양 재판소를 통합하였다. 그러나 보통법(Common Law)과 형평법(Equity Law)까지 통합된 것이 아니고, 두 법이 서로 다른 경우에 형평법이 우선 적용되었다. 오늘날 영국에서는 상당수의

성문법이 제정되었지만 아직도 보통법(Common Law)이 영국법의 주요부분을 이루고 있다.

영국법은 영국의 식민지였던 미국에 계수되었으며, 미국은 독립과 남북전쟁을 거친 후 영국법의 계수에 대한 반발 등으로 미국만의 새롭고 독자적인 법체계를 정착시켰다. 이러한 정착과정에서 다양한 국적과 문화권의 사람들이 모여 사는 관계로 미국의 법과 제도는 다양하고 서로 상이하다. 연방과 50개 주가 각자의 정부와 법을 가지고 있으며, 또한 주와 주, 연방과 주 사이에 공통된 원리와 제도를 중심으로 서로 유기적으로 공존하고 있다.

이와 같은 미국의 법과 제도의 성격 때문에 미국의 형사소송절차를 일목요연하게 설명한다는 것은 쉬운 일이 아니다. 즉, 연방정부와 주정부는 각자의 형사소송법을 제정하여 이를 시행하고 있다. 1788년 제정되어 1789년 발효된 미국 연방헌법은 불문법국가인 영국과는 달리 성문헌법으로서 미국 내의 모든 법규의 상위규범으로 다양한 주법의 기준을 제시하고 있다. 미국의 50개 주에서는 연방헌법이 제시하는 범위 내에서 독자적인 주법을 제정하여 시행하고 있다.

이러한 역사적 배경을 바탕으로 발전된 미국 형사소송절차는 대부분의 주에서 범죄수사, 체포와 수색, 치안판사에의 최초 출두, 예비심문, 공소제기, 기소인부절차, 재판절차, 판결, 상소 등의 과정을 거치고 있다.

제 2 절 미국 형사소송절차의 특징

미국법의 특징은 첫째로 사법부 우위의 확립과, 둘째로 선례구속성의 원칙을 완화하였으며, 셋째로 배심제도가 영국으로부터 계수되었으나 영국과는 다른 방향으로 발전되었으며, 넷째로 법학연구가 이념적·관념적인 것보다 실질적·분석적 방법(Case Method)으로 되어 있다.

미국법은 주와 연방 간에 서로 역할의 조정과 분담이 오랜 관습에 의해 잘 이루어져 있다.

제 3 절 주(州)형사소송절차와 연방헌법

Ⅰ. 형사소송절차의 의미

형사소송이란 형사사법체계가 기능하도록 하는 절차와 방법에 대한 것을 의미한다. 이러한 형사소송의 범위에 포함되는 내용들은 다음과 같다.

1. 피의자의 체포
2. 가택수색과 신체수색
3. 전자적 감시장치와 비밀정보원의 이용
4. 피의자 신문, 그리고 자백의 확보
5. 대질확인과 기타의 재판 전 신분확인절차
6. 위법수집증거 배제의 원칙, 그리고 배제원칙이 헌법에 위배되는 방법으로 획득된 증거의 허용성에 어떻게 영향을 미칠 것인가
7. 변호인의 조력을 받을 권리
8. 대배심절차
9. 보석과 예비구금
10. 유죄답변거래
11. 신속한 재판을 받을 권리
12. 재판 전 개시절차
13. 이중기소 금지

Ⅱ. 미국연방헌법상의 쟁점

형사소송의 많은 내용이 미국헌법, 특히 권리선언(최초의 10개 수정조항)

부분에 잘 규정되어 있다. 미국 연방헌법에 소송절차에 관한 문제를 규정하고 있는 경우에는 관련 조항들의 내용은 연방법원에 대하여 구속력이 있다. 또한 주 법원들도 대부분의 소송에서 연방헌법의 규정에 따라야 한다. 미국 연방헌법이 형사소송절차의 많은 부분을 규정하고 있다고 하더라도 형사소송절차에 관한 완결된 법전은 아니다. 따라서 연방 및 주 사법부는 헌법의 내용에 저촉되지 아니하는 범위 내에서 형사재판을 관리할 수 있는 소송절차에 관한 법령이나 규칙을 제정할 수 있다.

예를 들어, 연방헌법 수정 제4조는 불합리한 수색과 체포를 금지하고 있으나, 도청이 위 조항의 적용대상이 되는지 여부가 불투명하였다. 의회는 도청을 금지하는 연방도청방지법을 제정하였다. 이 법이 헌법의 규정에 위배되지 않는 한 연방 및 주의 법집행기관은 위 법에 따라야 한다.

Ⅲ. 권리선언의 주(州) 적용 가능성

연방헌법을 주의 형사소추에 적용할 것인가 여부를 결정함에 있어서 대법원은 (연방 인권규정의 주에의) 부분적 적용의 법리(selective incorporation)에 따른다. 권리선언에 열거된 모든 권리가 주에 적용될 수는 없지만 만일 권리의 어느 측면이 기본적 공정성에 필요하므로 주에 적용되어야 한다고 판단되면 그때에는 그 권리의 모든 측면이 적용된다. 따라서 만일 권리가 주법원에서 적용될 수 있다면, 그 적용범위는 연방법원에서의 그것과 동일하다.

1. 주에 적용할 수 없는 두 가지 권리

모든 권리선언상의 보장들은 두 가지를 제외하고 주에서도 유효하게 적용될 수 있다. 그 두 가지는 다음과 같다.

(1) 보 석

과도한 보석금에 대한 수정 제8조(the Eighth Amendment)의 보장(결과적으로 명백히 주에서는 보석금을 요구할 수 있지만, 그때에도 과도한 금액의 보석금을 정할 수는 없다). 한편 대부분의 주에서는 과다한 보석금을 금지하는 주헌법 등을 채택하고 있다.

(2) 대배심 기소

수정 제5조(the Fifth Amendment)의 대배심 기소에 대한 권리(결과적으로 주는 대배심 기소에 의하기보다는 오히려 검사(prosecutor)에 의하여 준비된 정보를 이용하여 소추하려고 할 것이다)이다.

Ⅳ. 연방법원에 헌법상의 권리 주장

주 형사소송에 있어서 피고인은 당연히 그의 연방헌법상의 권리가 (예컨대 강요된 자백 또는 불법적인 수색과 체포에 의한 결과물을 피고인의 의사에 반하여 사용함으로써) 침해당하였음을 소송 중에 스스로 제기할 수 있다.[1]

1. 연방인신보호

주 형사피고인은 상황에 따라서 주 재판절차가 그의 연방헌법상의 권리를 침해하였음을 주장할 수 있는 기회가 부여된다. 그는 인신보호영장을 위한 연방소송을 제기할 수 있다. 다만 피고인은 유죄로 확정되고 그에게 주어지는 주 항소구제수단들을 모두 사용한 후가 아니면 이 인신보호영장을 위한 소송을 제기할 수 없다. 인신보호영장을 위한 청구는 연방지방법원 판사(federal district court judge)가 담당한다. 만일 판사가 유죄확정이 피의자의 헌법상의 권리를 침해하면서 얻어진 것이라고 판단하면 피고인에게 석방(일반적으로는 새로운 재판을 받을 것을 조건으로)을 명할 수 있다.

(1) 제 한

피고인이 연방인신보호 소송에서 진술할 수 있는 일련의 주장에는 중대

---

1 헌법과 형사절차에서의 주요 논쟁에 대하여는 Akill Reed Amar, *The Constitution and Criminal Procedure: First Principles*, Yale University Press, 1997 참조.

한 제한이 있다. 가장 중요한 것은, 수색과 체포에 있어서, 만일 주가 피의자에게 수정 제4조(the Fourth Amendment)상의 권리주장에 대하여 충분하고 공정한 소송(full and fair litigation)을 위한 기회를 부여하였다면(즉, 그 증거가 불법적인 수색과 체포의 결과물이기 때문에 피의자에 대항하여 제출될 수 없다는 주장을 할 수 있도록 공정한 기회가 주어졌다면) 피고인은 설령 주법원이 잘못된 헌법적 결론에 도달하였다는 것을 연방법원이 확신하는 경우라도 그의 인신보호를 위한 청구에서는 이러한 주장을 할 수 없도록 하는 제한을 가하고 있다.[2]

제 4 절 형사소송에 있어서의 제 단계

1. 체 포 (Arrest)

경찰관은 피의자가 범죄를 저질렀다고 믿을 만한 상당한 이유(probable cause)가 있을 때 체포를 한다. 체포는 영장에 의하거나 또는 영장 없이도 행해질 수 있다(대부분 영장 없이 행해진다). 한편 수사의 개시에 있어서 체포가 항상 수반하는 것은 아니다. 체포의 범위에는 일반적으로 피의자를 구금하고 경찰서로 그를 이송하는 것을 포함한다. 사안이 경미한 경우에는 혐의자를 경찰서로 인치하는 대신 일정한 일시에 법원에 출석하여 재판을 받으라는 소환장을 발부하고 석방하기도 한다. 다만, 피의자가 부인하는 경우에는 정식의 재판절차가 진행된다.

영장에 의하여 체포를 하는 경우에는 대부분 경찰이 신청한 영장에 검사의 동의나 서명을 필요로 하고, 경찰은 체포영장의 발부를 담당하는 치안판사에게 체포의 정당성을 나타내는 선서진술서를 제출한다.

---

2 Stone v. Powell, 428 U.S. 465 (1976).

2. 입 건 (Booking)

경찰서에서 피의자는 사건기록부에 그에 관한 정보의 기입, 사진촬영, 그리고 지문채취 등의 절차를 거치게 된다. 이러한 절차에서 피의자의 신분에 관한 사항, 즉 나이, 직업, 주거, 가족 등에 대한 질문이 이루어진다. 이 단계에서 경찰책임자는 사건내용을 검토한 후 피의자에게 상당한 이유가 부족하다고 판단되는 경우 피의자를 석방하기도 한다. 경미한 사안의 경우에는 보증금 납부를 조건으로 보석이 허용될 수 있다.

3. 고발장 제출 (Filing complaints)

검사는 기소할 수 있는 충분한 증거가 있는지 여부를 판단하고, 충분한 증거가 있다고 판단하면 고발장(complaint)을 작성한다. 경찰이 사건을 송치하면 검사는 송치된 사건에 대하여 증거가 충분한지 여부를 중심으로 검토한 후 소추 가능 여부를 결정한다.

4. 첫 출두 (First appearance)

고발장이 제출된 후 피의자는 치안판사(magistrate) 앞에 불려나간다. 대부분의 주에서 이를 첫 출두라고 부른다. 여기에서 치안판사는 피의자에게 범죄사실을 알리고, 그에게 변호사의 조력을 받을 권리가 있음을 알리며, 보석금을 정하거나 보석금 없이 피의자를 석방하기도 한다. 피의자가 체포 후 경찰 단계에서 보석으로 석방된 경우에는 최초의 출두에 시간이 소요될 수도 있으나, 피의자가 구금되어 있는 상태에서는 불필요한 지체 없이 이러한 절차가 진행되어야 한다. 최근에는 피고인의 서약서 제출만으로 보석이 허가되기도 한다.

5. 예비신문 (Preliminary hearing)

만일 사건이 중죄의 경우에 해당하면 예비신문절차가 진행된다. 이 절차는 다시 치안판사 앞에서 행해지고, 이때에는 일반적으로 치안판사가 유죄의 범죄를 저질렀다고 믿을 만한 상당한 이유(probable cause)가 있는지의 여부를 결정할 수 있는 증거의 제출을 요구한다. 대부분의 지역에서는 경죄의 경우에는 예비신문이 이루어지지 않으나, 중죄의 경우에는 피의자가 포기하지 않는 한 예비신문절차를 거친다.[3]

6. 약식 혹은 정식 공소장의 제출 (Filing of indictment or information)

연방 혹은 대배심이 있는 주에서는 다음 단계로 대배심이 검사의 증거를 경청하고 공소장을 발부한다. 대배심제가 없는 주에서는 검사가 범죄사실을 열거한 약식 공소장(information)을 작성한다.

7. 기소인부절차 (Arraignment)

공소장이 제출된 후 피고인은 법원에서 공소사실에 대해 신문을 받는다. 법원은 검사, 피고인이 출석한 상태에서 피고인에게 공소장을 읽어주거나 요지를 설명하고 답변을 요구하는데, 피고인은 기소된 혐의에 대하여 의견을 진술한다.

8. 재판 전(前) 신청 (Pre-trial motions)

이는 공판절차의 본안심리가 개시되기 전에 검찰과 피고인 측이 사전에 해결되어야 할 쟁점을 정리하고 제기된 쟁점을 법원이 해결하는 절차이다. 우선 피고인 측 변호인은 일정한 재판 전 행위인 소송당사자가 법원에 대하여 소송의 원활한 진행과 관련하여 필요한 결정 내지는 명령을 구하는 행위를 행한다. 증거의 개시, 위법수집증거의 배제신청 등이 이에 해당한다.

---

3 Gerstein v. Pugh, 420 U.S. 103 (1975). 연방대법원은 예비신문이 연방헌법 수정 제4조에 의하여 인정된다고 판시하였다.

9. 재 판 (Trial)

기소인부절차에서 무죄를 주장한 피고인은 공판절차로 이행하게 된다. 수정 제6조는 피고인에게 배심에 의한 신속하고 공정한 재판을 보장하고 있다. 중죄이거나, 6개월을 초과하는 구금형에 처해질 범죄의 경우에는 도든 주(그리고 연방)에서 피고인에게 배심원에 의한 재판을 받을 권리를 보장한다. 연방사건의 경우에는 피고인이 배심원에 의한 재판을 받을 권리를 포기할 수 있다.

10. 선 고 (Sentencing)

만일 피고인이 기소인부절차에서 유죄임을 인정하거나, 공판절차를 거쳐 배심원이나 판사에 의하여 유죄로 인정될 경우, 판사(일반적으로 배심원이 아닌 판사에 의해서)는 피고인에게 선고절차를 밟게 된다.

11. 상 소 (Appeals)

유죄가 선고된 피고인은 상소할 수 있는 권리가 주어진다. 예컨대, 재판에서 그에게 적용된 증거가 헌법에 위반되는 수색의 결과였다는 것을 이유로 항소할 수 있는 권리가 부여된다. 검사의 항소는 제한되어 있고, 무죄의 평결에 대한 항소는 이중위험금지의 원칙에 따라 일반적으로 금지된다.

12. 유죄확정 후의 구제조치 (Post-conviction remedies)

주와 연방의 피고인은 모두 직접 항소한 이후라고 하더라도 연방법원의 인신보호절차를 통하여 피고인들은 그들의 유죄판결이 연방헌법을 위배하였다는 것을 주장할 수 있다.

제2장

체포, 상당한 이유, 수색영장

제 1 절 일반원칙

Ⅰ. 수정 제4조(the Fourth Amendment)의 원칙

1. 규정의 내용

미국 연방헌법 수정 제4조(Fourth Amendment)[1]는 "부당한 수색 · 체포 · 압수로부터 신체, 주거, 서류 및 동산의 안전을 보장받을 인민의 권리는 이를 침해할 수 없다. 그리고 체포 · 수색 · 압수의 영장은 상당한 이유에 의하고, 선서 또는 확약에 의하여 뒷받침되고, 특히 수색될 장소, 체포될 사람 또는 압수될 물건을 기재되지 아니하고는 이를 발급할 수 없다"라고 규정하고 있다.

2. 수정 제4조의 원래 의미

일반영장(general warrant)[2] 하에서 식민지 관리들은 시민의 집을 샅샅이

1 미국연방헌법 수정 제4조의 역사적 연원에 대하여는 William J. Cuddihy, *The Fourth Amendment: Origins and Original Meaning 602-1791*, Oxford University Press, 2009 참조.

2 David E. Steinberg, "Making Sense of Sense-Enhanced Searches," 74 Minn. L. Rev. 563, 574 (1990). 일반영장이란 법집행 공무원으로 하여금 용의자의 재산에 대하여 무제한적인 수색을 할 수 있는 권한을 부여하는 영국의 문서였다.

뒤지는 구실로 단순한 경죄 위반의 죄를 이용하였다. 일반영장을 금지하자는 것이 수정 제4조의 주요 목적임을 부인하는 견해는 찾기 어렵다. 식민지 미국에서는 일반영장의 가장 흔한 형태가 원조영장(writ of assistance)[3]의 형식이었다. 그래서 어떤 사람이 관세를 제대로 내지 않았다고 의심하게 되는 경우 식민지 관리는 그 개인의 집과 사무실 등 어느 곳이라도 수색할 수 있는 권한을 부여받았다.[4]

수정 제4조는 1789년에 의회에서 채택되어 1791년에 권리장전 조항의 하나로 비준되었다. 수정 제4조는 영국 본국의 자의적 강제처분 행사로부터 식민지인들의 자유를 보장받으려는 저항과 연방정부로부터 각 주 또는 시민들의 자유를 보장받으려는 노력에서 비롯된 것이라 할 수 있다. 수정 제4조는 언제 수사기관이 스스로의 판단에 따라서 주거에 들어갈 수 있는지, 언제 판사로부터 사전 승인을 요하는지에 대하여 명확하게 규정하고 있지 않다. 상당수의 역사적 연구는 연방헌법 수정 제4조가 영장을 선호[5]한다거나 또는 배척[6]한다는 상반된 주장을 하고 있으나, 그 어떠한 주장도 역사적 증거가 명백한 것이라 보기 어렵다.[7]

---

3 원조영장은 현존하는 모든 사람에게 세무공무원을 원조하여 관세법 위반 사건을 수색하도록 강요하기 때문에 원조영장으로 명명된 것이다.

4 Robert M. Bloom, Mark S. Brodin, *Criminal Procedure: The Constitution and the Police*, Wolters Kluwer, 2006, 11면.

5 주거에 대한 물리적 침범과 관련이 없는 경우에도 영장이 필요하다는 견해이다. Steinberg는 이러한 입장이었으나, 그 후에 견해를 변경하였다. David E. Steinberg, "Sense-Enhanced Searches and the Irrelevance of the Fourth Amendment," 16 Wm. & Mary Bill Rts. J. 465 (2007) 참조

6 Amar는 헌법제정권자들이 연방 수정헌법 제4조가 영장을 위험한 것으로 보고, 영장의 사용에 대하여 한계를 설정하기 위한 것이라는 입장을 취하고 있다. 특히 Akhil Reed Amar, *The Constitution and Criminal Procedure*, Yale University Press, 1997, 1면 이하에서는 다음과 같이 언급하고 있다. 모든 수색·압수 영장에 상당한 이유를 필요로 한다고 판시한 미국 연방대법원의 판결들은 일견 보기에는 그럴 듯하지만 문언, 역사와 상식에 비추어 오도된(misguided) 것이다. 범죄자들은 시내를 활보하고 있는 반면 피해를 입은 시민들은 구제책도 없이 포악한 방법으로 피해를 보고 있는 실정이다. 연방헌법 수정 제4조는 영장, 상당성 및 증거배제를 요구하고 있는 것이 아니라, 모든 수색과 압수가 합리적(reasonable)일 것을 요구하고 있는 것이다.

7 Thomas Y. Davies, "Recovering the Original Fourth Amendment," 98 Mich. L. Rev.

3. 기 원

William Cuddihy에 의하면, 불합리한 수색과 압수의 개념은 정부의 권한을 통제하려는 시도에서 유래한 것이 아니라, 오히려 사인이 주거를 침입하는 것을 방지하기 위하여 시작된 것이라고 주장한다.[8]

1485년 전에는 영국정부가 개인의 주거를 수색하는 일은 거의 없었다. 그러나 1485년 영국의 튜더 왕조는 주거 수색에 대한 정당화의 범위를 확대하였다. 정부 관리들은 관세법 위반, 종교적 이단, 정치적 반대자의 증거를 확보하기 위하여 주거 수색에 대한 광범위한 권한을 소지하게 되었다. 정부 관리에 의한 주거 수색이 더욱 빈번해짐에 따라, 영국 국민들은 정부의 주거 수색 중 특정한 형태의 것은 부당하고 불법이라고 생각하게 되었다.[9]

수색의 폭력성과 빈도가 증가함에 따라, 일정한 형태의 수색과 압수가 부당하다는 인식이 나타났다. 불합리한 수색과 압수에 대한 18세기 미국인들의 반대는 이러한 역사적 배경에 터잡은 것이었고, 이는 결국 수정 제4조를 제정하기에 이른 것이다. 18세기 미국인들이 불합리한 수색을 언급할 때, 그들은 하나의 특정한 정부의 행위 즉 불법적인 주거의 침해를 비판하

547, 551 (1999). 구체적으로 연방헌법 수정 제4조가 적용되기 위하여는 2가지 요건이 갖추어져야 한다. 첫째, 이는 권리장전의 모든 규정에 적용되는 것인데, 문제가 된 행위가 사인이 아닌 국가기관의 행위이어야 하고, 둘째, 그 행위가 프라이버시 개념과 관련하여 정의된 '수색'을 구성하여야 한다. Bloom, Brodin, 앞의 책, 15면 참조.

8 William J. Cuddihy, "The Fourth Amendment: Origins and Original Meaning," 31-35 (1990) (unpublished Ph.D. dissertation Claremont Graduate University)(Steinberg, 앞의 논문(2007), 480면에서 재인용). 그에 의하면 7세기 초의 영국 법률은 이웃의 부지(premises)에 침입하여 혼란을 야기하는 사람을 엄하게 처벌하였다. 영국의 주거침입법은 사인 상호간의 폭력을 통제하려는 것이었을 뿐 정부에 의한 공식적인 수색을 통제하기 위한 것이 아니었다. 12세기까지, 주거에 침입하는 범죄는 중세 영국에서 가장 중한 범죄로, 대개 100실링의 벌금이 과하여졌다. 주거침입에 관한 범죄는 16세기 말까지 주거침입절도(burglary), 불법목적주거침입(housebreaking), 불법침입(trespass)을 금지하는 법규로 분화되고 변천하였다.

9 이와 같은 현상을 Cuddihy는 "엘리자베스 시대의 영국인들은 침입으로부터 가옥이 부여하는 성(castle)과 같은 안전이 사라지고 있다는 모순적인 이유로 그들의 가옥이 성이라고 주장하기 시작하였다"는 말로 표현하였다. Cuddihy, 앞의 논문(1990), 128면.

였던 것이다.

4. 정부의 수색권한에 관한 원칙 논쟁

수정 제4조가 제정되기 전, 불합리한 수색과 압수에 대한 비난은 일반영장에 의거하여 행하여지는 주거 수색에 집중되었다.[10]

Lasson[11] 및 Davies[12]가 언급한 바와 같이, 18세기 말의 부당한 수색은 주로 영국의 John Wilkes 사건, 보스턴의 Paxton 사건, 영국의 Townshend 법에 대한 미국인의 반대와 같은 세 가지 논쟁에 집중하였다.

(1) John Wilkes 사건

하원의원 John Wilkes는 그의 정치그룹의 기관지인 North Briton을 발행하고 있었는데, 제45호에서 익명으로 공표된 팸플릿에서 국왕의 파리조약체결을 권장하는 연설에 대하여 비판하는 기사를 게재하였다. 토리 정부의 국무장관은 영국 관헌에게 비방 문서의 저자를 확인할 수 있는 증거를 포함하는 어떤 장소라도 수색할 수 있는 권한을 부여하는 일반영장을 발부하였다. 일반영장에 의하여 결국 영국 관헌은 최소한 5곳의 가옥을 수색하고, 적어도 49명을 구속하였다.

국무장관에 의하여 발부된 이 영장은 선동적 문서비방죄의 혐의에 기인하여 발부되기는 하였으나, 그 영장에는 Wilkes의 이름이 명기되지 않았고,

---

10 일반영장이라는 용어는 2가지가 부족하여 부적절한 영장을 말하는데, 즉 수색장소나 압수할 물건이 특정되어 있지 않거나, 영장을 발부함에 있어 증거법적으로 충분한 소명이 부족한 경우를 말한다.

11 Nelson B. Lasson, *The History and Development of the Fourth Amendment to the United States Constitution 43-76* (1937)(Steinberg, 앞의 논문(2007), 482면, 각주 127에서 재인용).

12 Davies, 앞의 논문(1990), 561-567면. 수정 제4조의 제정에 이르게 된 것은 후술하는 3가지 논쟁에 기인한 것이라고 기재하고 있다. 무엇보다도 3가지 주제에 대한 논쟁은 수정 제4조의 채택으로 귀결되었다. 정부의 수색권한에 대하여 반대하는 사람들은 일반영장을 이용한 가옥에 대한 물리적 침해에 집중적인 비난을 하였다. 상점, 창고, 다른 상업 구조물과 같은 곳에 대하여는 영국 공무원들이 관세법 위반을 이유로 물리적으로 침입하였으나 비난이 행해지지 않았다. 그 대신 불합리한 수색은 순전히 주거 수색에 집중하였다.

그 증거에 대하여도 전혀 언급되어 있지 않았다. 그럼에도 불구하고 Wilkes는 그의 의사에 반하여 런던탑에 구금되기에 이르렀다.

Wilkes와 그의 지지자들은 불법침해와 불법감금의 소를 여러 건 제기하였고, 1763년부터 1769년 사이에 선고된 일련의 판결에서, 영국 법원은 일반영장에 의하여 주거에 대한 수색을 실시한 것은 영국 보통법을 위배한 것이라고 판시하였다.[13,14]

(2) 보스턴의 Paxton 사건[15]

Charles Paxton은 보스턴의 세관 공무원이었다. 1755년에 Paxton은 보스턴에 있는 1심 법원(Superior Court)에서 원조영장을 발부받았다. 1761년에, 보스턴 세관의 공유지 감독관(Surveyor General)은 Paxton이 보스턴의 1심 법원으로부터 발부받은 원조영장을 갱신하기를 희망하였다. 원조영장은 영국의 일반영장과 동일한 것인데, 1761년 1월에 매사추세츠 상인들의 한 그룹이 보스턴의 1심 법원에서 Paxton의 원조영장의 효력을 다투었다. 상인들을 위하여 James Otis, Jr.는 원조영장이 보통법의 일반원칙을 위배하였다고 주장하였다.[16]

---

13 수색을 실행한 당사자 중 한 명인 Wood를 상대로 4,000파운드의, 영장을 발부한 국무장관 Halifax 경을 상대로 1,000파운드의 평결을 얻었다. John Wilkes 사건은 전적으로 가옥 수색의 잘못에 대하여만 초점을 맞추었는데, 이 사례들에서는 가게, 창고, 선박에 대한 유사한 수색이 보통법의 원칙을 위배하였는지 여부에 대하여는 언급하지 않았다.

14 Huckle v. Money, 95 Eng. Rep. 768 (1763)(K.B.) 769면 (Steinberg, 앞의 논문(2007), 482면에서 재인용). 대법원장 Pratt는, "증거를 수집하기 위하여 이름 없는 영장(nameless warrant)에 의하여 어떤 사람의 가옥에 침입하는 것은 종교재판(Spanish Inquisition)보다 더 나쁜 것이다. 이러한 법이라면 어떠한 영국인이라 할지라도 단 한 시간도 살고 싶어하지 않을 것이다. 이는 국민의 자유에 대하여 힝하여지는 가장 대담한 공적인 공격이다"라고 언급한 바 있다.

15 Paxton's Case는 세관공무원의 이름을 따라 Petition of Lechmere라고도 불린다. Davies, 앞의 논문(1999), 561면 각주 20 참조. 영국 본국의 대관인 매사추세츠 총독이 본국 관세법을 효과적으로 집행할 수 있는 원조영장을 사용한 것에 대하여 식민지 미국인들의 불만이 고조되어 있었다. 보스턴 인근의 통관업자들은 1760년 영국 국왕 조지 2세가 사망하여 원조영장을 갱신할 필요가 있게 되자 그 효력을 다투게 된 것이다.

16 Otis는 Paxton의 원조영장의 법적 효력을 다투면서 주거의 자유라는 것은 영국인의 자유 중 가장 근본적인 부분이고, 원조영장은 보통법의 일반원칙을 위배하였는데, 그것은

그러나 Otis는 패소하였다. 1761년 11월 18일 법원은 원조영장의 계속적인 사용을 용인하였다. 그럼에도 불구하고, Otis의 원조영장에 대한 주장은 중요한 사건이었고, 이는 영국으로부터의 독립을 위한 미국의 운동을 촉발하였다.[17,18]

(3) 영국의 Townshend 법에 대한 미국인의 반대

1767년의 Townshend 법에 의하여, 영국 의회는 미국 세관공무원에 의한 원조영장의 사용에 다시 권한을 부여하였다. 그러나 1767년 이후 전반적인 저항에 의하여, 식민지 관헌은 이러한 원조영장을 발부받아 집행한 일이 거의 없었다. John Wilkes 사건과 Paxton 사건의 심대한 영향으로 식민지 법원은 원조영장을 산발적으로 발부하였으며, 세관공무원도 효과적으로 원

세관 공무원이 악의나 복수의 심정으로 임의로 개인의 주거를 침입하고, 자물쇠, 출입금지 장치 또는 방해되는 모든 것을 손괴하기 때문이며, 일반영장은 영국의 법률서적 중에서 발견된 바 있는 최악의 자의적 권력의 도구이고, 영국인의 자유와 근본적인 법의 원칙에 가장 파괴적인 것이라고 설파하면서, 일반영장은 개인의 자유를 좀스러운(petty) 공무원의 손에 맡기게 된다고 주장하였다.

17 Otis의 논쟁은 모국의 압제에 대한 식민지인들의 저항을 연 가장 두드러진 것이었는데, 이에 대하여 John Adams는 "그때 거기가 대영제국의 자의적인 요구들에 대한 최초의 저항행위의 최초의 장면이었다. 그때 거기서 독립이라는 아이가 탄생하였다"라고 평가하였다.

이에 대하여 Davies는 "Otis의 논쟁이 얼마나 멀리 식민지 내에 전파가 되었는지, 또는 언제 널리 퍼졌는지를 평가하기는 곤란하다. 법률가와 상인 집단의 많은 사람들이 실제로 논쟁을 들었고, Otis가 신문칼럼으로 이를 출판하였기 때문에 보스턴 내에서 Otis의 논쟁이 널리 알려진 것은 명백하다. 더구나 매사추세츠주에서 1762년에 다시 한번 일반영장이 큰 화제가 되었는데, 이는 Otis가 지도자이던 식민지 의회에서 일반영장을 금지하는 법규를 통과시켰기 때문이다. 그러나 이는 주지사에 의하여 거부되고 말았다. 그 사건에 대한 소식이 다른 식민지에도 전파되었는지 우리는 알지 못한다"라고 기재함으로써 Otis 논쟁이 매사추세츠주를 넘어서까지 널리 전파되었을 가능성을 낮게 보고 있다. Davies, 앞의 논문(1990), 561면 각주 20 참조.

18 Otis의 의뢰인들이 선박과 창고를 소유한 상인들이었음에도 불구하고 Otis가 주거의 침해에 대하여만 다투고 있고, 선박과 창고의 침해에 대하여는 다투지 않은 것은 특기할 만하다. Davies, 앞의 논문(1990), 602면. John Wilkes 사건에서와 마찬가지로 Paxton 사건에서도, 일반영장에 의한 가옥 수색의 위법성이 독점적으로 초점이 되었다. Otis는 창고의 수색이나 선박의 압수에 대하여 다투지 않았다. Otis의 주장은 오로지 주거에 대한 물리적 침해만을 다투었다.

조영장을 집행하지 못하였다.[19]

이전의 수색과 압수에 대한 논쟁에서와 마찬가지로, Townshend 법에 대한 반대는 일반영장에 의하여 행하여지는 가옥 수색에 초점을 맞추었다.

예를 들어 1774년 미국 국민에 대한 연설에서, 대륙의회(Continental Congress)는 세관공무원이 법적 정보(legal information)에 기초하여 치안판사로부터 권한을 부여받지 아니하고 가옥을 부수어 열고 들어올 수 있는 것에 대하여 불만을 표시하였다. 이와 유사하게 1774년 퀘벡의 거주자에 대한 서한에서, 의회는 영국 세관원들이 가옥 또는 국내적 평화상태를 깨고 침입하는 것을 경고하였다.[20]

5. 불합리한 수색에 대한 초기의 주석서 등 자료

정치인, 법률가와 마찬가지로 불합리한 수색 및 압수에 더하여 토론을 한 학자들은 거의 오로지 주거 수색만 언급하였다.

1644년 주석서에서 Edward Coke경은 불합리한 수색을 다음과 같이 묘사하였다. "1인 또는 수인의 판사 또는 치안판사는 중죄인(felon)이나 도품(盜品)을 찾기 위하여 어느 개인의 주거를 침해하는 것을 단순한 추측에 의한 영장에 의하도록 하여서는 아니된다"고 하였다.[21]

1721년 주석서에서, Matthew Hale경은 어떤 사람의 가옥을 부수어 여는데 일반영장이 정당화의 역할을 하여서는 아니된다고 하였다.

---

19 Townshend 법에 대한 반응은 크게 3가지로 나누어진다. ① 매사추세츠 법원에서는 원조영장을 발부하였으나, 광범위한 저항으로 인하여 효과적인 집형이 되지 않았다. ② 로드 아일랜드, 메릴랜드, 사우스 캐롤라이나에서는 판사들이 원즈영장 신청을 무시하거나, 반복적으로 심리를 연기하였다. ③ 펜실베이니아, 코네티컷에서는 원조영장을 특정영장으로 변경시키려고 시도하였다. David E. Steinberg, "The Original Understanding of Unreasonable Searches and Seizures," 56 Fla. L. Rev. 1051 (2004), 1067면 각주 139 참조.

20 Steinberg, 앞의 논문 (2007), 483면.

21 중죄인이나 도품을 수색하기 위하여 어느 개인의 가옥을 침입함에 있어 추측에 기인하여 영장을 발부하는 것은 Magna Carta에 위배되는 것이다. Coke경의 주석서는 원래 1644년에 발간되었다. Steinberg, 앞의 논문 (2007), 483면 각주 153 참조.

미국의 Thomas Cooley는 수정 제4조에 대하여 광범위하게 주석서를 작성한 최초의 사람 중의 한 사람인데, 그는 수정 제4조에 대하여 "'모든 사람의 가옥은 그의 성(castle)이다'라는 법언은 불합리한 수색과 압수를 금지하는 규정에서 미국헌법의 한 부분을 구성하기에 이르렀다"라고 기술하였다.

수정 제4조는 불합리한 수색과 압수에 대한 주거 및 개인의 사적인 서류에 대한 공무원의 영장 없는 침해에 관한 대응을 구성하고 있는 것이라고 할 것이다.

헌법 기초자는 수정 제4조를 주로 일반영장에 의한 주거 수색을 금지하기 위하여 제정하였다. 헌법 기초자가 주거 외에서의 수색도 또한 규율하려고 하였던 것인가에 대하여는 명확하게 대답할 수 없다고 할 것이나, 대부분의 역사적 자료에 의하면 헌법의 기초자는 수정 제4조에 의하여 주거 외의 수색과 압수를 규율하려고 한 것은 아니었다고 생각된다.

역사적 기록에 근거하여, 수정 제4조는 오로지 주거에 대한 물리적 침해를 포함하는 수색을 규율하기 위하여 제정된 것으로 보인다. 역사적 사실에 의하면, 수정 제4조는 다른 형태의 수색과 압수에는 적용되지 않는다.[22]

18세기와 19세기 초의 역사적 선례, 현재의 논쟁, 그리고 학자들의 코멘트 모두는 주거 수색에 집중되어 있다.[23,24]

---

22 Amar는 Steinberg가 서술한 것과 상당히 다른 방식으로 수정 제4조를 해석하고 있다. Amar의 역사적 주장은 두 가지 중요한 전제에 근거하고 있다. 첫째, 현재의 대법원과 같이, 거의 모든 정부의 증거수집활동에 합리성 요건을 요구한다. 둘째, 헌법 기초자는 일반영장 또는 특정영장을 불문하고 영장에 의한 수색을 선호하지 않았다. Amar에 따르면, 헌법 기초자는 영장 절차를 부당한 수색에 대한 보호책으로 생각하지 않았다. Amar는 그 대신에 그러한 수색에 대한 보호책으로 민사상 불법침해 소송을 생각하였다. Amar에 의하면, 헌법 기초자는 영장을 선호하지 않았는데, 이는 영장이 후속하는 불법행위 소송에 대한 절대적인 방어책을 제공하기 때문이다. Amar는 판사와 영장은 우리 사회에 있어 영웅이 아닌 악당(heavies)이다라고 결론을 맺고 있다. Amar의 주장은 창조적이고 흥미로운 것이기는 하지만, 역사적 증거가 상이한 내용이 많고, 상당수의 학자들이 Amar의 해석에 동의하지 않는다(Davies, Maclin, Cloud 등).

23 Davies는, 수정 제4조의 제정에 이르게 된 역사적 관심은 거의 오로지 일반영장에 의한 주거 수색을 금지할 필요성 때문이었다는 점을 적절하게 강조하였다(18세기 미국의 가옥의 신성함을 강조하면서).

Steinberg는 수정 제4조의 원칙이 참으로 혼란스럽다고 평가하고 있는데, 이러한 현

Ⅱ. 수색과 체포 양자에 적용

수정 제4조(the Fourth Amendment)는 물건의 수색과 압류 그리고 사람의 체포 모두에 적용된다.

1. 효력 없는 체포

피고인이 위헌적 방법으로 체포가 되었다는 사실은 중요하지 않다. 즉, 피고인의 체포가 수정 제4조(the Fourth Amendment) 위반이라는 것과 관계없이 재판에 회부되어 유죄선고를 받을 수 있다. 그러나 체포와 밀접하게 행해진 영장 없는 수색과정에서 증거가 확보되었을 때 그 증거는 그 체포가 헌법 위반이라면(예: 체포경찰관이 피고인이 범죄를 범하였다고 믿을 만한 상당한 이유가 없이 체포한 경우) 그 증거는 배제될 것이다.

2. 영장발부를 위한 상당한 이유

수색 혹은 체포영장이 발부되는 경우에 수정 제4조(Fourth Amendment)는 그 영장이 상당한 이유에 기초를 두고 발부되어야 함을 요구한다. 이 요구사항은 꽤 엄격히 집행된다.

상이 초래된 이유는 판사들이 결코 적용될 것으로 의도된 바 없는 상황에 대하여 수정 제4조를 적용함으로써 혼란이 야기된 때문이라고 지적하고 있다.

24 이러한 이유 때문에, 가옥 수색 이외에 수정 제4조를 적용시키려는 연방 대법원의 시도는 자의적인 것이 된다. 때때로 연방 대법원은 경찰관이 상당한 이유를 가진 경우에만 수색을 허용하고 있는데, 때때로 합리적인 의심이 있는 경우나 그 보다 기준이 미약한 경우에도 수색의 합헌성을 인정하고 있다. 이러한 혼란스러운 수정 제4조의 적용은 사회공동체에 상당한 사회적 부담으로 작용하게 된다. 즉 수사기관이 실시한 수색에서 획득한 증거가 형사절차에서 배제되고, 죄를 지은 사람은 거리를 활보하게 되며, 무고한 피해자는 피해를 입기는 하였으나 사실상 아무런 대책이나 구제책이 없는 상황이 초래될 수 있다. 논의의 진행을 위하여 헌법 기초자들이 수정 제4조가 주거 수색이 아닌 경찰의 조사를 규율하기 위하여 의도된 것이라고 가정해 본다고 하더라도, 현재의 논의는 주거의 수색에 전적으로 집중하고 있기 때문에, 헌법 제정 당시(framing era)의 논의는 주거에 대한 물리적 침해를 수반하지 않는 경우에 있어서 어떻게 수정 제4조가 적용되어야 하는지에 대하여 전혀 단서를 제공하지 못하고 있다.

3. 영장이 요구되는 경우

영장은 일반적으로 위급상황이 아니면 수색이나 압수 이전에 요구된다. 체포영장은 이와는 달리 헌법상 요구되는 것은 아니다.

4. 합리적 수색의 요구

체포 또는 수색영장이 있든 없든 간에 체포 혹은 수색은 불합리해서는 (unreasonable) 안 된다.

5. 영장 없는 수색이나 압수를 위한 상당한 이유 요구

영장 없는 수색이나 압수는 상당한 이유에 근거하여야 된다는 것은 수정 제4조에서는 요구되지 않는다. 이는 경찰이 상당한 이유가 없더라도 간단한 불심검문을 행할 수 있기 때문이다. 다만 상당한 이유까지는 필요없다고 하더라도 합리적 의심이 들 정도는 되어야 수정 제4조상의 압수에 해당된다.[25]

Ⅲ. 수색에 해당하는지 여부

1. Olmstead 판결

후술하는 Katz 판결 이전에 연방대법원은 연방헌법 수정 제4조의 적용범위를 사유재산에 관한 문제로 접근하는 태도를 보였다. 이에 따라 주거나 신체에 대한 물리적인 침입이 없는 경우에는 수정 제4조의 적용대상이 아니라고 보았다. 또한 연방대법원은 부당한 수색 또는 압수를 금하는 수정 제4조를 근거로 하여 불법적인 수색이나 압수를 통하여 획득한 증거는 허용되지

25 Terry v. Ohio, 392 U.S. 1 (1968) 경찰관이 강도의 의심이 있는 3인을 검문함에 있어 의복의 외부를 가볍게 만져서 권총을 발견하고 경찰서로 연행하여 무기휴대죄로 기소한 사건이다. 이에 대하여 연방대법원은 수정 제4조에 의한 합리적인 수색에 해당하므로 압수된 무기를 증거로 사용할 수 있다고 판시하였다.

않는다는 '증거배제의 법칙'(exclusionary rule)을 확립한 바 있다. 그러나 전화에 대한 도청은 수색이나 압수에 해당되지 않는다는 이유르 위 법리가 적용되지 않았고, 금지되지 않았다.

Olmstead 판결[26]에서 연방대법원은 전화도청이 수정 제4조에 위배되는 것이 아니라고 판시하였다. 이 판결에서 연방대법원은 수색은 물리적이어야 하고 압수는 유형물을 대상으로 하는 것이어야 하는데, 전화드청은 무형적인 언어를 대상으로 하므로 수정 제4조의 적용을 받지 않는다고 판시하였다. 피고인들의 재산에 대한 불법침해 없이 이루어진 도청장치의 설치 및 도청행위는 수정 제4조의 위배가 아니라는 정부측의 주장을 연방대법원이 받아들인 것이다.[27]

그러나 위 판결은 여론으로부터 비난을 받았고, 1934년 의회는 통신의 비밀을 권한 없이 가로채는 행위를 금지하는 법률[28]을 제정하였다. 이에 대하여 법무성과 FBI는 위 법이 도청 자체를 금지하는 것이 아니라 도청된 것을 누설하는 것만 금지한다고 해석하였다. 그 후에도 연방대법원은 Goldman 판결[29]에서 탐지확성장치를 사용하여 옆방의 말을 듣는 것은 부당한 수색과

26 Olmstead v. United States, 277 U.S. 438 (1927). 연방수사요원이 유선상으로 밀주 대량제조음모에 관한 통화내용을 영장 없이 도청한 행위가 문제되었다. 연방대법원은 범죄수사를 위한 연방공무원의 전화도청은 ① 유형의 물건을 대상으로 한 것이 아니고, ② 물리적 침입이 없으며, ③ 전화를 통한 당사자의 대화는 자의에 의하여 진술한 것이기 때문에 수정 제5조 소정의 자기부죄의 진술에 해당하지 않는다는 이유로 전화도청을 허용하였다.

27 법정의견은 Taft 대법관이 작성하였다. 이와 같은 다수의견에 대하여 Brandeis 대법관은 "… 과학기술의 발전으로 인하여 외부에 표현되지 않은 신념, 사상, 감정 등을 조사할 수 있는 기법이 등장할 것이다. … 한 개의 전화선이 도청될 때마다 그 전화선의 양끝에 있는 사람들의 프라이버시가 침해되고, 어떤 주제에 대한 것이든 그들 사이의 모든 대화가 비록 은밀하고 특권이 부여된 것이라고 하더라도 도청될 수 있다. … 헌법에 의하여 보장되는 보호의 범위는 훨씬 더 넓은 것이다. … 헌법 기초자는 권리들 중에서 가장 포괄적이고 문명인들에 의하여 가장 중요시되는 권리인 타인으로부터 간섭을 받지 않을 권리를 부여하였다. 그 권리를 보호하기 위하여 개인의 프라이버시에 대한 정부의 부당한 침입은 사용된 수단이 무엇이라 하더라도 모두 수정 제4조 위반으로 간주되어져야 한다"라는 논거를 주장하면서 반대의견을 제시하였다.

28 연방통신법(Federal Communications Act) 605, 48 Stat. 1103 (1934).

29 Goldman v. United States, 316 U.S. 129 (1942). 수사기관이 건물관리자의 허가를 받

압수가 아니라고 판시하였다.

그러나 과학기술의 발전과 사회적 압력에 직면한 연방대법원은 개인의 프라이버시를 보호할 필요성을 절감하게 되었다. 이에 따라 연방대법원은 Silverman 사건[30]에서 불법침입에 의한 경우가 아니라고 할지라도 비밀청취 행위가 "헌법적으로 보호된 영역에 대한 현실적인 침입"(actual intrusion into a constitutionally protected area)이라고 판단되면, 이에 의하여 취득한 증거는 허용할 수 없다는 입장을 취하여 Olmstead 원칙을 폐기하기에 이르렀다.

Silverman 판결의 취지에 따라 그 이후의 판결들은 도청장치에 의하여 취득한 증거는 수정 제4조에 의하여 그 허용성이 부인된다는 입장을 취하게 된 것이다.

2. Katz 판결

Katz 판결[31]에서 연방대법원은 수정 제4조는 유형적 자료를 입수하는 것뿐만 아니라 구두진술에 관한 기록까지 확장적용되는데, 위 조항은 '장소보다는 사람을 보호'하는 데 목적이 있기 때문에 물리적 침입의 여부를 판단하

고 사무실에 도청장치를 설치하였다. 그런데 도청을 하려고 하는 협상이 시작되었을 때 도청장치가 작동을 하지 않아 수사기관은 청진기를 벽에 대고 대화를 엿들었다. 상고인은 외부인의 출입이 차단된 사무실에서 문을 닫고 대화가 방 밖으로 새어 나가지 않도록 조용하게 이야기를 하였으므로 수사기관이 도청기를 사용하여 대화를 엿들은 행위는 불법수색에 해당한다고 주장하였다. 이에 대하여 Murphy 대법관은 "우리의 선조들이 혐오하고 수정 제4조의 탄생 배경이 된 직접적이고 명백한 침해 수단은 과학의 발전으로 인하여 훨씬 효과적인 프라이버시 침해 수단으로 대체되었기 때문에 개인의 가정이나 사무실에 대한 수색의 개념에 있어서 물리적인 침입은 필요조건이 될 수 없다"고 주장하면서 반대의견을 피력하였다.

30 Silverman v. United States, 365 U.S. 505 (1961). 피고인이 소재하는 아파트 벽의 틈새를 통하여 마이크(spike mike)를 삽입하여 송풍관에 부착되게 함으로써 전체적인 난방장치를 음의 전도체로 하여 대화를 엿들은 것이 문제되었다.

31 Katz v. United States, 389 U.S. 347 (1967). 피고인이 전화를 건 공중전화 부스 밖에 FBI 요원이 전자감청 및 녹음장치를 부착하여 취득한 피고인 측의 전화대화 내용이 증거로 제출되었는데, 연방대법원은 공중전화라고 하더라도 자신이 행한 말에 관하여 프라이버시를 기대하는 것은 정당한 것이므로 그러한 기대에 위배하여 대화를 도청한 것은 헌법위반이라는 이유로 정부의 행위는 수정 제4조 소정의 수색과 압수에 해당한다고 판시하였다.

는 데 있어서 Olmstead 및 Goldman 사건에서의 '영역침해원칙'(rule of trespass premises)은 더 이상 지배될 수 없다는 취지로 판시하였다. 즉 "수정 제4조는 사람을 보호하는 것이지 장소를 보호하는 것이 아니다. 어떠한 사람이 알면서 공중에 제공한 것은 비록 그의 집이나 사무실이라고 하더라도 이는 수정 제4조의 보호대상이 아니다. 그러나 한 개인이 은밀한(private) 것으로 보호되기를 원하는 곳은, 비록 공중의 접근이 가능한 곳이라 하더라도 헌법적으로 보호된다"는 것이다.

법정의견을 작성한 Stewart 대법관은 상고인이 전화박스에 들어가면서 배제하고자 하였던 것은 "침입하는 눈(intruding eye)이 아니라 초대된 바 없는 귀(uninvited ear)"라고 하면서 "숙려깊고(deliberate), 공평한(impartial) 사법부 공무원의 판단이 시민과 경찰 사이에 배치(be interposed)되는 것을 연방헌법이 요구"하고 있다고 표현하였다.

Katz 판결에 의하여 사적인 재산만이 수정 제4조의 적용대상이고, 대지(curtilage)[32]개념이 수정 제4조의 적용 여부를 결정하는 주요 개념이라는 종전의 입장이 변경되었다고 볼 수도 있을 것이다.

Harlan 대법관은 보충의견에서 개인이 특정한 상황에서 사적 소유물이 아닌 경우에도 수정 제4조의 보호를 받을 수 있는 2가지의 요건을 제시하였는데, 이는 첫째, 당사자가 실질적이고 주관적인 프라이버시의 기대감을 가지고 있어야 하고, 둘째, 그 기대감은 사회가 합리적이라고 인정할 수 있을 정도이어야 한다는 것이다.[33]

특히 Harlan 대법관은 "① 한 개의 벽으로 둘러싸인 전화박스는 주거[34]와

32 지속적으로 가사일을 수행하거나 또는 주택에 필수적이고 편리한 장소, 그리고 습관적으로 가사목적에 사용되는 장소가 되는 주택 근처에 있는 모든 건축물로 구성된 것이라 할 수 있다.

33 결론적으로 수정 제4조의 수색 개념으로 인정되는 기준은 Harlan 대법관의 보충의견을 통해서 확립되었다고 할 수 있다. George, Dery Ⅲ, "Remote Frisking Down to the Skin: Government Searching Technology Powerful Enough to Locate Holes in Fourth Amendment Fundamentals," 30 Creighton L. Rev. 353, 361 (1997).

34 Weeks v. United States, 232 U.S. 383 (1914). 피고인은 주거 밖에서 주 경찰관에 의하여 영장 없이 체포되었다. 다른 경찰관들이 피고인의 집 열쇠를 찾아낸 다음 주거로 들

는 같게, 야외[35]와는 달리 프라이버시에 대한 헌법적으로 보호되는 정당한 기대를 개인이 가지는 영역이고, ② 이러한 의미에서 사적인 장소에 대한 물리적인 침해뿐만 아니라 전자적인 침해도 수정 제4조의 위반이 되는 것이고, ③ 헌법적으로 보호되는 영역에 대한 연방당국에 의한 침해는, 법원이 오랫동안 판시해온 바와 같이, 수색영장이 없는 한 추정적으로 부당하다"라고 설시하였다.[36]

3. Kyllo 판결

Kyllo 판결[37]에서는, 개인의 주거에서 상대적 열량을 탐지하기 위하여 공

어가 피고인의 방을 수색하여 여러 가지 서류 등을 수거하였다. 같은 날 추가증거 확보를 위하여 집행관들과 주 경찰관이 피고인의 방을 수색하여 편지들과 봉투를 수거하였다. 수색을 한 사람들은 어느 누구도 영장을 소지하지 않았다.

35 Hester v. United States, 265 U.S. 57 (1924). Hester가 살고 있는 그의 부친 집에 세무서 공무원들이 다가갔을 때 그들은 헨더슨이라는 사람이 운전을 하여 다가가는 것을 목격하였다. 경찰관들이 가까이에서 몸을 숨긴 채 지켜보고 있을 때 Hester는 집에서 나와 헨더슨에게 1쿼트짜리 병을 건네주었다. 경찰관이 나타났을 때 Hester는 자동차에서 1갤런짜리 위스키병을 집어냈고, 그와 헨더슨은 도주하였다. 공무원들이 뒤쫓으면서 권총을 발사하자 Hester는 위스키병을 떨어뜨렸고, 헨더슨도 그의 병을 던졌다. 두 병들의 내용물은 밀주 위스키였다.

36 이에 대하여 Black 대법관은 "청취된 대화는 유형(tangible)의 것도 아니고, 수색이나 압수가 될 수도 없는 것이다. 법정의견은 미래의 대화를 도청함에 있어 수정 제4조를 적용하기를 원하는 것이지만, 미래의 대화는 발생(take place)할 때까지 존재하지 않는 것이기 때문에 기재될 수 없는 것이고, 기재될 수 없는 것을 어떻게 치안판사가 장래에 도청하도록 영장을 발부할 수 있겠는가? 듣기(hearing) 또는 보기(sight)를 금지하는데 수정 제4조를 적용하는 것은 정당화될 수 없다. 수정 제4조는 신체, 주거, 서류 및 동산에 대한 부당한 수색 및 압수를 금지하는 한도에서만 프라이버시를 보호하는 것이다. 프라이버시를 침해하는 것이면 무엇이든간에 위헌으로 선고할 수 있는 무제한의 권한은 수정 조항에서 창설되지 않는다. 정부의 권한행사가 과도한 것이라는 것을 잘 알고 있던 헌법 기초자가 연방대법원에게 그와 같은 만능의 입법적 권한을 부여하지 않았음이 명백하다. 그러한 권한을 법원에 부여하는 것은 자유에 대한 위험이라고 정부의 역사는 증명하고 있다"는 이유로 다수의견에 반대하였다. Black 대법관의 견해는 Olmstead 사건에서 Taft 대법관이 설시한 내용과 궤를 같이한다고 할 수 있다. Katz 판결에서 제시된 '프라이버시의 합리적인 기대'에 대하여는 사회적으로 합리적이라고 판단을 하는 것은 결국 법원의 판단을 통하는 것인데 이는 너무 막연하다는 비판이 있다.

37 Kyllo v. United States, 533 U. S. 27 (2001). 피고인의 집 안에서 마리화나가 재배되고 있다고 의심한 수사기관은 실내에서의 마리화나 재배에 사용되는 다수의 고강도 전등

공의 도로에서부터 그 주거를 향하여 열영상 장비를 사용한 것이 수정 제4조의 수색에 해당하는지 여부가 문제되었다.

법정의견을 작성한 Scalia 대법관은 "일반 공중이 통상적으로 사용하고 있지 않은 하이테크 기술을 사용하여 헌법적으로 보호되는 영역 내부로의 물리적 침입이 없이는 얻을 수 없는 조금이라도 주거의 내부에 관한 정보를 얻어내는 것은 수색에 해당하고, 영장이 없는 경우에는 추정적으로 부당하다"라고 판시하였다.[38]

5 : 4로 의견이 나누어진 Kyllo 판결에 대하여는, Scalia 대법관이 작성한 법정의견이 법, 기술과 프라이버시에 대하여 일반에게 널리 퍼져 있는 시대정신을 적절하게 표현하고 있다는 찬성론[39]과 반대론[40]이 대립하고 있다.[41]

에서 발생하는 열이 방출되고 있는지 여부를 확인하기 위하여 열영상기(infrared thermal imaging device)를 사용하여 의심스러운 건물을 주사(注射, scan)하였다. 수사기관은 열영상기의 이용으로 집의 차고 지붕 및 측벽 한 곳이 상대적으로 뜨겁다는 것을 확인하게 되었다. 피고인의 집에서 마리화나를 재배하고 있다고 생각한 수사기관은 열영상 등을 근거로 수색영장을 발부받았다.

38 이에 대하여 Stevens 대법관은 "이 사건에서 열영상기가 한 일은 상고인의 주거 외부 표면에서 방출되는 열을 수동적으로 측정한 것이었을 뿐이고, 그 측정이 보여준 것은 지붕 및 외벽의 일정 부분이 다른 곳보다도 더 따뜻하다는 것을 어렴풋이 나타내는 것으로, 방출 정도에 있어서 상대적인 차이에 불과한 것이다. 더구나 상고인의 주거 내부에 관한 세부사항은 아무 것도 드러나지 않았다"는 이유로 다수의견에 반대하였다.

39 Orin S. Kerr, "The Fourth Amendment and New Technologies: Constitutional Myths and the Case for Caution," 102 Mich. L. Rev. 801, 802 (2004).

40 온실의 내부를 가리려는 의도를 가지고 금속 지붕을 설치하였거나, 덮개를 설치하는 등의 조치를 취하여야 프라이버시의 주관적 기대가 있다고 볼 수 있는데, 본건에서는 이러한 조치가 없었으므로 수정 제4조의 보호영역에 포섭되지 아니한다는 비판이 가능할 것이다. 또한 본건에서의 열영상기가 개인의 생활에 대한 은밀한 세부사항을 드러낸 것이 없고, 단지 지붕 위의 외벽 등이 다른 곳에 비하여 '더운 점'(hot spot)을 드러내었기 때문에 프라이버시의 정당한 기대가 없었다는 비판도 가능할 것이다. 즉 지붕의 눈이 녹는 것을 육안으로 관찰함으로써 기술의 도움을 받지 아니하고도 외부의 관찰자들이 주거의 열을 지각할 수 있었고, 본건에서는 벽을 투과하는 기술이 아니라 벽에서 관측되는 것에 대한 관찰에 불과하였다는 주장도 가능할 것이다.

41 이러한 결론은 물리학적 관점에서 보면 어리둥절한(mystifying) 기준이라고 할 수 있다. 즉 빛의 파장에 의하여 수정 제4조의 보호를 받게 되느냐 아니냐가 결정된다고 할 수 있다. 가시광선의 경우에는 보호를 받지 못하기 때문에, 육안으로 물체를 관찰하는 것은 수정 제4조의 보호의 대상이 되지 못한다. 그러나 적외선의 경우는 수정 제4조의

법정의견에 의하면 열영상기 사용의 금지를 '은밀한 세부사항'(intimate details)에 한정하는 것은 원칙적으로 잘못된 것일 뿐만 아니라, 그 적용에 있어서도 비현실적이라고 보았다. 특히 열영상기의 사용에 의하여 주거에 거주하는 여성이 매일 몇시에 사우나 또는 목욕을 하는지 알아낼 수 있다면 이는 '은밀한' 것이라고 판단을 하였다.[42, 43]

제 2 절 수정 제4조에 의해 보호받는 장소와 사람

Ⅰ. Katz의 프라이버시 기대 원칙

수정 제4조에서 수색이나 압수조항은 오직 어떤 사람의 합리적 프라이버시의 기대(reasonable expectation of privacy)가 침해되었을 때 발생된다.[44]

1. 프라이버시 권리의 포기 (Waiver)

어떤 사람의 행위는 특정한 상황 하에서는 합리적인 프라이버시의 기대가 없다고 할 수 있다. 예를 들면, 피고인은 경찰이 망원경을 통해 자기 자신을 보고 있다는 것을 모른 채 공용 쓰레기통에 종이뭉치를 버리는 경우가 있다. 보통 쓰레기를 버리는 사람은 쓰레기에 대해 합리적인 프라이버시의 보

보호대상이 되는데, 다만 그 대상이 적외선을 방사하는 가옥일 경우에 그러하다.

42 이에 대하여 반대의견은, 일반 공중의 구성원 누구나 관찰할 수 있는 범죄활동의 증거로부터 경찰관이 자신의 눈을 돌릴 것이라고 합리적으로 기대하기 어려운 것과 같이, 과도한 열·연기·수상한 냄새·냄새 없는 가스·분진·방사능의 일반 공중 영역에의 방출을 탐지하는 것을 피하여 공무원들이 자신들의 감각기관 또는 그들의 탐사 기구를 돌려야 하는 것은 아니고, 그러한 방사를 하이테크 기구를 이용하여 탐지하는 것은 전적으로 합리적인 공공 서비스라고 하였다.

43 Kyllo 사건에서 법원의 주요 논증은 열영상기를 사용함으로써 가옥 내에서의 활동에 대한 정보를 누설할 수 있다는 것이다. Andrew E. Taslitz, "The Fourth Amendment in the Twenty-First Century: Technology, Privacy, and Human Emotions," 65 Law & Contemp. Probs., Spring 2002, 144면.

44 Katz v. United States, 389 U.S. 347 (1967).

호를 기대하지는 않기 때문에 경찰은 쓰레기통을 뒤져 그가 버린 종이뭉치를 가져갈 수 있는데, 이는 수정 제4조상의 수색이나 압수조항을 위반한 것은 아니다. 그리고 이 후 피고인에 대한 기소에서 이것을 증거로 사용할 수 있다.

(1) 내 용

어떤 합당한 프라이버시 존중의 조항에 의해 보호받지 못하는 증거의 종류로서는 ① 쓰레기 같이 버려진 재산, ② 가령 어떤 위치에서 관망할 수 있는 곳 혹은 공공장소에 위치한 사람의 관점으로부터 보여지는 것, 예를 들면 어떤 경찰관이 인도에 서서 망원경을 통해 피고인의 집을 보는 경우를 들 수 있다. ③ 공공장소에서 어떤 사람의 말이나 행동, 예를 들면 피고인 1이 피고인 2에게 식당에서 말하는 동안, 경찰이 근처에서 엿듣는 행위이다. ④ 합법적인 장소에 있는 동안 다른 감시 도구를 이용하여 얻은 정보, 예를 들면 경찰이 경찰견을 이용하여 공항에서 수하물을 검사하면서 마약 탐지를 하는 경우이다.

2. 무단침입의 법률적 의미

만약 경찰이 무단침입을 하거나 사유재산에 대해 물리적인 침입을 하였다면, 그러한 행위는 프라이버시 보호조항을 위반한 것이 된다. 예를 들면, 국경 수비대가 버스에 올라와서(이러한 권리는 있다) 선반 위 승객의 수하물을 검색할 경우 이러한 검색이 바로 '물리적 침해'에 해당하기 때문에 이는 바로 수하물 주인의 '합당한 프라이버시 존중의 조항'을 위배한 것이 된다. 만일 경찰이 단순히 그냥 버스 통로에서 수하물을 바라보기만 했다면 수정 제4조의 수색조항 위반에는 해당되지 않을 것이다.[45]

45 Bond v. United States, 529 U.S. 334 (2000). 물리적으로 침해적인 검사는 단순히 시각적인 검사보다 훨씬 침해적인 것이다. 버스 승객의 수하물을 쥐어짜는 방식으로 만져서 벽돌 모양의 물건을 발견한 것은 불법적인 수색이다. 버스 승객들은 다른 승객이나 버스 회사의 직원들이 수하물을 움직이거나 정리하는 것을 기대할 수는 있지만, 실험적인 방법으로 물건을 느끼는 것을 기대할 수는 없는 것이다.

침해의 가부 여부는 부정적인 것이 아니다. 그러나 물리적 침해의 가부 여부는 단지 그것이 부정적이지 않은 경우에만 요소가 될 수 있다. 그래서 합당한 프라이버시 존중의 규칙은 비록 경찰이 침해를 하지 않았더라도 경찰의 행동이 수정 제4조의 수색이나 체포조항에 해당될 수 있다는 것을 의미한다.

> [예] Katz사건에서 FBI요원들이 출판업자인 피고인이 일을 하는 장소의 공중전화기에 도청기를 설치했다. 여기서 피고인이 개인재산이 아닌 공공의 재산을 이용해 전화 통화를 했고, 요원들이 장비 설치를 위해 개인의 재산 침해를 하지 않았다고 할지라도, 피고인의 '합당한 프라이버시의 존중 조항'은 침해를 당한 것이고 그래서 그 요원들은 수정 제4조의 수색조항을 위반한 것으로 볼 수 있다. 즉, 수정 제4조는 사람을 보호하지, 장소를 보호하지는 않는다.

Ⅱ. 결정기준

수정 제4조의 보호를 받고자 할 경우 피고인에게 다음의 두 개의 조건이 충족되어야 한다. 첫째 당사자가 실질적이고 주관적인 프라이버시의 기대감을 가지고 있어야 하고, 둘째 그 기대감은 사회가 합리적(reasonable)이라고 인정하는 것이어야 한다.

Ⅲ. 주 거 지

합당한 프라이버시의 존중에 대한 기대라는 개념은 대지(curtilage)의 개념과 관계가 있다. 건물의 대지라는 것은 그 땅과 거주를 위한 건물을 의미한다. 예를 들면, 개인주택의 경우 앞뜰과 뒤뜰과 차고 모두 대지의 부분이다.

1. 주거지의 중요성

일반적으로, 사람은 주거지에 대해서 '합당한 프라이버시'를 가지지만, 대지 밖의 넓은 땅에 나가서는 그렇지 못하다(이는 사람은 공중 물건에 관해서는 합당한 프라이버시의 존중 기대감을 갖지 않는다는 예외에 항상 적용을 받는 부분이다). 특정한 건축물이 주거의 대지에 포함될 수 있는가 여부에 대하여 연방대법원은 4가지 기준을 제시하였다.[46] ① 주거까지의 근접성, ② 주택을 둘러싼 울타리 내에 존재하는지 여부, ③ 그 지역의 본래 용도, ④ 거주자에 의하여 그 지역을 주위의 다른 사람들의 관찰로부터 보호하였는지 여부.

[예 1] 피고인은 10피트짜리 담을 만들어 놓은 뒤뜰에 대마초를 재배하고 있다. 경찰이 담 위에 올라서서 담 너머 대마초 작황을 사진 촬영했다. 그러나 뒤뜰은 피고인의 주거지이므로, 피고인은 그 소유물에 대한 합리적인 프라이버시의 존중 기대감을 갖는다. 따라서 경찰은 연방헌법 수정 제4조에 반하는 수사를 행한 것이 된다(이는 상당한 이유가 없는 경우 유효하지 못하며 그리고 영장 없이 행해졌기에 무효로 처리될 것이다).

[예 2] 피고인은 100에이커의 농장을, 그리고 그 모퉁이에 집을 가지고 있다. 피고인은 100에이커 안에 마리화나를 재배하고 있다. 그 들판은 (집과 근접한 지역은 예외) 대지 부분이 아니었다. 그러므로 만약 경관이 피고인의 재산에 들어가서 마리화나 재배현황을 사진 촬영한다면, 경관은 피고인의 '합당한 프라이버시의 존중'을 침해한 것은 아니다, 그리고 수정 제4조의 수사 조항을 위반하여 실행한 것도 아니다, 만약 피고인이 100에이커 전부에 대해 담장을 설치하고 출입금지라는 것을 설치했을 때에는 합당한 프라이버시의 존중이 이루어질 것이다.[47]

2. 개방된 장소(Open field)

대지 이외의 개방된 장소는 수정 제4조에 의한 보호를 받지 못한다. 대지는 보편적인 보호대상인데, 이는 주거에 바로 인접한 지역이기 때문이다.

---

46 United States v. Dunn, 480 U.S. 294 (1987).

47 Oliver v. United States, 466 U.S. 170 (1984).

Ⅳ. 일반적 관찰(Plain View) 원칙[48]

일반적으로, 만약 경찰이 볼 수 있는 권리를 갖는 어느 장소에서 '일반적 관찰'로 물체를 보았을 때는 경찰은 수정 제4조의 수색 조항을 위반한 것은 아니다. 이것이 바로 '일반적 관찰 원칙'이다. 물건을 볼 수 있는 장소에 합법적으로 위치하고 있는 경찰관의 시계(視界) 안에 있는 물건은 영장 없이 적법하게 압수할 수 있다는 것을 의미한다.

[예] 경찰이 길을 걸어 올 때, 피고인의 집 창문을 통해 피고인이 스타킹을 가지고 피해자를 목을 졸라 죽이는 장면을 목격하였다. 피고인의 행위를 경찰관이 '일반적 관찰'로 목격한 것이기 때문에, 다시 말해서 경찰은 그 장소에 있을 수 있는 자격이 있는 곳에서 피고인의 행위를 목격했던 것이다.

경찰은 피고인의 재판에서 수정 제4조의 조항과는 상관없이 그 경찰이 본 것을 증언할 수 있다. 반대로 만약 경찰이 영장 없이 피고인의 집에 몰래 들어가 살인을 목격하였다면, 경찰관은 그가 본 것을 증언할 수 없다, 왜냐하면 그러한 목격은 경찰이 권리가 없는 장소에서 발생하였기 때문이다,

1. 압수와의 구분

경찰이 어떤 물건에 대해 '일반적 관찰'로 가질 수 있다는 사실은 경찰이 반드시 그 물건을 증거물품으로 여겨야 한다는 걸 의미하는 것은 아니다. 만약 이미 합법적으로 그러한 물건을 만질 수 있는 장소에 위치하고 있지 않다면, 경찰이 현재 보고 있는 사실만으로 압수영장 없이 그 증거품을 압수할 수 있는 것은 아니다(예를 들면, 위의 예에서, 경찰이 피고인이 피해자를 스타킹으로 목을 조르는 것을 보았다는 사실이 경찰이 피고인의 집에 영장 없이 들어가 그 스타킹을 압수하기 위해 자격을 부여받은 것은 아니라는 것이다).

---

48 Plain View 원칙은 일반적 관찰의 원칙, 명백한 발견의 원칙, 명백한 관측(관찰)의 원칙 등으로 번역되고 있다.

2. 기계적 장치의 사용

일반적 관찰 원칙은 종종 경찰이 공개된 곳에 있을 때 그리고 피고인이나 그의 사유재산을 관찰하기 위해 기계적 장치를 사용할 때 적용된다.

(1) 손전등

따라서 만일 경찰관이 공개된 곳에 있으면서 피고인이나 그의 사유재산의 모습을 담기 위해 손전등을 사용하였다면 이 역시 일반적 관찰에 해당하고, 따라서 수정 제4조(the Fourth Amendment)상의 수색에 해당되지 않는다.[49] 한편 쌍안경을 사용하여 물건을 보는 것도 일반적 관찰의 원칙에 반하지 않는다.

(2) 전자 무선호출장치

유사하게, 경찰이 전자 무선호출장치를 어떤 차량에 부착해놓고 그 차량을 추적하기 위해 그러한 무선호출장치를 이용한다면 이는 그 운전자의 합당한 프라이버시 존중을 침해한 것이 아니며 따라서 수정 제4조의 수색 조항과는 무관하게 된다.

아마 인류에게 가장 오래된 수사의 방법은 신문(interrogation)일 것이다.[50] 그러나 시각적 감시 또한 그 중요성을 무시할 수 없다. 예를 들어, 제복을 입은 경찰공무원이 현장에 있다고 한다면 비록 순간적이라고 할지라도 잠재적 범죄자를 저지하는 효과가 있다고 볼 수가 있다. 한편 비밀리에 용의자를 감시하고 따라갈 수 있다면 수사기관에서는 범죄자를 범행현장에서 검거할 수도 있고, 공범을 추적하거나 밀수품의 은닉장소를 용이하게 찾아낼 수도 있

---

49 Texas v. Brown, 460 U.S. 730 (1983). 경찰은 피고인의 차를 지정된 운전면허 검문소에 정차시킨 후 마약이 들어 있는 것으로 믿은 풍선(balloon)에 손전등을 비추었다. 어두운 지역을 밝히기 위하여 손전등을 사용하는 것은 수색에 해당하지 않고, 따라서 수정 제4조의 보호영역에 포섭되지 않는다.

50 Clifford S. Fishman, "Electronic Tracking Devices and the Fourth Amendment: Knotts, Karo, and the Questions Still Unanswered," 34 Cath. U. L. Rev. 277, 279 (1985) 각주 1 참조. 창세기 3 : 11-3 : 13.

을 것이다.

전자적 추적장치는 대상자에게 발견되지 않은 상태에서 대상자의 위치를 원거리에서 찾아내거나 특정한 물건의 위치를 용이하게 발견할 수 있게 해준다.

신호발신장치(beepers)[51]는 시각에 의한 감시가 곤란하거나 목표물의 소재를 종종 잃어버리게 될 경우에 많이 사용된다.

Knott 판결[52]에서, 연방대법원은 신호발신장치가 시각적 감시에 대한 보조적 역할을 한다고 판시하였는데,[53] 이는 공공도로에서의 운전에 대한 감시를 망원경을 이용한 경우와 동일하게 평가하는 것으로 보인다.

그러나 Karo 판결[54]에서 연방대법원은 신호발신장치의 사용을 주거의 외부로 한정하면서, 신호발신장치를 모니터하는 것이 시각적 수색에 의하지 않으면 획득될 수 없는 내부의 중요한(critical) 사항을 노출하게 된다면 수정 제4조의 수색에 해당하게 된다고 판시하였다.

---

51 신호발신장치는 신호를 발신하는 장치의 위치만을 나타내기 때문에 도청기와 구별된다. Dorothy J. Glancy, “Privacy on the Open Road,” 30 Ohio N. U. L. Rev. 295 (2004), 315면 각주 71.

52 United States v. Knotts, 460 U.S. 276 (1983). 경찰은 피고인의 공동피고인에 의해 구입된 클로로포럼이 들어 있는 5 갤런 드럼통에 신호발신장치를 설치한 후 클로로포럼을 싣고 이동하는 과정을 관찰하였다. 신호발신장치는 경찰이 차의 소재를 추적할 수 있도록 하였고, 이것은 차가 시야에서 사라지는 경우에도 마찬가지였다. 경찰은 추적에 대한 수색영장 등을 발부받지 않았고, 정부 측에서는 수색을 정당화할 만한 상당한 이유도 소명하지 않았다. 그 대신에 프라이버시에 대한 합리적인 기대를 포함하고 있지 않다는 이유로 영장이나 상당한 이유가 필요하지 않은 사안이라고 주장하였다. 연방대법원은 문제된 차의 경우 집 밖에 위치하고 있고, 대중이 볼 수 있기 때문에 추적장치의 사용은 수정 제4조의 요건을 위반하는 것이 아니라는 이유로 정부 측의 입장에 동의하였다. 즉, 개인 차의 움직임을 추적하는 것은 수정 제4조의 수색에 해당하지 않는다는 것이다. 추적은 관찰되는 대상물이 직접적인 감시가 허용되지 않는 개인적인 주거 안에 들어가 가시권 밖에서 사라진 경우에만 수색이 될 수 있다는 것이다.

53 “공공도로에서 자동차를 운전하는 사람은 프라이버시의 합리적인 기대를 갖지 못한다. 공공도로에서 운전을 한다는 것은, 운전자가 특정한 도로를 특정한 방향으로 이동한다는 것을 보고자 하는 사람에게 자발적으로 그 정보를 전달하고 있는 것이다. 여기서의 과학적 탐지능력의 확대는 시각적인 문제와 마찬가지로 수정 제4조의 문제를 야기하지 않는다.”

54 United States v. Karo, 468 U.S. 705 (1984).

전자추적장치에 관련된 연방대법원의 태도는 감시되는 장소가 사적인 영역인가, 공적인 영역인가에 따라 결론을 달리한다고 볼 수 있다.[55]

3. 공중감시

경찰이 비행기를 이용하여 피고인 소유지를 관찰하고자 할 때, 그냥 맨눈으로 볼 수 있는 것이라면 그 어떤 것도 '일반적 관찰' 원칙 범위에 포함된다(비행기가 공공의 운항이 가능한 상공에 있는 경우에 한해서).[56]

4. 다른 감각기관들의 이용

'일반적 관찰' 원칙은 시력 외의 다른 감각기관에도 적용된다(예를 들어, 감촉이나 청각 또는 후각을 이용하는 경우 이에 해당된다). 일반적 관찰 원칙이 적용되기 위하여는 그 대상이 되는 물건이 수사기관의 시야에 들어온 것이어야 하므로, 시야에 들어온 것이 아니라 청각, 후각, 미각 또는 촉각을 이용하여 찾아낸 물건은 그 대상에 포함되지 않는다는 견해도 있으나, 일반적 관찰 원칙은 시각만이 아니라 다른 감각을 이용하는 것에도 적용이 된다고 본다.

(1) 후 각

마약 탐지견에 의하여 마약의 존재 또는 부존재만을 확인하게 하는 것[57]

---

55 Daniel J. Solove, "A Taxonomy of Privacy," 154 U. Pa. L. Rev. 477, 497 (2006).

56 California v. Ciraolo, 476 U.S. 207 (1986). 경찰은 피고인이 뒷마당에서 마리화나를 재배하고 있다는 첩보를 입수하였다. 경찰은 개인 비행기를 임차하여 고도 1,000피트의 상공에서 피고인의 주거 상공을 비행하였고, 뒷마당에서 마리화나를 재배하고 있는 것을 발견하고 촬영하였다. 연방대법원은 상공비행이 어떠한 사회적인 프라이버시 기대권을 침해하지 않았다고 판시하였다. 상공을 비행하는 어떠한 사람도 경찰이 촬영한 것과 똑같이 관찰할 수 있기 때문이다. Florida v. Riley, 488 U.S. 445 (1989): 헬리콥터를 타고 400피트의 상공에서 관측을 한 것도 일반적 관찰의 원칙에 위배되지 않는다고 판시하였다.

57 United States v. Place, 462 U.S. 696 (1983). 연방대법원은 공중에 노출되어 있는 수하물에 대한 탐지견에 의한 탐색(canine sniffs)이 수정 제4조의 수색에 해당하는지에 대하여 심리하였다. 연방대법원은, 개인은 개인적 수하물의 내용에 대하여 수정 제4조의 프라이버시 이익을 가지고 있지만, 잘 훈련된 마약 탐지견에 의한 탐지(sniff)는 수정 제4조의 수색에 해당하지 않는다고 판시하였다.

은 수정 제4조에 의하여 금지되는 수색이 아니다. 개는 금제품이 아닌 물건을 샅샅이 뒤지거나 수하물을 열지 않고 오로지 불법적인 마약이 존재하는지 여부만을 확인할 뿐이고, 마약 탐지견에 의한 침해의 방법은 공무원에 의한 표준적인 수색에 있어서의 당황스럽고 불편함을 회피하고 있다는 것이다.[58]

연방대법원은, 개인은 개인적 수하물의 내용에 대하여 수정 제4조의 프라이버시 이익을 가지고 있지만, 잘 훈련된 마약 탐지견에 의한 탐지(sniff)는 수정 제4조의 수색에 해당하지 않는다고 판시하였다.

(2) 촉 각

'일반적 감촉' 원칙이란 것이 있다. 즉, 경찰이 피의자의 합법적 몸수색을 하다가 경찰이 느끼기에 금지 품목으로 느꼈다면 그 경찰은 '일반적 관찰' 원칙과 유사한 일반적 감촉의 원칙으로 그 물건을 압수할 수가 있다.

경찰은 만질 수 있는 권리가 있어야만 한다. 그러나 이 '일반적 감촉' 원칙은 단지 경찰이 최초의 장소에서 만져볼 권리를 가지고 있느냐 여부에만 적용이 된다(일반적 관찰 원칙에서 경찰이 그 광경을 목격하는 곳의 처음 장소에서만 권리를 갖는 것과 같다).

[예] 미국 국경 수비대가 버스에 올라(그러한 법적 권리가 있기에) 모든 승객들의 선반 위 수하물을 검색하고 있던 중 피고인 소유의 부드러운 가방에서 경관이 딱딱한 벽돌 같은 느낌의 물체를 감지하였다. 그것을 검색하던 경관은 그것이 불법 마약류로 생각하게 되어 가방을 열어 마침내 마약을 발견하게 되었다. 여기서 피고인의 항변은 다음과 같다: 감시원은 처음에 피고인의 짐을 검색할 권리를 갖지 못했기 때문에(이 검색은 피고인의 합당한 프라이버시 존중의 조항을 침해한 것이다), 그 감시원은 그가 수하물을 뒤짐으로써 뭔가를 찾아낼 것이라는 의심하에서 그런 행동을 할 권리가 주어지지 않았기 때문에 손님의 가방을 뒤질 수 있는 상당한 근거를 갖지 못

58 이와 같은 연방대법원의 분석은 흥미로운(curious) 것인데, 연방대법원은 본질적으로 탐지견에 의하여 비밀스러운 정보에 대한 침해가 이루어지는 것을 인정하기는 하지만, 그 침해가 특별히 정보를 취득하는 방법과 드러난 정보의 내용을 한정하기 때문에 수정헌법 제4조의 적용을 받지 못한다고 하고 있는 것이다. Dery Ⅲ, 앞의 논문(1997) 363면.

했다는 것이다.[59]

Dickerson 판결[60]에 의하면 plain touch에 의한 수색의 경우에도 수정헌법 제4조의 수색에 해당하지 않는다는 견해를 표시한 것으로 보아야 할 것이다.

Harris 판결[61]에서 연방대법원은, 정당한 권리를 가지고 압수대상물을 볼 수 있는 장소에 있는 수사기관의 시야 내에 보관된 물건은 압수대상이 되고 법정에 증거로 제출될 수 있다는 것은 인정되는 것이라고 판시하였다. 경찰관이 수색을 해서 압수물을 압수한 것이 아니라 우연히 그리고 기대하지 않은 상태에서 단지 눈에 보이는 것을 압수한 것에 불과하기 때문이다.

Coolidge 판결[62]에서 연방대법원은, 수사기관이 적법하게 출입하였고, 수사기관의 입장에서 대상물이 범죄의 증거물인 것이 일견 명백하고, 증거물의 발견이 우연한 것이라는 점에 대한 요건이 갖추어졌다면 영장 없이 압수한 행위가 적법하다고 판시하였다.

주거의 대지 내의 뒤뜰에 대한 1,000 피트 고도에서의 육안에 의한 항공관찰,[63] 공장단지에 대한 비행 가능한 영공으로부터의 항공사진 촬영,[64] 마약

---

59 Bond v. United States, 529 U.S. 334 (2000).

60 Minnesota v. Dickerson, 508 U.S. 366 (1993). Dickerson 사건에서 경찰관이 외표검사를 하여 용의자의 외투에서 어떠한 덩어리(lump)를 손으로 느끼게 되었다. 이러한 촉감으로 경찰관은 그 덩어리가 금제품이라고 느낄 만한 상당한 이유를 가지게 되었다. 이 경우 plain touch로 인하여 경찰관은 그 덩어리를 용의자의 외투에서 꺼내 조사할 수 있다. 그러나 경찰관이 이를 손으로 짜내고 만져 마약이라는 것을 확인하기에 이른 것은 Hicks 사건에서 스테레오를 옮기는 것과 같기 때문에 plain touch 이론에 포섭되지 않으므로 본건은 위법한 수색이다.

61 Harris v. United States, 390 U.S. 234 (1968). Harris 사건에서 수사기관이 강도사건과 관련하여 압수된 자동차를 수색하였는데 그때 강도피해자의 자동차등록카드가 수사기관의 시야에 들어왔다. 강도죄로 기소된 Harris는 수사기관이 영장을 발부받을 시간이 있었음에도 불구하고 영장을 발부받지 아니하고 압수한 자동차등록카드가 위법수집증거라고 다투었다.

62 Coolidge v. New Hampshire, 403 U.S. 443 (1971). 살인사건 피의자를 집에서 체포하는 과정에서 피의자의 사유지 내에 주차되어 있는 다른 범행에 사용되었다고 의심이 가는 자동차를 압수한 사안이다.

63 California v. Ciraolo, 476 U.S. 207 (1986).

64 Dow Chemical Co. v. United States, 476 U.S. 227 (1986). Dow Chemical Co. 공장단지에 대한 비행 가능한 영공으로부터의 항공사진 촬영은 연방헌법 수정 제4조 소정의

탐지견에 의하여 마약의 존재 또는 부존재만을 확인하게 하는 것[65]은 수정 제4조에 의하여 금지되는 수색이 아니다.

5. 피고인의 사적 재산에 대한 경찰의 일반적 관찰원칙 적용 여부

'일반적 관찰 원칙'은 경찰이 공공재산에서 목격한 것뿐만 아니라, 법적으로 소유자의 사적 재산에도 적용된다.

예를 들면, 경찰이 피고인의 집으로 합법적 체포를 하러 갈 경우에 체포과정에서의 목격은 수정 제4조의 수색조항 위반은 아니다(그러나 이것은 체포하는 동안 경찰이 닫힌 상자나 소포꾸러미를 열 수 있는 권한을 부여하는 것은 아니며, 심지어 더 자세히 보고자 물건을 옮기는 것도 안된다. 이러한 제 행위는 일반적 관찰 원칙이 적용되지 않으며 수정 제4조의 수색조항 위반이 될 수도 있다).

6. 주　거

주거와 관련된 하이테크 수색기술은 주거 이외의 다른 대상에 대한 감시와 관련된 기술보다 훨씬 엄격한 심사를 받게 된다. 이는 아마도 재산권적인 근거에서 프라이버시의 침해를 구성하던 Katz 판결 이전의 입장에 근거한 것이라고 생각한다.[66]

수색의 대상이 주거가 아닌 경우에는, 대법관들은 하이테크 기술의 사용을 기꺼이 허용하려 할 것이라고 생각한다. 1983년 Knotts 사건에서, 피고인 차에 들어 있던 영장 없는 신호발신장치의 감시가 합법적이라고 판시하였는

수색에 해당하지 않는다. 본건에서는 Dow Chemical Co.의 것과 같은 대규모 산업단지가 보통법상의 '대지' 법리에 포함하는지 여부 및 공중지도 카메라를 사용하는 사진이 허용될 수 있는가 하는 점이 문제되었다.

65 United States v. Place, 462 U.S. 696, 707 (1983).

66 Scalia 대법관이 2001년 Kyllo 사건에서 언급한 바와 같이, 가옥의 보호는 수정 제4조의 핵심이라고 할 수 있다. 따라서, Kyllo 사건에서는 가옥으로부터 방출되는 열을 탐지하는 열영상기를 영장 없이 사용하는 것을 허용하지 않는 입장을 취하였다. 그리고 1984년의 Karo 사건에서, 대법관들은 용의자 중의 한 명이 알지 못하고 신호발신장치(beeper)를 가옥으로 가지고 간 경우에는 영장 없이 신호발신장치의 탐색을 하지 못한다고 판시하였다.

데, 이 사건에서는 Karo 사건과 달리 그 차가 주거에 들어가지 않았다. 그러나 실무상 신호발신장치가 부착된 차량이 용의자의 주거에 들어갔는지 여브는 시각적 감시와 병행되지 아니하는 경우에는 확인이 불가능한 경우가 발생할 수 있다. 수사기관의 입장에서는 신호발신장치 차량의 위치를 추적하여 그 이후의 수사를 진행하였을 경우에 주거에의 진입 여부에 따라서 수사의 결과가 재판에서 사용되지 못하게 될 위험을 안게 될 수도 있는 것이다. 이러한 애로점은 인공위성의 이용 등과 같은 방법을 사용함으로써 어느 정도까지는 제거될 수 있다고 할 것이나 완전히 문제점이 해결되는 것은 아니다.

다른 하이테크 수색 요소와 같이, 판례는 주거 감시에 관하여 일관된 기준을 적용하지 않았다. Kyllo 사건에서는 열영상기 사용을 허용하지 아니하였으나, Ciraolo 사건에서는 주거의 뒷마당에 대한 영장 없는 항공 감시를 허용하였다. 열영상기는 단지 연방공무원에게 용의자의 주거에서 방출되는 열에 대하여 정보를 제공할 뿐인 것이다. 그러나 항공 감시의 무분별한 속성은 법집행기관 공무원으로 하여금 단순히 용의자뿐만 아니라 그 이웃들의 뒷마당에서 일어나는 내밀한 여러 가지 행위들을 감시할 수 있게 한다.

V. 제3자에게 이전된 경우

피고인이 재산이나 정보를 제3자에게 이전했다는 사실은 피고인이 더 이상 그 재산에 대한 '합당한 프라이버시의 존중'의 기대감을 갖고 있지 못하다는 것을 의미한다.

예를 들어, 전화를 거는 사람은 지역전화회사에 전화했던 번호에 대한 사항을 전가한 것이다. 따라서 그 사람은 자기가 이용했던 번호에 대한 어떤 사적인 보호 기대(프라이버시 존중)를 갖지 못하며, 경찰은 전화회사에 소환장을 발부하여 어떤 전화번호가 걸렸었는지를 알아볼 수 있다.

Smith 판결[67]에서 연방대법원은, 개인의 주거에서 어떤 전화번호들이 걸

67 Smith v. Maryland, 442 U.S. 735 (1979). 피고인과 발신자 모두 제3자가 메시지를 받

려졌는가를 확인하기 위하여 전화회사에서 pen register[68]를 사용한 경우에 이는 수정 제4조의 수색이 아니라고 판시하였다.

한편 Miller 판결[69]에서 연방대법원은, 금융기관이 보관하고 있는 금융거래정보는 계좌명의인이 제3자인 금융기관에게 자발적으로 제공한 정보이고, 그 정보를 은행이 정부에 제공할 수 있다는 위험을 감수하여야 한다고 판시하였다. 금융거래자료는 제3자인 금융기관 소유의 문서이므로 계좌명의인의 프라이버시에 대한 합리적 기대를 인정할 수 없다는 것이다.[70] 이 판결에 대하여는 프라이버시의 개념을 현대적 필요에까지 확장시키기를 원하지 않는 사법적 자제의 태도가 엿보인다는 견해[71]가 있다.

은행과 거래를 하거나 전화 또는 인터넷을 설치하여 사용하려는 개인이 그러한 특정 목적을 위하여 자신의 정보를 은행 등에 제공한 경우에 그 개인은 자신의 정보가 특정한 목적 이외의 다른 목적을 위하여 은행 등이 아닌 다른 사람에게 누설되지 않을 것을 기대한다. 개인의 입장에서는 사회생활을 함에 있어 다른 대안이 거의 없다고 보아야 할 것이다. 은행 등은 고객의 기밀을 유지해 주어야 할 의무[72]가 있다고 할 수도 있고, 계약상 묵시적 또는 명시적 합의가 있을 수도 있다. 한정된 사람에게 정보를 제공하는 것과 모든 사람에게 정보를 공개하는 것을 동일하게 파악하는 것은 프라이버시를 잘못

아 적는다는 것을 알고 있는 상황에서 전화 메시지 서비스를 이용한 경우 피고인은 기록된 것에 대하여 프라이버시의 합리적인 기대를 가질 수 없다.

68 특정 전화에 건 전화번호를 기록한 것을 말한다.

69 United States v. Miller, 425 U.S. 435 (1976).

70 이에 대하여는 오늘날 은행과 같은 금융기관과 거래를 하지 아니하고는 경제사회에 동참하는 것이 불가능하므로, 고객들이 은행에 정보를 자발적으로 제공하였다고 보기 어렵고, 고객들은 은행이 보관하고 있는 자신들의 금융거래정보에 대하여 프라이버시에 대한 합리적 기대를 가진다고 보아야 한다는 반대의견이 있다.

71 Robert S. Peck, "The Right to be Left Alone," 15 - Fall Hum. Rts. 26, 30 (1987). 연방대법원의 태도가 그러하다면 수사기관의 입장에서는 특정인에 대한 정보를 취득하기 위하여 성가시고 번거러운 영장발부절차를 거치는 것보다는 프라이버시권을 주장하지 않는 제3자로부터 정보를 취득하려 할 것임은 명약관화하다고 할 것이다.

72 의사와 환자, 변호사와 고객, 심리상담사(therapist)와 상담자의 비밀 준수의무 등도 유사하다고 생각하며, 이를 준수하지 못한 경우에는 불법행위법상의 손해배상책임을 부담하게 될 것이라고 생각한다.

이해한 것으로 볼 수도 있다.[73] 오늘날과 같은 정보화시대에 있어서는 일반인의 사회활동 중 상당수가 제3자에 의하여 기록이 되고 있다. 따라서 제3자 이전 이론(third-party doctrine)은 상당수의 개인정보를 수정 제4조의 보호영역에서 제외하게 되는 결과를 초래할 수 있다.[74]

미국 의회는 1978년에 금융거래비밀보호법(Right to Financial Privacy Act)을 제정하여 법원의 해석에 의하여 보호되지 않는 개인의 프라이버시를 보호하기 위한 입법적 조치를 취하였다.[75] 금융거래비밀보호법의 제정 이후 연방수사기관의 경우 수사가 은밀하게 진행되어야 할 대부분의 사건에서는 비밀이 유지되는 대배심의 소환장을 통하여 금융거래정보를 확보하고 있다.

Ⅵ. 쓰레기나 그 외의 버려진 재산

쓰레기나 버려진 물건은 대개 그 주인이 '합당한 프라이버시 존중의 기대감'을 갖게 하는 물건이 되지 못한다. 그러므로 환경미화원이 수거해 가도록 길가에 쓰레기를 버린 경우 경찰은 영장 없이 그 쓰레기를 조사할 수 있다.[76] 어떤 사람이 집 앞에 쓰레기를 두었을 경우, 그는 그 쓰레기를 대중에 공개적으로 노출한 것이다. 어떤 사람이 쓰레기를 길가에 두는 순간, 그는 쓰레기 봉지가 찢어진 후 그 내용물이 공개될 수 있다는 중대한 위험을 감수한 것이라 볼 수 있다. 쓰레기봉투가 집 밖에 버려지고 나면 동물, 어린이, 폐품

73 이러한 비판에 대하여 '동의(consent)'의 이론 등으로 판례의 태도를 지지하는 견해가 있다. Orin S. Kerr, The Case for the Third-Party Doctrine, 107 Mich. L. Rev. 561 (2009).

74 Solove, 앞의 논문(2006), 529면.

75 Pavl. B. Rasor, "Controlling Government Access to Personal Financial Records," 25 Washburn L.J. 417 (1986).

76 California v. Greenwood, 486 U.S. 35 (1988). 마약밀매 혐의를 수사하면서, 수사기관은 쓰레기 청소부에게 Greenwood의 쓰레기만을 분리하여 줄 것을 요구하였다. 청소부는 대상자의 쓰레기를 분리한 후, 수사기관이 샅샅이 분석할 수 있도록 그것을 넘겨주었다. 연방대법원은 수사기관이 Greenwood의 쓰레기를 수거하여 샅샅이 뒤지는 것이 합리적인 프라이버시에 대한 기대를 침해하고, 수정 제4조에 의해 보장되는 영장요건을 위반하였는가에 대하여 심리하였다.

수집자, 거리를 돌아다니는 사람, 다른 일반 사람들에 의해 쉽게 접근될 수 있기 때문이다.[77]

1. 개인 소유지에서의 쓰레기

만약 물건의 주인이 공공 쓰레기장에 버린 것이 아니라 본인 땅에 쓰레기를 버릴 경우(그리고 환경미화원이 쓰레기를 수거하고자 그 사적 구역에 들어가야 하는 경우) 경찰은 대개 피고인의 구역에 들어가 그 쓰레기를 조사할 수가 없다(그러나 경찰은 환경미화원이 가지고 나올 때까지 기다렸다가 나중에 그것을 길에서 체크해 볼 수는 있다). 따라서 경찰이 쓰레기 수거업자에게 쓰레기를 수거하여 넘겨달라고 한 경우에 쓰레기의 주인은 이에 대하여 이의를 제기할 수 없다. 수거업자가 쓰레기를 가져가게 되면 쓰레기에 대한 주인의 권리는 소멸하기 때문이다.

그러나 Greenwood 사건의 사실관계에 대한 법원의 접근방법은 매우 기교적이라는 비판이 있다.[78]

2. 버려진 집

위에서 검토한 바와 같은 논리에 따라 버려진 집, 떠난 호텔 방, 버려진 자동차 등의 경우에는 피고인이 프라이버시의 합리적인 기대를 갖지 못한다.

---

77 Sherry F. Colb, "What is a Search? Two Conceptual Flaws in Fourth Amendment Doctrine and Some Hints of a Remedy," 55 Stan. L. Rev. 119, 127 (2002). 길거리를 돌아다니는 사람이 Greenwood의 쓰레기봉투를 찢어서 온 거리에 그의 쓰레기를 뿌려 버린다면, 지나가는 사람들은 그의 개인적인 것들을 모두 볼 수 있는 것이고, 오직 수사기관에 대해서만 그것을 보지 말아야 한다는 것을 합리적으로 기대할 수는 없다고 할 것이다. 이러한 일이 발생할 수도 있다는 위험을 감수한 이상, 쓰레기를 집 밖에 버리는 것은 그의 쓰레기를 대중의 눈앞에 공개적으로 노출한 것이다.

78 Colb, 앞의 논문, 128면. 쓰레기를 밖에 내어 둠으로써 Greenwood가 공개적으로 그 내용물의 비밀을 포기하였다고 판단하는 것은 설득력이 없다는 것이다. 쓰레기가 밖으로 버려져 있을 때, 잠재적인 거리의 행인이 수사기관의 행위와 같이 쓰레기의 내용물을 뒤진다는 것은 법을 위반하는 행위가 될 수도 있다. 쓰레기를 집 밖에 버렸다고 하여 세상 사람 모두가 쓰레기를 뒤져서 정보를 가져가도 좋다는 의미로 보는 것은 이른바 노출의 위험성(risk of exposure)을 혼동한 것이라고 할 수도 있다.

다만, 기소가 되어 법정에서 다투어지게 될 경우 검사는 소유자의 포기의사를 입증하여야 한다. 또한, 화재가 발생하여 건물이 파괴되었다고 하여 소유자가 프라이버시의 합리적인 기대가 없는 것은 아니다.[79]

3. 체포시 포기

마약사건의 피의자가 경찰의 접근 사실을 알고 소지하고 있는 마약을 바닥에 떨어뜨리는 경우에 대부분의 법원에서는 피의자가 소유권을 포기한 것이 아니라는 취지로 판시하고 있다. 이러한 경우 상당한 이유가 있는 경우에 경찰은 영장 없이 피의자를 체포할 수 있고, 체포에 수반하는 수색을 실시할 수 있다. 따라서 수정 제4조 소정의 수색이 있었는가의 문제는 중요하지 않다.

그러나 상당한 이유가 없음에도 불구하고 경찰이 피의자를 정지시키는 경우에 피의자가 황급하게 소지한 물건을 버렸다면 수정 제4조 소정의 적용문제는 중요하게 되고, 대부분의 사안에서 '버려진 재산'(abandoned property)의 법리는 적용되지 않을 것이다. 경찰의 불법적인 행위로 인하여 피의자가 자신에게 불리한 물건을 버린 경우에 그 물건은 버려진 것으로 간주되지 않는다.

Ⅶ. 특별한 내용들

1. 수용시설

수용자는 수용시설에서 자신의 합법적인 프라이버시의 기대를 갖지 못한다. 따라서 교도관이 정당한 이유 없이 상당히 위험스럽다고 판단한 수용자 개인 소지품을 수색한다 할지라도 수용자는 수정 제4조(Fourth Amendment)의 위반에 대한 문제를 제기할 수 없다.[80] 따라서 교도관이 안전문제와 관련

79 Michigan v. Tyler, 436 U.S. 499 (1978). 다만, 법원은 화재원인을 밝히기 위한 초동수사단계에서는 영장 없는 수사를 정당화하는 긴급상황이 있다고 판시한 바 있다.

80 Hudson v. Palmer, 468 U.S. 517 (1984). 4인의 대법관은 다음과 같은 반대의견을 표

이 없는 수용자의 편지나 사진 등을 수색하여 압수하였다고 하더라도, 수용자는 수정 제4조 위반을 주장할 수 없다. 만일 교도관이 수용자를 괴롭히기 위하여 위와 같은 수색을 하였다고 하더라도 마찬가지이다. 이러한 경우 수용자는 수정 제8조에 의한 '잔인하고 비정상적인 처벌'이라는 점을 주장하거나 불법행위로 인한 손해배상소송을 제기하여 구제를 받을 수 있을 것이다.

2. 손 님

어느 사람의 집에 온 손님은 초대된 그 집안에서 합법적 프라이버시를 가질 경우도 있고 그렇지 않은 경우도 있다.

(1) 숙박하는 집안 손님

이들은 대체로 그 사람이 머무는 곳에서 합법적인 프라이버시의 기대를 가지기 때문에 경찰은 영장 없이 체포할 수 없고 영장 없는 수색도 불가능하다(그러나 주인이 수색을 허락하면 손님은 운이 없는 경우에 해당된다).[81]

(2) 숙박하지 않는 손님

숙박하지 않는 손님 역시 그 집안에서 합법적 프라이버시를 가지고 있다. 하지만 미국 연방대법원은 이에 관해 아직 확실한 결론을 내리지는 못하고 있다.

(3) 업무 손님

업무차 집안에 들른 사람은 집안 손님보다는 합법적 프라이버시를 덜 보장받을 수 있으며, 더구나 업무차 방문시간이 비교적 짧은 경우라면 법원은 합법적 프라이버시의 보장이 없다고 간주할 수도 있다.

[예] 피고인이 X로부터 나중에 팔 목적의 코카인을 사고자 X의 아파트를 몇 시

시하였다. "수용시설 내에서의 수용자의 프라이버시에 대한 합법적인 기대는 수용시설 외부의 것과 비교하였을 때 최소한의 가치를 가지는 것으로, 수용자들이 가지는 조그만 프라이버시권은 노예와 인간을 구분하는 기준이 될 것이다."

81 Minnesota v. Olson, 495 U.S. 91 (1990).

간 동안 방문하였다. 경찰이 그 방문시간에 덮쳤다. 이때, 방문이 짧은 순간이라는 점과 피고인의 그 아파트 안에서의 업무가 개인적 이상의 업무라는 점은 그 아파트 안에서 합법적 프라이버시의 보장을 갖지 못한다는 것을 의미한다. 따라서 X의 권리가 침해되었다 할지라도 피고인의 수정 제4조상의 권리는 침해되지 않았다.[82]

3. 재산권과 프라이버시

주거 내에서의 수정 제4조의 보호를 생각해 보면, 집주인은 주거 내에서 프라이버시의 합리적인 기대를 가진다. 적법한 임차인도 마찬가지이고, 호텔에 투숙한 손님도 또한 같다. 집주인이 명시적 또는 묵시적으로 하룻밤 손님에게 집주인의 권리를 위임하였다면 그 손님 또한 합리적인 프라이버시의 기대를 가진다. 그러나 권한 없는 불법거주자(squatter)는 그러하지 아니하다.

동일한 법리는 주거뿐만 아니라 자동차의 경우에도 유사하다. 차량 소유자, 차량 소유자로부터 차량의 사용을 적법하게 허락받은 자, 렌트카의 적법한 점유자는 수정 제4조의 보호를 받는다. 그러나 도난 차량의 운전자는 그러하지 아니하다.

잠겨진 용기(closed container)의 경우에도 그 소유자는 내용물에 대하여 합리적인 프라이버시의 기대를 갖는다. 잠긴 용기의 경우, 밀봉된 편지, 상자, 컴퓨터 파일의 경우에도 동일한 법리가 적용된다. 그러나 소유자가 그 용기를 버림[83]으로써 소유권을 상실한 경우에는 용기의 수색에 대한 합리적인 프라이버시의 기대를 갖지 못한다. 또한 절취한 용기의 내용물, 절취한 컴퓨터의 하드디스크[84]에 대하여는 절도범이 프라이버시에 대한 합리적인 기대를 가질 수 없다.

또한 법원은 시필(필적의 견본 : handwriting sample),[85] 목소리(human voice),[86] 지문(fingerprints)[87] 등은 수정 제4조에 의하여 보호하지 않는 입장을

82 Minnesota v. Carter, 525 U.S. 83 (1998).
83 California v. Greenwood, 486 U.S. 35 (1988).
84 United States v. Lyons, 992 F. 2nd 1029 (10th Cir. 1993).
85 United States v. Mara, 410 U.S. 19 (1973).

보이고 있다. 그러나 공중에 노출되지 아니한 혈액과 같은 신체적 특징을 신체적 침입을 수반하여 검사하는 것은 수정 제4조의 보호영역에 포섭된다.[88]

수색을 넘어서서 생각해보면, 압수를 규율하는 수정 제4조는 명시적으로 재산권에 근거를 두고 있다. 수색이란 대상자의 합리적인 프라이버시의 기대를 침해할 때 발생하는 것임에 반하여, 압수란 정부의 행위가 대상자의 소유권에 의미있는 간섭일 경우에 발생하는 것이다.

따라서 서류 내지 컴퓨터 파일의 복사와 같은 것은 소유권을 침해한 것이 아니라 정보를 침해하는 것이므로 새로운 규율방법이 필요한 것이다.

제 3 절 상당한 이유의 개요

Ⅰ. 상당한 이유의 필요조건은 두 가지 다른 상황에 적용된다.

수정 제4조에 의하면 상당한 이유가 없으면 수색이나 체포를 위한 영장이 발부되지 않는다. 상당한 이유라는 개념은 추상적인 것이다. 기본적으로 법집행기관은 합리적인 사람이라면 예정된 수색이나 체포가 정당하게 집행되었다고 믿을 만한 증거를 가지고 있어야 한다.

① 판사나 치안판사가 수색이나 체포를 위한 영장을 발부할 수 있기 전에, 영장은 반드시 상당한 이유가 충족되어져야 하고, ② 경찰이 영장 없이 수색이나 체포를 하고자 하기 전에 경찰관은 그러한 수색이나 체포를 위한 상당한 이유를 확보하여야만 한다.

---

86 United States v. Dionisio, 410 U.S. 1 (1973). 목소리는 특정 대화의 내용과는 달리 끊임없이 공중에 노출되는 것이다. 사람의 얼굴 특성, 필적과 같이 목소리는 다른 사람이 들을 수 있도록 반복해서 생산되는 것이다.

87 Davis v. Mississippi, 394 U.S. 721 (1969).

88 Skinner v. Railway Labor Executives' Association, 489 U.S. 602 (1989). 혈액, 소변 및 호흡측정은 모두 수색에 해당한다.

Ⅱ. 상당한 이유를 위한 필요조건

상당한 이유라는 용어는 수색을 할 경우와 체포를 할 경우에 그 의미가 동일하지 않다.

1. 체포를 위한 상당한 이유

사람을 체포하기 위한 상당한 이유가 있기 위해서는 ① 법 위반이 이루어졌을 경우, ② 체포된 사람이 (위반을 범하였을 경우 지속되고 있는 상태) 위법행위를 한 경우이다.

2. 수색을 위한 상당한 이유

어떤 특정한 장소를 수색하기 위한 상당한 이유가 있기 위해서는 ① 찾고자 하는 특정한 물건이 범죄행위와 관련이 있어야 하고, ② 이 물건들이 찾고자 하는 수색장소 내에서 발견되어야만 한다.

Ⅲ. 허용 한계

비록 그 정보가 재판에서 채택되지 않는다고 하더라도 신뢰성 있는 정보는 수색이나 구속을 위한 상당한 이유의 존재 여부를 결정하는 데 사용될 수 있다. 경찰은 상당한 이유를 입증하기 위하여 풍문이나 범죄전력을 사용하기도 한다. 범죄전력은 그 자체만으로는 상당한 이유를 충족시키지 못하지만, 치안판사는 그 정보의 출처와 상관없이 상당한 이유를 참작하는 데 고려한다.

Ⅳ. 치안판사에 의해 청취된 증거만 사용

영장의 발부를 위한 상당한 이유는 영장을 발부하는 치안판사에게 오직 제시된 사실에 입각하여서만 판단되어야 된다(보통 영장을 위한 정보가 구두 증언문이 아닌 경찰관의 진술서 형식으로 될 것이다). 경찰이 상당한 이유에 해당한다는 것에 대한 충분한 증거를 치안판사에게 제시하지 못한 경우에는 비록 영장이 발부되었다고 하더라도 증거배제신청을 위한 심리(suppression hearing)에서 다시 문제가 될 것이고, 경찰이 치안판사에게 제시하지 아니한 별도의 사실을 증언한다고 하더라도 소급하여 적용되지 않는다.

[예] 경찰관이 최근의 어떤 과일 절도사건으로 Dwight의 아파트를 수색하기 위한 영장 발부를 신청한다. 경찰관의 보충 진술서는 경찰관의 믿음, 즉 그러한 과일들이 거기서 발견될 것이라는 믿음의 근거를 치안판사에게 제시하지 않음에도 불구하고 치안판사는 영장을 발부해주고 수색이 이루어진다. 절도된 과일들이 거기서 발견되고 Dwight는 절도혐의로 기소된다. Dwight는 아마도 과일수색에 의하여 얻은 증거를 재판에서 사용되지 못하도록 하는 데 성공할 수 있을 것이다. 왜냐하면 그 치안판사에게 어떤 특정한 근거들, 즉 과일들이 Dwight의 집에서 발견될 것이라는 것을 믿을 만한 상당한 이유를 치안판사에게 제시하지 않았기 때문이다.

1. 위증 진술서

만약 Dwight가 증거를 잘 내세워서 영장을 획득하기 위해 사용된 진술서가 선서진술인에 의한 위증이나 증거에 대하여 탈법적으로 행하여졌다면, 그 영장은 무효로 될 것이다(그 진술서의 나머지 부분이 상당한 이유를 구성할 만큼 충분하지 못하다고 가정한다면).[89] 그러나 위 사건에서는 재판정에서 부적절을 근거로 영장을 배척할 수는 없다.

(1) 경찰의 정직한 실수

만일 경찰이 명백한 실수를 하였다면, 즉 착오로 어떤 정보를 믿고 그 영장을 발부받기 위한 진술서에 그러한 정보를 사용하였다면 그 영장은 나중에 그것이 분명히 실수라고 판단되더라도 무효로 되지는 않는다(기각되지 않는다).[90]

89 Franks v. Delaware, 438 U.S. 154 (1978). 표면상 충분한 선서진술서.
90 Maryland v. Garrison, 480 U.S. 79 (1987). 경찰이 영장의 광범성에 대한 인식을 하지

제 4 절 상당한 이유를 가질 만한 특정 정보

Ⅰ. 정보제공자로부터의 정보

상당한 이유의 기초가 되는 정보는 종종 스스로 범죄에 관여한 바 있는 정보제공자로부터 나오게 된다. 경찰의 정보제공자는 가끔 진실인지 애매모호한 정보를 경찰에 제공하고 경찰의 배려를 받기도 한다. 이러한 경우 법원은 그 정보를 철저하게 검토하게 된다. 바로 그 정보제공자가 수색이나 체포를 위한 상당한 이유를 야기한 것인지 여부는 전체 상황을 종합적으로 고려하여 결정될 것이다.[91]

1. 두 가지 요소

치안판사는 정보제공자의 정보를 고려할 때 다음 두 가지를 고려해야 한다. ① 그 정보제공자가 일반적으로 신뢰할 만한 증인인지 여부, ② 그 정보제공자가 (어떤 일에 대해) 알게 된 근거를 입증할 만한 사실들, 즉 그 정보제공자가 경찰에 제공했던 정보를 갖게 된 방법들에 대해서 검토해야 한다.

① 장점은 약점을 보완한다. 그러나 이러한 요소들 중의 하나의 강점은 다른 약점을 보완하게 된다(예를 들면, 만일 어떤 정보제공자가 매우 신뢰할 수

못한 것을 객관적으로 이해할 수 있고, 합리적인 경우에 영장의 집행 또한 적법하다.

91 Illinois v. Gates, 462 U.S. 213 (1983). 경찰은 익명의 편지를 입수하게 되었는데, 그 편지에서 수잔과 렌스 게이츠 부부가 마약중개상이고, 수잔은 차로 플로리다로 갈 것이고, 렌스는 비행기로 뒤따라 갈 것이라고 하였다. 또한 십만불 상당의 마약을 트렁크에 싣고 돌아올 것이라는 내용이었다. 경찰의 확인 결과 게이츠 부부는 블루밍톤에 살고 있고, 5월 5일 그 이름으로 웨스트 팜비치에 예약을 하였다. 연방마약 수사국은 렌스가 팜비치에 도착할 때부터 렌스를 감시하였다. 그리고 수잔의 이름으로 예약된 호텔까지 따라갔다. 다음날 아침 그들 부부로 보이는 사람들이 북쪽 고속도로를 린스로 등록된 차를 타고 운전하는 것을 발견하였다. 블루밍톤 경찰은 이러한 사실을 인용하여 게이츠의 주거지와 차에 대한 수색영장을 발부받아 게이츠가 블루밍톤에 도착하는 것을 기다려 주거지와 차의 두 곳에서 마약을 발견하였다.

있는 사람으로 알려져 있다면 어떤 특정한 사건에서 그가 알게 된 사실의 근거를 제시하지 못하더라도 그의 진술은 상당한 이유가 있는 정보로 이용된다).

② 미래 사건의 예측 또한, 만약 나중에 벌어질 사건이 그 정보제공자의 이야기를 확증시키게 만든다면 이러한 일들은 상당한 이유를 성립시킬 수 있도록 그 정보제공자의 이야기와 결합될 수 있다. 비록 그 어느 것도 자체만으로는 불충분하더라도 말이다.

Ⅱ. 비범죄적 요소

경찰이 비범죄적 요소에서 정보를 획득한 경우(즉, 일반시민, 범죄 희생자 등), 법원은 그 정보에 대해 그 자신 스스로가 범죄자인 정보제공자의 말보다도 더 신뢰한다.

1. 다른 경찰관들

그러나 영장을 위한 진술서를 만드는(혹은 영장 없는 수색이나 체포를 하는) 경찰관이 다른 경찰관의 진술에 대해 행동한 것이라면 그 체포나 수색은 오직 최초 진술자가 상당한 이유를 갖고 행동한 것이라야만 유효하다.

[예] 보안관이 게시판에 피고인 1과 피고인 2가 무단침입으로 현상수배되었다고 진술하였다. 경찰관, 즉 일반직 경찰관이 그 게시판을 보고 다른 어떤 것도 아는 바 없이 피고인 1과 피고인 2를 체포하였다. 그런데 그 둘은 그 경찰관의 담당구역에 우연히 살고 있었던 것이다. 아마도 체포를 위한 상당한 이유가 되기 위해서는 그 보안관 스스로가 체포를 위한 상당한 이유를 가지고 있었을 경우에만 성립될 수 있다.

제 5 절 수색영장 발부와 집행

Ⅰ. 영장 발부 주체

수색영장은 일종의 사법권자에 의해 발부되어져야만 된다. 보통 판사나 치안판사이다(여기서는 치안판사라는 용어를 사용한다). 치안판사는 정부의 법 집행부서로부터 분리된 중립기관(neutral and detached)이어야 한다. 검찰총장은 중립적인 치안판사가 아니다. 영장을 발부하는 관리가 영장 발부에 관한 판결에 영향을 주는 금전적인 이해관계가 있어서는 안 된다. 급여가 없이 영장 발부시에 일정액의 보수를 받는 판사는 수당 수령을 위하여 영장 발부를 거절하지 않을 것이다. 수색현장에 경찰과 동행하고 수색에 적극 참여하는 치안판사는 중립성을 결여한 것이다. 즉 치안판사는 소추기관 또는 경찰과 관련이 없어야 한다.

영장을 발부하는 사람은 상당한 이유를 밝히는 데 필요한 경험을 가지고 훈련을 거친 사람이어야 한다. 소규모 지역법원에서는 법원의 서기가 영장을 발부할 수도 있다. 다만, 상당한 이유에 대한 정교한 판단을 위하여는 판사의 관여가 필요할 것이다.

1. 중 립

치안판사는 정부의 법적 집행과는 분리된 중립적 존재이다.

Ⅱ. 진 술 서

통상적으로 수색영장의 발부를 원하는 경찰관은 상당한 이유에 해당하는 사실관계를 서면으로 작성하고, 그 위에 서명이 기재된 진술서를 작성하여야 한다. 진술서의 제출은 헌법상 요구되는 것이다. 경찰이 증거배제신청에 대한 심리절차에서 진술서에 기재되지 아니한 사실관계를 구두로 치안판사에게 진술할 수 있는지 여부에 대하여는 견해가 대립하고 있다.

수정 제4조는 영장에 수색해야 할 장소와 압수해야 할 물건을 상세히 기재할 것을 요구하고 있다. 경찰의 진술서는 이와 같은 정보를 포함하고 있어야 한다. 진술서는 수색의 대상이 된 물건이 이동하지 않았을 것이라고 치안판사가 합리적으로 믿게 할 정도의 최신의 정보에 기초하여야 한다. 요구되는 최신성의 정도는 수색과 관련한 범죄가 계속범인지 1회성 범죄인지 여부에 부분적으로 달려 있다.

Ⅲ. 일방적 성격의 영장

영장 발부를 위한 절차는 일방적이다(ex parte). 주거 등을 수색당하는 혐의자는 영장 발부의 효력에 대하여 다툴 기회를 갖지 못한다. 오직 수사기관 측의 의견만이 치안판사에게 전달될 뿐이다. 그러나 용의자는 증거배제신청을 위한 심리절차에서 영장이 상당한 이유가 없이 발부되었다는 것을 다툴 수 있다.

Ⅳ. 상세한 묘사의 요구(특정)

수정 제4조는 수색되는 집이나 압류되는 물품에 관한 상세한 내용이 포함되는 영장을 요구한다. 이것은 영장에 경찰관이 그것을 집행할 만큼 충분히 상세해야 하며, 심지어 그 영장에 그 사건과 최초의 관련을 갖지 못한다 하더라도 어디를 수색하며 무엇을 압류할 것인지는 기재되어 있어야 된다는 것을 의미한다. 즉 수색장소와 압수대상물이 특정되어 있을 것을 요구한다. 이와 같이 영장기재의 특정성을 요구하는 이유는 식민지 시대의 원조영장(writ of assistance)에 의한 폐해를 방지하기 위한 것이다. 원조영장은 언제든지, 어디든지, 누구라도 영장집행 공무원이 선택하는 곳을 대상으로 집행할 수 있는 포괄적인 권한을 가진 것이었다. 유효한 수색영장이란 수색에 대한 충분한 사법적 정당화의 기능을 할 뿐만 아니라, 수색의 허용가능한 범위를 제한하는 기능을 하는 것이다.

수색대상에 대한 특정성의 기준은 영장을 집행하는 법집행기관으로 하여금 재량을 남겨두지 않는 것이다.[92] 영장에 기재된 내용이 경찰관으로 하여금 법의 개념이나 규정을 해석하도록 허용함으로써 어떠한 대상물이 압수되어야 하는가를 결정하도록 한다면 영장의 특정성 원칙은 침해된 것이다.

다만, 영장의 한 부분의 잘못된 기재는 선서 진술서와 영장의 다른 부분이 정확하다면 오류라고 보기 어렵다. 또한 주소의 기재가 잘못되었다고 하더라도 건물에 대하여 더 자세한 기재가 있다면 하자가 치유될 수 있다. 일반적으로 알려진 이름으로 건물에 대하여 특정을 하는 것도 무방하다.

1. 장소의 묘사

(1) 아파트 등

수색될 장소에 관한 묘사는 영장을 집행하는 경찰이 합리적인 노력(with reasonable effort)으로 어디를 수색할지 충분히 알 수 있도록 해야 한다.[93] 가령, 만일 그 수색이 어떤 아파트 안에서 이루어진다고 한다면 영장은 아마도 그 빌딩주소뿐만이 아니라 그 아파트 소유자의 이름과 집 호수 등을 담고 있어야 한다. 수색할 장소가 단독 주택이면 도로명 주소를 제공하면 되고, 주택의 구조가 복합빌딩인 경우에는 아파트 호수와 같은 추가적인 정보가 제공되어야 한다.

영장의 수색장소가 메인가 321번지에 사는 용의자 소유의 집이라고 기재되어 있는데, 경찰이 현장에 도착해 보니 그 주소의 건물이 두 세대용 건물일 경우에는 이웃 사람에게 문의하거나 우편물 수납통에 붙어 있는 성명을 확인하는 등의 합리적인 노력을 통하여 수색의 장소를 용의자의 집으로 제한

92 Marron v. United States, 275 U.S. 192 (1927).
93 Steele v. United States, 267 U.S. 498, 503 (1925).

해야 할 의무가 있다. 수색될 장소가 사업장인데 그 일부분이 주거로 사용된다는 사실이 밝혀진 경우에 경찰은 주거부분을 수색할 정당한 이유가 없다.

(2) 신체수색

신체수색을 위하여는 신체수색 영장이 발부되어야 한다. 영장에는 대상자의 이름 또는 피의자 이외의 자가 수색을 당하지 않을 정도로 그에 대한 완벽한 묘사가 기재되어야 한다. 즉 상황에 따라 합리적인 다른 방법, 즉 직업, 개인적인 외모, 특이한 점(peculiarities), 사는 곳 등이 그 사람을 특정하기 위해 기재되어야 한다.

만약 사람의 수색에 건물의 수색이 필요하다면, 그 사람이 그곳에 있다고 믿을 상당한 이유가 있어야 하고, 그 영장은 그 사람과 그 건물 모두를 특정해야 한다.[94]

2. 압수될 물건들

압수될 물건들도 또한 영장에 분명히 기재되어야 한다.

(1) 그렇게 엄격하지 않은 요구조건들

그러나 이러한 요구조건들은 오늘날 엄격하게 해석되지는 않는다.

[예] 영장에 기재된 사건이 기망으로 부동산을 판매하는 범죄를 다루고 있을 경우 영장에는 여러 가지 다양한 서류를 수색할 것을 인정하고 있으며 이때 문서뿐만이 아니라 다른 도구들 그리고 범죄의 증거도 함께 인정하지만 영장에는 다른 도구들에 관한 어떤 것에 대해 세부적으로 언급하지는 않는다. 그렇지만 이런 경우 그 영장이 모호하다고 할 수 있는 건 아니다.[95]

(2) 금지물품(금제품)

금지물품(소유 자체가 범죄인 품목, 예를 들어 불법 마약이나 금지된 총기류)은 외관상 알 수 있을 정도로 상세히 묘사될 필요는 없다. 수색을 집행하는 경찰관은 그 성격상으로도 용이하게 금지품목을 식별할 수 있다.

94 Steagald v. United States, 451 U.S. 204 (1981).
95 Andresen v. Maryland, 427 U.S. 463 (1976).

(3) 자동차

자동차의 수색에 있어서도 차량등록번호 또는 차종과 소유자의 이름이 기재되어야 한다. 수색이나 압수의 대상이 되는 차가 어떤 차인지 판단하는데 합리적으로 도움이 될 정도의 기술이면 족하다. 영장에 차량등록번호가 정확하게 기재되어 있는 한 색상과 연식에 차이가 있더라도 영장이 무효라고 보기 어렵다.

자동차는 수색영장에서 일반적으로 제조자, 연식, 색상 그리고 등록번호에 의해 특정되고, 이렇게 특정된 경우에는 자동차의 소재지는 필요하지 않다. 자동차가 도난당해서 VIN(차량등록번호)이 변경되거나 제거된 경우에는 포괄적인 기재로 충분하다.

(4) 컴퓨터(Computer)

과학기술의 발전에 따라 전자적 저장장치는 이전의 어떤 저장장치보다 다양하고 상당한 양의 정보를 포함하고 있으므로 컴퓨터에 대한 수색 및 압수는 유죄 입증을 위하여 중요한 대상이 되고 있다. 컴퓨터에서 비록 삭제되었다고 하더라도 프로그램을 사용하면 이에 대한 복구가 가능하다. 그 외에도 스마트폰, 디지털 카메라 등도 많은 양의 정보를 포함하고 있다.

컴퓨터는 수정 제4조 소정의 재산에 해당하는데, 컴퓨터의 소유자는 봉함된 용기와 같은 프라이버시 보호의 기대를 가지게 된다. 따라서, 봉함된 용기로 간주될 경우에 컴퓨터는 적법한 영장이나 권한 있는 자의 동의 없이 접근할 수 없게 된다. 그러나 소유자가 지워버렸다고 생각한 정보에 대하여는 별도의 프라이버시 보호의 기대가 있다고 할 수 없으므로 수사기관은 추가영장 없이 컴퓨터에서 지워진 정보를 복구할 수 있다.

(5) 수정 제1조 관련

수색의 대상이 수정 제1조의 기본적 인권을 침해할 우려가 있는 경우에는 더욱 세심한 정확성이 요구된다. 무엇이 수색의 대상이 되는가 여부는 영장에 기준을 두어야 하는 것이지, 영장을 집행하는 경찰의 자유재량에 맡길

문제가 아니다.[96]

Ⅴ. 압수되는 것

유효한 수색영장에 있는 모든 품목들은 경찰의 영장 집행에 의해서 압수될 수 있다.

1. 유죄 증거(압수대상물)

상당한 이유에 의하여 발부된 수색영장에 기재되어 있다면 압수의 대상물이 된다.

범죄수단(예, 총), 범죄의 결과물(예, 장물), 금제품(예, 마약)은 압수의 대상이 된다. 경찰의 관심이 오로지 법정에 현출되어 피고인에게 유죄를 받도록 할 수 있는 물건이라면 압수가 가능하다.

2. 수정 제5조와 무관

피고인의 진술이 기재된 서류가 압수될 수 있고, 일정한 압수는 수정 제5조의 자기부죄면책특권을 침해할 가능성이 있다. 그러나 수정 제5조의 자기부죄면책특권 조항에 의한 보호는 "기본적으로 개인에 대한 것이지 그를 유죄로 할 수 있는 자료에 대한 것은 아니다."[97]

[예] 경찰이 유효한 영장을 실행함에 있어서 피고인의 사무실에서 업무관련 기록들을 압수하였으며 이 기록들은 유죄를 증명할 만한 피고인의 진술을 담고 있다. 이 경우 이 기록들의 압수행위는 수정 제5조를 위반하고 있는 것

---

96 Stanford v. Texas, 379 U.S. 476 (1965). 텍사스주법 위반을 이유로 압수·수색영장이 발부되었는데, 그 영장에는 '텍사스주 공산당에 관한 책, 기록, 팸플릿, 카드, 영수증, 명부, 메모, 사진, 녹음과 기타 서류'라고 기재되어 있었다. 경찰관은 신청인의 주거를 4시간 이상 수색하고 2,000건 이상을 압수하였는데 거기에는 신청인의 업무용여권과 사적 용도의 서적과 문서 등이 포함되어 있었다. 그러나 공산당에 관한 기록이나 당원 명부 또는 회비지급에 관한 것은 하나도 없었다.

97 Andresen v. Maryland, 427 U.S. 463 (1976).

은 아니다.

Ⅵ. 피의자가 아닌 자에 대한 수색

만일 수색이 어떤 누군가의 범죄 증거를 찾아낼 만하다고 믿을 상당한 이유가 있다면 피의자가 아닌 자에 대해서도 영장발부가 가능하다. 수정 제4조는 범죄 피의자가 아닌 사람의 집에 대한 수색을 허락한다.[98]

Ⅶ. 언론자유와의 관계

수정 제1조의 보호에도 불구하고 신문은 특별 취급의 대상이 아니다. 신문사 건물에 대한 수색영장의 발부요건은 다른 장소에 비하여 엄격하지 않다. 이에 대하여는 사전경고 없이 신문사의 비밀 취재파일 수색을 허용한다면 기자의 잠재적 취재원에 대한 비밀엄수 약속을 불가능하게 하므로 공중에 대한 정보유통을 저해할 것이라는 이유로 반대하는 견해가 있다.

Ⅷ. 영장 집행

수정 제4조에 의하면 경찰이 수색을 집행하는 과정이 비합리적이지 않기를 요구한다. 따라서 일반적으로 경찰은 과도하고 월권적 행위를 하면 안 된다.

1. 영장의 유효기간, 집행허용시간

연방형사소송법 제41조 d항은 "영장 발부일로부터 10일 이내에 집행할 것"을 요구하고 있고, c항은 "영장은 일과시간 중에 집행되어야 한다. 단, 권한 있는 기관이 상당한 이유가 반영된 영장조항에 의하여 일과시간 이외의

98 Zurcher v. Stanford Daily, 436 U.S. 547 (1978).

시간에 집행을 허가한 경우에는 예외로 한다"고 규정하고 있다.

2. 경고 없는 침입

경찰관은 영장을 집행함에 있어서 반드시 법집행관이라는 사실을 알려야만 한다. 또한 경찰관은 자신이 영장을 소유하고 있으며 그것을 집행하고자 그곳에 왔다는 것을 알려야만 한다. 따라서 만일 경찰이 자신들의 존재를 미리 알리지 않았다면 무단으로 수색할 집에 침입해서는 안 된다.

(1) 증거훼손 방지

그러나 대법원은 적어도 경찰관들이 자신들을 미리 알리지 않고서도 합법적으로 들어갈 수 있도록 하는 예외를 인정했다. 이 경우는 급박한 증거훼손을 방지하기 위한 경우이다(즉각적인 증거 인멸 방지).

> [예] 피고인은 소량의 마약을 지니고 있다고 의심이 가는 마약 피의자이다. 그는 경찰이 자기 집으로 자신을 체포하러 오기 전에 그 마약을, 예를 들어 화장실 변기에 집어넣고 물을 내려서 없애고자 할 것이라는 의심을 경찰은 할 수 있고 따라서 경찰은 자신들의 존재를 알리지 않거나 초인종을 누르지 않고 그 집 안으로 침입해 들어가는 것이 정당화된다.[99]

(2) 경찰의 육체적 위험

증거 인멸의 우려가 급박한 경우에 경고를 하지 아니한 진입이 허용되는 것과 마찬가지로, 하급법원은 가끔 경찰에게 가해지는 육체적 위험의 가능성이 있을 경우에 경고 없는 침입을 가능하게 한다고 판결하고 있다. 용의자가 스스로 '나는 이미 죽은 목숨이다'라고 말하는 등 위험성의 징표가 발현한 경우가 이에 해당한다.

> [예] 경찰은 피고인이 총을 소지하고 있다고 판단하고 그가 순순히 생포될 리 없다고 생각할 만한 이유가 있을 경우 경찰은 노크를 하거나 그들이 누구인지를 밝히지 않고 침입할 수 있다.

---

99 Ker v. California, 374 U.S. 23 (1963).

3. 응답이 없거나 출입을 거절할 경우

만일 경찰이 그 자신을 밝힌 다음에 출입을 거절당했거나 응답이 없는 경우에는 경찰은 그 가택에 강제적으로 들어갈 수 있다. 그러나 대답을 할 상당한 시간을 부여하여야 한다. 거주자가 없는 주거에 무단으로 들어갔다고 하여 수색이 불합리한 것으로 평가되는 것은 아니다.

4. 집 안에서의 인물 수색

경찰이 체포영장 없이 (또는 누구를 체포할 만한 상당한 이유 없이) 오직 수색영장만을 갖고 있는 경우 경찰은 자동적으로 그 집 안에 있는 사람을 수색해서는 안 된다.

(1) 수중에 있는 품목들

만약 경찰이 어떤 개인이 그 수중에 수색영장에 올라있는 품목을 소지하고 있다고 믿을 만한 상당한 이유가 있다면 그를 수색할 수 있다.

(2) 도주하려고 시도하는 사람

만일 어떤 사람이 가택수색 동안에 떠나려고 하거나 그리고 찾고 있는 물건이 쉽게 수중에 넣고 운반될 수 있는 것이라면 경찰은 그 사람을 잠시 억류하여 그 물건을 갖고 나가는지를 체크할 수 있다.

(3) 수색과 관련 없는 사람

그러나 어떤 사람이 단순히 수색되고 있는 그 집 안에 있게 되는 경우 그리고 수색영장을 발생하게 한 범죄활동이나 영장에 언급된 물건들과 전혀 관계가 없는 듯이 보이는 사람을 수색하거나 억류시켜서는 안 된다.[100]

---

100 Ybarra v. Illinois, 444 U.S. 85 (1979). 경찰은 마약 소지 혐의로 술집과 그곳의 바텐더에 대한 수색영장을 발부받았다. 영장 집행 중에 경찰은 술집에 앉아 있던 피고인에 대하여 외표검사를 하였다. 이러한 검사를 실시하여 경찰은 피고인이 마약을 소지하고 있다고 확신하게 되었는데, 전면적인 신체검사를 통하여 그가 마약을 소지하고 있다는 것을 발견하였다.

5. 수색 제한구역

영장에 의거한 수색을 집행함에 있어서 경찰은 영장에 명시된 장소만으로 수색을 국한시켜야 한다. 그리고 경찰은 반드시 물건이 숨겨져 있을 만한 장소만 수색해야 한다. 라이플 장총을 찾으려는 수색을 함에 있어서 작은 서랍을 수색할 수는 없다.

6. 일반적 관찰에서 명시되어 있지 않은 품목의 압류

만일 경찰이 적법하게 수색을 하다가 영장에 명기되어 있지 않은 품목을 찾게 된 경우(그러나 범죄와 관련이 있을 것으로 보이는 경우) 경찰은 일반적으로 그 명기되어 있지 않은 품목을 압수할 수 있다. 이 권리는 '일반적 관찰 원칙'에 의해 유효한 것이다.

(1) 유죄 입증증거

증거는 영장이 증거를 획득할 수 있었던 범죄행위와 충분히 관계가 되어야 된다.

일반적 관찰에서 발견된 물건들은 이 새로운 물건들의 압류를 위한 상당한 근거가 있는 한 영장을 발부시킨 범죄행위와 직접 연관을 지을 필요는 없게 된다.

[예] 만일 경찰이 도난된 물건을 위한 영장을 집행하던 중 불법 마약을 발견하였다면 경찰은 마약이 도난 물건과는 관계가 없다고 할지라도 그 마약을 압수할 수 있다.

(2) 의 도

일반적 관찰 원칙의 적용에 있어서 경찰이 어떤 품목 발견을 위해 의도를 감출 수 있다.[101]

[예] 경찰이 절도사건과 관련해 피고인의 집을 수색하기 위해 영장을 신청할 때

101 Horton v. California, 496 U.S. 128 (1990).

경찰은 절도에 사용된 무기를 명시하였다. 그러나 경찰은 오직 특별한 반지를 포함한 장물을 수색할 것을 명시한 영장을 발부받았다. 영장 집행 중에 경찰이 무기를 발견할 경우, 판례에 따르면 이때 그 무기의 발견이 의도가 있다고 할지라도 헌법상 일반적 관찰 원칙에 의거 그 무기를 압수할 수 있다.

7. 언론기관의 존재

법집행기관은 개인 주거지 등에서 수색을 하거나 체포영장을 집행할 때 언론사 기자 등과 같은 제3자를 동행하거나 초대하여서는 안 된다. 불합리한 수색 및 압수를 당하지 않을 피의자의 기본권이 침해되기 때문이다. 범죄를 방지하려는 정부의 노력을 공표하기 위하여 언론을 이용한 정부의 의도가 피의자의 프라이버시에 대한 추가적 침해를 정당화하기에는 충분하지 않다.

8. 신체 침해

수색영장은 장소보다는 사람에 대해 발부되어질 수 있다. 신체수색(수색영장에 준하여 이루어지든 아니든)은 반드시 합리적이어야만 한다. 대체로 법원은 수색을 함에 있어서 사회의 이익에 대한 개인의 이익을 비교형량함으로써 합리성을 찾게 된다.

(1) 허락될 만한 과정

따라서 음주운전 피의자로부터의 강압적인 혈액 채취나 엑스레이 투시 또는 위를 눌러보아 피고인이 마약을 위에 숨기고 있다는 등의 증거를 획득하는 것은 합리적이라고 판단되어 허락될 수 있는 것이다.

(2) 수 술

한편으로, 피고인을 마취시킨 상태에서 가슴에 박힌 총알을 꺼내어 피고인이 어떤 강도사건과 관련이 있다고 증명하려는 것은 합리적이지 못한 것이다.[102]

---

102 Winston v. Lee, 470 U.S. 753 (1985). 국가가 피고인에게 전신마취를 시킨 다음 그의

(3) 국부마취

그러나 비교형량심사를 한다고 하더라도 모든 외과수술이 불합리한 것은 아니다. Winston 사건에서 탄환이 표피에 얕게 박혀 있어서 국부마취로 신체조직을 조금만 훼손하면 탄환을 적출할 수 있다면 이러한 수술은 허용될 것이다.

(4) 혈액채취

피의자가 음주운전을 하였는지 판단하기 위하여 행하는 강제채혈은 불합리한 것이 아니라는 입장이다.[103]

Ⅸ. 선의(good faith)의 예외

만일 수색영장이 상당한 이유에 따른 근거에 의하지 않아서 무효가 된다면 영장에 의거한 어떠한 수색도 법에 위배되는 것이고, 배제원칙이 일반적으로 적용되어 이와 같이 압수된 증거물은 재판에서 증거로 사용될 수 없다. 그러나 만약 경찰이 발부받은 수색영장이 유효하다고 경찰이 합리적으로 (혹은 실수나 착오로) 믿었더라면 그 배제규칙은 적용되지 않는다.[104]

가슴 깊이 박혀 있던 탄환을 적출하는 것은 비합리적이므로 허용될 수 없다고 판시하면서 비교형량공식을 사용하였다. 강도의 피해자가 강도의 가슴에 총을 발사하였고, 국가는 피고인의 가슴에 박혀 있는 탄환이 피해자의 총에서 발사된 것임을 입증하기 위하여 피고인으로부터 탄환을 적출하기로 하였다. 그 외과수술은 2시간도 더 소요되고, 피고인의 신경, 혈관, 기타 신체조직을 훼손하는 심각한 것이었으므로, 피고인에 대한 침입(intrusion)은 본질적인 것이었지만, 반면에 피고인이 범인이라는 다른 증거가 있으므로, 외과수술로 국가가 증거를 획득할 필요는 '필수적'인 것이 아니었다.

103 Schmerber v. California, 384 U.S. 757 (1966).

104 United States v. Leon, 468 U.S. 897 (1984).

제3장

영장 없는 체포와 수색

제 1 절 서 론

I. 영장이 항상 요구되는 것은 아님

모든 수색과 체포를 실시하기 위하여는 상당한 이유가 필요하지만, 수색과 체포를 하기 위하여 항상 영장을 발부받아야 하는 것은 아니다. 수정 제4조에 의하면 수색할 장소와 체포할 사람이나 압수될 물품들이 특정되어야 하고, 선서 혹은 확약에 근거한 상당한 이유가 있어야 영장이 발부된다.

1. 사법부의 해석이 필요한 경우

수정 제4조에서 언제 영장이 요구되는가에 대하여 대법원의 해석이 필요한 경우를 아래와 같이 요약할 수 있다.

(1) 체포영장

체포영장은 예외적으로 요구된다. 오직 경찰이 체포하기 위하여 개인 가정에 들어갈 필요가 있을 때와 긴급하지 않은 상황에서만 수정 제4조에서 경찰이 체포하기 전에 영장을 발부받을 것을 요구한다. 대부분의 체포(약 95% 전후)는 영장 없이 집행된다.

(2) 수색영장

그러나 수색의 경우는 그 반대이다. 일반적으로는 영장이 필요하고, 예외적인 경우에는 수색영장을 발부받지 않아도 된다. 일반적으로 인정되는 예외는 다음과 같다.

① 유효한 체포와 연관된 수색

② 긴급한 경우(예를 들어, 증거 인멸)에 의한 수색

③ 어떤 종류의 차량수색(예를 들어, 운전자가 체포되고 운전자와 차량 모두 경찰서로 이송될 때 차량수색)

④ 수색될 사람이나 수색될 물품의 소유자가 동의한 후 행해진 수색

⑤ 불심검문 원칙에 따른 일방적 수색

⑥ 어떤 조사나 단속과 관련된 수색들(예를 들어, 미국 항만에서 이민수색, 고속도로 음주검문소 등등)

[예] 어떤 개별적인 상황에서 수색영장이 필요하지 않다는 사실이 반드시 상당한 이유가 요구되지 않는다는 것을 의미하지는 않는다. 위에서 열거한 모든 상황은 아니지만 몇몇의 상황에서(예를 들어 긴급한 상황), 경찰은 영장을 발부받을 필요는 없다고 하더라도 수색이 범죄의 증거를 제공하리라고 믿을 상당한 이유가 있어야 한다.

예를 들어, 불심검문을 하기 위해서는 상당한 이유보다는 작지만 어느 정도의 혐의가 필요하다. 반면에 동의수색에는 혐의가 있을 것이 요구되지 않는다.

제 2 절 영장 없는 체포

Ⅰ. 일반적으로 요구되지는 않음

체포영장제도는 거의 사용되고 있지 않은데, 일반적으로 체포영장은 헌

법적으로 요구되는 것은 아니다.[1] 이는 경찰이 영장을 발부받아 피의자를 체포하는 것이 곤란하지 않을 정도로 충분한 사전 정보를 가지고 있는 경우에도 마찬가지이다.

Ⅱ. 주거침입

체포영장이 헌법상 필요할 것 같은 유일한 상황은 경찰이 혐의자를 체포하기 위하여 개인의 주거에 들어가려는 경우이다. 그런 경우에 영장이 필요한지 여부는 상황의 긴급성에 달려 있다.

1. 긴급하지 않은 상황

긴급한 상황이 아닌 경우 경찰은 영장 없는 체포를 하기 위하여 개인의 주거에 들어갈 수 없다.[2]

(1) 적법하지 않은 체포의 결과

Payton 판결의 취지에 반하여 영장 없는 체포를 하였다고 하더라도 혐의자를 법정에 세우지 못하는 것은 아니다(그는 영장이 발부된 후 언제나 다시 체포될 수 있기 때문이다). 그러나 경찰이 긴급한 상황이 아니기 때문에 영장을 필요로 할 경우임에도 불구하고 영장을 발부받지 아니하고 집 안에서 체포를 하게 되는 경우에는 체포와 연관되는 수색의 결과로 취득한 어떠한 증거물도 법정에서는 배제된다.

2. 긴급한 상황

긴급한 상황이 있어 경찰이 체포영장을 획득할 때까지 진입과 체포를 지

---

1 United States v. Watson, 423 U.S. 411 (1976).

2 Payton v. New York, 445 U.S. 573 (1980). 개인 주거에 침입하는 것은 중대한 침해이고, 체포를 하기 위하여 개인 주거에 들어가는 것도 주거 수색에 상응하는 수색이라고 판시하였다.

연하는 것이 비현실적이라면 영장이 반드시 필요하지는 않다(심각한 범죄, 즉 중죄가 적어도 존재한다면).

(1) 증거인멸

예를 들어, 만일 경찰이 영장을 발부받을 때까지 진입을 지연한다면 혐의자가 증거를 인멸할 것이라고 경찰이 믿는 것이 타당하다면 필수적인 긴급한 상황이 존재하는 것이다.

(2) 긴급추적 (hot pursuit)

경찰이 중대범죄 혐의자를 추적하고 있고 그가 자기의 주거나 타인의 주거에 들어가는 경우, 긴급추적 원칙에 의하여 영장 없는 체포가 인정될 수 있다.[3]

Ⅲ. 주(州)의 요구사항

체포영장에 대하여 위에서 열거한 헌법적 요구사항에 추가하여, 많은 주에서는 그러한 영장에 대하여 몇몇 주 요구사항을 부과하고 있다. 피의자가 중죄를 저지른 경우에는 경찰관은 그를 영장 없이 체포할 수 있고, 그 중죄가 경찰관의 면전에서 행해진 것이 아니어도 마찬가지이다. 많은 주에서는 경찰관이 영장 없이 경범죄자를 체포할 경우에는 경범죄가 경찰관이 보는 앞에서 행해질 때에만 그 체포를 인정하고 있다. 몇몇 주에서는 '경찰관의 면전 기준'(presence of the officer)이 너무 엄격하다고 보아, 경범죄의 경우에도 단순히 합리적 근거(reasonable grounds)에 의하여 영장없이 체포할 수 있도록 하고 있다.

3 United States v. Santana, 427 U.S. 38 (1976).

Ⅳ. 체포를 위한 심한 폭력의 사용

경찰관이 상당한 이유가 있어서 혐의자를 체포하는 경우에도 수정 제4조는 체포의 방식에 관하여 일정한 제한을 하고 있다. 경우에 따라서는 도망가는 혐의자를 체포하기 위하여 무기를 사용하는 경우 수정 제4조에서의 불합리한 체포가 될 수 있다. 혐의자가 경찰관에 대한 즉각적인 위협이나 다른 사람에 대한 위협이 되지 않는 경우에, 경찰이 체포를 위해 심한 폭력을 사용할 수 없다고 한다.[4]

제 3 절 체포에 부수하는 수색

Ⅰ. 체포에 따르는 수색은 일반적으로 허용됨

일반적으로 경찰이 합법적인 체포를 할 때 경찰은 체포되는 자의 통제하에 있는 지역을 수색할 수 있다. 이것은 체포에 따른 수색이다. 체포에 따른 수색은 수색을 행하기 전에 수색영장이 요구되는 일반규정에 대한 가장 중대한 예외규정이다.

[예] 경찰관이 야간에 피고인이 가게에서 뛰쳐나가고 가게의 비상벨이 울리고 있는 것을 보았다. 이런 사실이 경찰관으로 하여금 피고인을 체포할 상당한 이유가 있다고 가정할 때 경찰관은 피고인을 체포한 후 피고인을 완전히 수색할 수 있다. 예를 들어, 경찰관은 피고인으로 하여금 호주머니 속을 비워 그 안에서 무기, 밀매품, 장물의 존재 여부를 보여주도록 요구할 수 있다.

4 Tennessee v. Garner, 471 U.S. 1 (1985). 도주우려만으로 무기를 사용하는 것은 헌법에 위배되고, 주거에 강도가 침입하여 범죄가 진행 중이라고 하더라도 경찰이 가까이 온 것을 알고 범인이 담을 넘어 도망치려고 할 때 범인을 체포하기 위하여 범인의 등 뒤에서 총을 사용하였다면 범인이 타인을 해할 우려가 있다는 증거가 없으므로 경찰관의 체포는 적법하지 못하다.

만일 피고인의 운전 중 경찰관이 피고인을 체포했을 경우에도 경찰관은 체포에 따른 수색 원칙에 의거 무기, 밀매품을 찾기 위해 차의 짐칸을 수색하는 것이 허용된다.

1. 피의자 주변 한정된 지역

적어도 이론적으로는 오로지 피고인의 즉각적 통제하에 있는 지역만을 체포와 관련하여 수색할 수 있다(피고인이 증거를 인멸하기 위하여 혹은 무기를 획득하기 위하여 들어가는 지역만 수색할 수 있다는 것이 기본생각이다).

[예] 경찰관은 최근의 강도사건에 대하여 피고인을 체포하기 위하여 그의 집에 들어간다. 그들은 체포영장을 가지고 있을 뿐 수색영장은 가지고 있지 않다. 피고인을 체포한 후 경찰은 피고인의 방 3개와 함께 집을 전면 수색하였다. 경찰은 피고인을 체포한 방이 아닌, 다른 방에서 장물을 발견한다. 이때 그 장물은 피고인에 반하는 증거로 받아들여지지 않는다. 왜냐하면 불필요하게 확대된 수색에 따라 발견된 것이기 때문이다. 오직 피고인의 즉각적 통제하에 있는 지역만이 체포에 관련하여 수색될 수 있다.[5]

Ⅱ. 방어적 진입(protective sweeps)

연방대법원(the Supreme Court)은 체포와 관련된 수색 원칙에 따라 방어적 진입을 지지한다. 즉 피의자의 체포가 이루어진 집에, 만일 또 다른 경찰관에게 위험할지도 모르는 사람이 있다는 특별하고 구체적인 사실들에 토대를 둔 근거 있는 믿음을 가지고 있다면, 경찰관들이 집 안의 전부 혹은 일부에 방어적 진입을 할 수도 있다.[6]

---

5 Chimel v. California, 395 U.S. 752 (1969). 법원은 위 수색이 불필요하게 광범위하게 행하여졌으므로 위 수색이 적법하지 않다고 판시하였다. 법원은 수색의 범위를 혐의자가 즉각적으로 행동에 옮길 수 있는 곳으로 한정하고, 그 범위 밖의 집과 대지는 영장 없이 수색을 하지 못하도록 제한하였다.

6 Maryland v. Buie, 494 U.S. 325 (1990). 경찰관의 안전을 위해 즉각적이고 제한적인 수색을 하는 경우이다. 집 전체에 대하여 수색을 할 수 있음을 명시한 것이 아니라 사람이 발견될 수 있는 공간으로 범위를 한정한 것이다.

1. 접해 있는 공간

그러나 경찰관들이 공격할지도 모르는 사람이 숨어있는지 확인하기 위해 체포가 이루어진 곳과 직접 연결되어 있는 방과 다른 공간들을 수색하기 위해서는 특별하고 구체적인 사실들이 필요하지 않다.

Ⅲ. 체포와 연관된 자동차수색

경찰이 자동차 점유자를 합법적으로 체포구금한 곳에서, 체포와 관련하여 자동차의 전 승객용 칸과 짐칸의 내용물을 수색할 수 있다.[7]

1. 짐칸에서 발견되는 운반용기

짐칸에서 발견되는 운반용기의 내용물을 수색할 권리는 경찰이 차 안에 있는 가방류, 박스, 주머니 등뿐만 아니라 닫혀 있거나 열려 있는 자동차 옆 물건 넣는 곳을 수색할 수 있다는 것을 의미한다(예를 들어, 경찰이 차 안에 있는 피고인의 상의의 지퍼로 된 주머니를 수색하는 것은 허용된다).

2. 차에서 멀리 있는 피의자

수색의 순간에 피의자가 차에서 좀 멀리 떨어져 있다 하더라도 경찰은 승객용 칸을 수색할 수 있다. 이것은 피의자가 승객용 칸 내에서 무기를 획득하거나 증거를 인멸할 현실적 위험이 존재하지 않더라도 그러하다.

---

7 New York v. Belton, 453 U.S. 454 (1981). 과속으로 달리는 자동차를 경찰이 추적하여 정지시키고 운전자에게 운전면허증과 자동차등록증 제시를 요구하였다. 경찰관은 차 안에서 마리화나 탄 냄새를 맡게 되었고, 자동차 바닥에서 Supergold라고 표시된 마리화나 관련 봉투를 보게 되었다. 경찰관은 차 안에 있는 사람들을 내리게 하고 마리화나 불법소지 혐의로 체포하였다. 경찰관은 신체 접촉을 하지 못하도록 격리조치를 한 다음 신체 외표검사를 하였다. 그리고 미란다 고지를 한 후 신체수색을 하였다. 그 후, 자동차 내의 다용도박스 등을 수색한 후 자동차 뒷자리에서 피고인 소유의 검정색 가죽상의를 발견하였다. 경찰관은 상의의 지퍼를 열고 코카인을 발견하였다.

3. 트렁크는 포함되지 않음

체포와 관련하여 승객용 칸을 수색하는 것을 허용하는 규칙은 차의 트렁크를 수색하는 것까지 포함하는 것은 아니다.

[예] 수색영장의 요구를 제외하고 체포에 관련된 일반적인 차량 수색, 즉 경찰이 차를 세우고 차주를 체포하고 차를 압류할 경우 차량수색은 트렁크를 포함하여 차를 전면적으로 수색할 수 있다. 이러한 일반적인 예외는 이후 다시 논의한다.

Ⅳ. 수색의 동시성

체포에 연관된 수색을 하기 위하여 수색이 체포와 정확히 동시에 이루어질 필요는 없다. 체포 약간 전이나 후에 이루어지는 수색은 그것이 논리적으로 밀접히 연관되어 있는 한 체포에 연관되어 있다고 할 수 있다.

1. 체포 전 수색

경찰은 이미 체포할 상당한 이유를 가지고 있고 그들 자신을 보호하기 위하여 수색을 하고 있는 한 피고인을 체포하기 전에 수색할 수 있다. 일반적으로 체포가 방어적 수색의 직후에 이루어져야 한다.[8]

체포 이전에 수색이 이루어지는 것은 개인의 사적 자유를 중대하게 침해한다고 보기 어렵고, 조사결과 혐의점을 발견하지 못하는 경우에는 체포를 하지 않아도 된다는 장점을 가지고 있다.

2. 체포 이후 상당한 시간 경과 후 수색

유사하게 체포에 연관된 수색의 예외가, 적어도 체포의 순간에 피의자가 소유한 물건들을 수색하는 곳에서, 체포 후 얼마 지날 때까지 발생하지 않는

8 Rawlings v. Kentucky, 448 U.S. 98 (1980).

수색들에도 적용된다.

(1) 사람에 대한 수색

가장 공통적으로, 경찰이 피고인을 체포하고, 체포의 순간에 피고인이 가지고 있는 물건을 획득하고 그리고 얼마 지난 후 그 물건들을 조사할 수 있다.[9]

(2) 목록수색 (리스트수색)

사실 수색영장 필요조건에 대하여 목록수색의 예외가 현재 있는 듯하다. 이것은 수색이 엄격하게 말해서 체포와 연관되지 않는 수색에도 적용된다. 즉, 경찰이 수색의 순간에 피고인의 몸에서 발견된 물건들을 취득할 수 있고 피고인 소유물을 상세히 조사하는 수단으로 그 물건들을 조사할 수 있다. 이것은 체포와 수색 사이에 오랜 시간이 경과한 경우에도 그리고 경찰이 사전에 수색영장을 발부받았거나 받지 않은 경우에도 그러하다

[예] 피고인이 평온을 깨었다는 죄로 체포되고 체포의 순간에 수색 받지 않고 경찰서에서 가방이 압수되었다고 하자. 그 가방은 이후 수색되고 마약이 담겨 있다는 것이 밝혀졌다. 피고인이 체포에 연관된 수색을 받았는지 아닌지를 불문하고 그 수색은 합법적이다. 왜냐하면 그것은 경찰의 통상적인 조사과정을 거쳐 이루어졌고 절도를 막기 위한 경찰의 필요에 의해 이루어졌으며 체포된 자가 절도에 대한 거짓 주장을 하는 것을 막기 위한 것이기 때문이다.[10]

Ⅴ. 체포의 적법성

수색영장의 필요조건에 대한 체포에 연관된 수색의 예외는 오직 체포가

9 United States v. Edwards, 415 U.S. 800 (1974). 혐의자가 법적으로 구속되거나 구류상태에 있는 경우, 비록 체포된 때로부터 한편으로는 후속 행정절차상의 이유로, 다른 한편으로는 증거물로 사용하기 위한 소지품의 압수와의 사이에 상당한 시간이 경과하였다고 하더라도 영장 없는 수색이 가능하다고 판시하였다. 그러나 범죄 횟수나 죄질에 비추어 합리적인 경우에만 위와 같은 수색이 허용되는 것이다.

10 Illinois v. Lafayette, 462 U.S. 640 (1983).

합법적인 경우에만 적용된다. 그래서 체포가 상당한 이유 없이 이루어진 경우에는 체포에 연관된 수색은 체포에 연관된 수색 규칙에 근거하여 정당화될 수 없다. 그리고 수색영장의 필요조건에 대한 다른 예외(예를 들면, 증거인멸 방지)에 의해 정당화되지 않는 한 증거물은 증거능력이 없다.

1. 법령의 위헌성이 수색을 막지는 않음

그러나 체포에 연관된 수색은 위반된 법령이 사후에 위헌으로 결정된다고 하더라도 반드시 그 수색이 부적법하게 되는 것은 아니다.[11]

Ⅵ. 사소한 범죄에도 적용됨

체포에 연관된 수색의 예외는 사소한 범죄에 대한 체포에도 적용된다. 예를 들어, 만일 피고인이 사소한 교통법규위반으로 체포된 경우 그는 그 범죄가 특별히 중대하지 않다 하더라도 체포에 연관된 수색을 받을 수 있다.[12]

1. 체포구류가 되어야 함

그러나 체포에 연관된 수색이 적용되기 위해서는 체포되어 구금되어야 한다. 즉 경찰관은 심문을 하기 위하여 피고인을 경찰서로 데려갈 계획이 있어야 한다.

[예] 경찰관이 유효기간이 지난 차량등록증을 가진 운전자인 피고인을 정지시

11 Michigan v. DeFillippo, 443 U.S. 31 (1979). 신분증을 제시하지 않는 것이 위법이라는 조례 위반으로 피고인이 체포되었다. 조례의 의미가 불명확하다는 이유로 본건에서의 조례가 위헌으로 선고되었다고 하더라도, 본건에서의 체포에 수반하는 수색이 무효가 되는 것이 아니다.

12 United States v. Robinson, 414 U.S. 218 (1973). 피고인은 경찰관에게 일주일 전에 검문을 받았다. 경찰관은 그 당시 피고인의 운전면허증이 취소된 사실을 알고 있었는데 피고인은 도주한 상태였고, 단지 자동차만 기억해 두었다. 그 후 얼마 지나지 않아 피고인이 다시 검문되어 경찰관은 피고인을 차의 밖으로 나오게 한 후 신체수색을 통하여 담뱃갑 속에 들어있는 헤로인을 발견하였다.

켰다고 가정할 경우 더 나아가 이것이 경범죄이고 지역 경찰관서의 절차에 의하면 그러한 위반으로 정지된 운전자는 실제로 전혀 체포되지 않지만, 그 대신 추후에 심문받으라고 소환을 당했다고 가정하자. 이러한 사실에 근거하여 피고인은 실제로 체포되지는 않는다. 그리고 그의 신병 혹은 자동차는 체포에 연관되어 수색을 받지는 않을 것이다.

(1) 피고인은 차에서 내리라고 요구되어야 함

그러나 그러한 구금되지 않은 정지의 경우에도 피고인은 차에서 나오도록 요구받을 수 있다. 그가 차에서 내린 경우 아마도 그는 적어도 아래에 논의되는 불심검문 원칙에 의거 외피 검사를 받을 수 있다.

제 4 절 긴급한 상황

Ⅰ. 긴급한 상황에 대한 일반원칙

체포영장의 필요조건에 대한 체포에 연관된 수색의 예외가 적용되지 않는 경우라 하더라도 체포영장 없이 정당화되는 긴급한 상황이 있을 수 있다. 가장 흔한 긴급상황은 (1) 임박한 증거인멸을 막고, (2) 사람들에 대한 위해를 막고, (3) 피의자에 대한 긴급추적의 경우이다.

Ⅱ. 증거인멸

경찰은 상당한 이유가 있고 임박한 증거인멸을 막기 위하여 수색이 필요한 경우 체포 없는 수색을 할 수 있다.

[예] 경찰은 피고인에게 그의 부인인 피살자의 교살에 관하여 신문하기 위하여 소환하였다. 경찰은 피고인을 체포하지 않았으나 그의 손가락에 피가 묻어 있는 것을 알았다. 경찰은 피고인의 손톱에서 샘플을 채취할 수 있는지 물어 보았으나 그는 거부하였다. 피고인은 그때 손을 주머니에 넣고 손을 그

의 열쇠에 문지르고 있는 것처럼 보였다. 경찰은 그의 부인의 피부와 섬유 조직의 흔적을 담고 있는 것으로 판명되는 그의 손톱을 강제로 깎았다.

판례에 의하면 피고인의 손톱 수색은 합법적이다. 그러한 사실들은 증거가 곧 인멸될 것이라고 믿을 상당한 이유에 해당되며, 따라서 경찰이 손톱을 보존하기에 충분하게 피고인의 몸을 제한적으로 수색하는 것이 정당화된다.[13] 한편 수색대상 지역이 최근의 살인현장이라는 사실 자체를 바로 긴급상황으로 보고 영장 없는 수색이 정당화되는 것은 아니다.[14]

Ⅲ. 생명의 위험

영장 없는 수색은 경찰이 즉시 행동하지 않으면 생명에 위험이 있을 것 같은 경우에 허용된다. 정치적 암살사건과 같은 경우에는 영장 없는 수색이 행해진다. 유명인에 대한 암살사건이 반복적으로 발생하는 경우, 범죄 소탕을 위하여 노력하는 과정에서 신속한 행동을 취할 수 있도록 해주는 것은 필수적인 것이다.[15] 주거 안에서 누군가 위험에 빠져있다는 신호는 영장 없이 수색하는 것을 정당화해주는 긴급한 상황으로 본다. 신속한 행동의 필요성은 경찰관이 위험한 무기가 있을 수 있다고 판단되는 부동산에 대해서도 영장 없이 수색할 수 있다. 빌딩이 화재로 인하여 불에 타고 있을 때, 소방관은 영장 없이 화재를 진압하기 위하여 그곳에 들어갈 수 있다.

[예] 경찰이 주소를 알고 있는 피고인이 대통령을 한 시간 후에 살해할 모의를 하고 있는 것을 알았다고 가정하자. 시간의 긴급성과 생명의 위험 때문에 경찰은 먼저 영장을 발부 받지 않고 아마도 피고인의 집에 들이닥쳐 그의 집 구내를 수색할 수 있다.

13 Cupp v. Murphy, 412 U.S. 291 (1973).
14 Mincey v. Arizona, 437 U.S. 385 (1978).
15 People v. Sirhan, 497 P.2d 1121 (Cal. 1972).

Ⅳ. 긴급추적(hot pursuit)

경찰이 중죄 피의자를 추적하고 있다면 그리고 그가 어떤 구역에 들어갔다고 믿을 이유가 있다면 경찰은 그를 찾기 위해 그 부동산에 들어갈 수 있다. 경찰이 그를 찾고 있는 동안 경찰은 또한 그가 아직 잡히지 않고 있기 때문에, 그가 취득할지도 모르는 무기를 수색할 수 있다. 이것은 긴급추적이라 불리며 영장의 필요조건에 대한 예외이다.

1. 다른 경우

긴급추적의 예외는 종종 일반적 관찰(plain view)의 예외와 관계된다. 즉, 경찰이 피의자와 그가 취할지도 모르는 무기를 추적하고 있는 동안 경찰은 그들이 마주치는 범죄행위의 다른 증거를 취득할 수도 있다.

Ⅴ. 비거주자를 체포하기 위하여 들어감

경찰이 긴급추적을 하고 있지 않고 구체적인 긴급상황이 아닌 경우, 경찰이 체포영장에 의거하여 행동한다 하더라도 경찰은 다른 사람을 체포하기 위하여 개인의 사적 거주지에 들어갈 수는 없다.[16] 즉 체포영장은 영장에 명시된 사람이 아닌 다른 사람의 주거에 들어가기 위한 합법적인 수단으로 사용될 수 없다고 판시하였다.

[예] 그러나 이 규칙은 피의자가 그의 주거 내에서 체포되는 경우에는 적용되지 않는다. 즉, 피고인의 체포영장은, 수색영장이 없다 하더라도, 경찰이 체포하기 위하여 피고인의 집에 들어가는 것을 허용하는 데 충분할 것이다. 경

16 Steagald v. United States, 451 U.S. 204 (1981). 경찰은 탈주자를 어느 특정 주소지에서 발견할 수 있을 것이라는 사실을 정보원으로부터 알게 되었다. 경찰은 탈주자 체포를 위하여 체포영장을 발부받았다. (그 영장에는 주소지에 대하여는 언급이 없었다.) 경찰은 주거지로 들어갔으나 탈주자를 발견하지 못하고 그 집의 거주자가 소지한 마약을 발견하였다.

찰이 체포에 연관된 수색을 할 수 있고 또한 어떤 일반적 관찰에서 발견하는 어떤 증거를 획득할 수 있다.

B의 주거지를 영장 없이 수색하는 것을 방지하기 위하여 위에서 요약한 Steagald 규칙이 적용되는 것은 경찰이 A의 체포영장을 가지고 있고 B의 구역에 들어가기 위하여 그것을 사용하는 경우뿐이다.

제 5 절 일반적 관찰원칙(The 'Plain View' Doctrine)

Ⅰ. 개 요

'일반적 관찰 원칙'은 종종 합법적 목적을 위해 주거지에 있는 경찰로 하여금 그들이 우연히 발견한 증거를 영장 없이 취득할 수 있도록 허용하는 데 적용된다. 특히 Chimel 판결에서 체포에 수반하는 수색의 범위를 제한한 이후 그 중요성이 증가되어 왔다.

Ⅱ. 원칙에 대한 필요조건

일반적 관찰 원칙이 적용되어 영장 없는 증거의 압수가 허용될 수 있도록 하기 위해서는 3가지 필요조건이 충족되어야 한다.

1. 합법적으로 주거지에 있어야 함

첫째, 물품들이 일반적으로 관찰되는 장소에 경찰관들이 도착하는 행위가 수정 제4조에 위배되어서는 안 된다. 예를 들면, 경찰은 일반적 관찰을 할 수 있는 곳인 피고인의 정면창문으로 들여다보기 위해 정면 잔디를 무단으로 통과할 경우에는 이 원칙은 적용되지 않는다. 왜냐하면 경찰이 그 위치로 이동하는 행위가 수정 제4조를 위반하였기 때문이다.

2. 유죄입증이 명확해야 함

두 번째, 압수된 물품의 유죄입증이 즉각적으로 명백해야 한다. 즉, 경찰이 일반적 관찰에서 그 물품을 최초로 보았을 당시 경찰은 그 물건이 유죄입증이 된다고 믿을 만한 상당한 이유를 가지고 있어야 한다. 예를 들면, 경찰이 합법적으로 피고인의 아파트에 있었다. 경찰은 그곳에 있는 값비싼 스테레오를 보고 스테레오를 들어올려 바닥에 있는 일련번호를 알고 전화를 걸어 그 번호를 확인해 본 결과 최근에 도난당했음을 알게 되었다. 판례에 의하면 이 경우 일반적 관찰의 원칙은 적용되지 않는다. 왜냐하면 경찰이 스테레오를 들어올리는 행위는 수색에 대한 상당한 이유가 없기 때문이다.[17] 또한 하드디스크에 대한 적법한 수색을 하던 중 발견한 파일은 압수할 수 있으나 정상적인 수색과정에서는 확인할 수 없는 파일을 열어 범죄와의 관련성을 파악할 수는 없다.

3. 접근할 합법적 권리가 있어야 함

마지막으로, 경찰은 물건 자체에 접근할 합법적 권리를 가져야 한다. 예를 들면, 인도에 서있는 경찰관은 피고인 집의 창문을 통해 피고인의 거실에서 마리화나가 자라고 있는 것을 볼 수 있다. 이 경우 경찰관은 마리화나를 압수하기 위해 피고인의 집에 영장 없이 들어갈 수 없다. 왜냐하면 경찰관은 집 내부로 들어갈 합법적 권리가 없기 때문이다.

Ⅲ. 우연한 발견도 받아들여지지 않음

일반적 관찰의 원칙은 경찰이 취득하기를 원하는 증거를 일부 발견한 것

---

17 Arizona v. Hicks, 480 U.S. 321 (1987). 경찰이 그 스테레오를 들어올렸던 당시에는 단지 그럴 만한 의혹이 있었을 뿐이고, 그것을 옮길 수 있는 수색의 근거는 가지고 있지 않았다.

이 우연한 경우가 아니더라도 적용된다.

일반적 관찰의 원칙은 ① 대상물을 관찰할 수 있는 지점에 적법하게 도달할 수 있는 권한의 존재, ② 그 물건의 범죄적 특성에 대한 명백성이 있어야 한다. 이 두 가지 요건 이외에도 우연히 발견되었을 것이라는 요건도 있었으나, Horton v. California 사건[18]에서 폐기되었다.

제 6 절 차량수색

Ⅰ. 일반적인 예외조항과의 관계

1. 개 요

금주령 시대 이래 자동차는 주류밀매의 수단뿐만 아니라 밀입국자의 수송에 이르기까지 특정한 유형의 범죄행위와 관련하여 논의의 대상이 되어 왔다. 최근에는 마약과의 전쟁에서 승리하기 위하여 정부 당국은 후미등의 손괴나 불법적인 차선 변경과 같은 사소한 교통법규 위반을 이유로 자동차에 대한 정차를 시도하고 이를 이용하여 마약범죄에 대처하려는 전략을 실시하고 있다. 정부 당국은 의심스러운 자동차를 감시하고, 상당한 이유가 없는 경우에도 육감 또는 자의적인 자동차 정차를 이용하여 범죄를 억제하려고 노력하고 있다.

일단 자동차가 정차하게 되면 경찰관은 면허증과 자동차등록증을 검사하고, 운전자 등의 신분, 여행 이유, 목적지를 묻고 마약을 소지하고 있느냐고 질문한 후, 결국에는 수색에 대한 동의를 받아 자동차를 수색하는데, 마약탐지견을 이용하기도 한다. 자동차를 정지시키는 것은 수정 제4조가 규정하

18 Horton v. California, 496 U.S. 128 (1990). 경찰은 피고인의 집에 대하여 강도로 인한 보석을 찾기 위한 영장을 발부받았다. 경찰관은 내심으로는 보석 이외에 범죄에 사용된 총기류와 같은 무기를 수색 도중 발견할 수 있으리라 기대하였고, 수색 도중 발견한 무기를 '일반적 관찰의 원칙'에 따라 압수하였다.

고 있는 압수(seizure)의 한 형태라고 할 것이므로, 원칙적으로 영장주의의 원칙이 적용되어야 한다. 그러나 수정 제4조의 적용범위에 해당하는 경우라 하더라도 예외사유에 해당하면 영장을 발부받지 아니하고 수색을 할 수 있다. 자동차를 적법하게 정지시켰다고 하여 바로 자동차를 수색할 수 있는 것은 아니다. 자동차를 정지시키는 데에는 영장이 필요하지 않고 단순히 합리적인 의심만 있으면 가능하다고 할 수 있다. 차량수색과 관련하여 영장의 필요조건에 대한 특별한 예외를 살펴보기로 한다. 위에서 논의한 일반적인 예외는 자동차의 경우에 적용된다.

연방대법원은 1925년 Carroll 사건[19]에서 자동차 수색에 대하여 중요한 판결을 하게 되었다. 자동차를 수색할 상당한 이유가 있고, 자동차가 관할을 쉽게 벗어날 수 있다면, 영장 없는 자동차 수색이 가능하고, 압수한 증거물은 법정에서 증거능력이 있다는 것이다.

자동차에 대한 영장 없는 수색이 정당화되는 사유를 ① 자동차의 기동성, ② 자동차에 있어서의 프라이버시 기대의 감소, ③ 자동차가 교통수단으로

19 Carroll v. United States, 267 U.S. 132 (1925). 피고인이 금주법(National Prohibition Act) 위반으로 기소되어 유죄를 선고받은 사안이다. 캐나다와 가까워서 밀주의 왕래가 빈번하던 지역을 피고인이 자동차를 운전하여 지나는 것을 보고 경찰이 추적을 하여 체포를 하고 수색을 하였다. 경찰은 의자 등받이(lazyback) 쿠션을 찢어서 밀주 68병을 발견하였다. 피고인은 증거로 제출된 위스키와 진은 단속반원이 영장 없이 압수한 것이기 때문에 증거로 사용할 수 없다고 주장하였다. 단속반원들은 그 자동차에 밀주가 있을 것이라고 믿을 만한 상당한 이유가 있었고, 영장을 발부받으려고 하였다던 자동차는 도주하였을 것이라고 주장하였다. 영장 없는 자동차 수색과 증거물의 압수가 수정헌법 제4조의 위반인지 여부가 쟁점이 되었다. 7 : 2로 의견이 나뉘었는데 Taft 대법원장이 법정의견을 작성하였다. 다수의견은 영장을 발부받을 수 있는 상점, 거주지, 기타 건조물에 대한 수색과 영장을 청구해야 하는 지방 또는 재판관할에서 재빨리 벗어날 수 있기 때문에 영장의 획득이 비현실적인 선박, 모터 보트, 마차, 자동차에 대한 금제품 수색 사이에는 필연적인 차이가 있다고 판시하였다. 반대의견의 McReynolds 대법관은, 금주법이 경찰관에게 단순히 의심에 터잡은 수색과 압수의 권한을 부여하지 않았고, 압수된 물건은 증거능력이 부정되어야 한다고 주장하였다. 또한 경범죄에 관한 단순한 의심에 기초하여 공공도로에서 자동차를 정지시키고, 물건을 운전자로부터 빼앗아서 그것을 기소하는 데 법정에서 증거로 사용한다면, 수정헌법 제4조와 제5조는 무슨 소용이 있겠는가 하는 문제점을 제시하면서, 상당한 이유가 없다면 체포와 그 이후의 수색은 헌법에 위배되는 것이라고 지적하였다.

사용되고, 거주나 동산의 창고로 사용되지 않는 점, ④ 자동차는 plain view의 대상이 되는 점, ⑤ 자동차가 정부의 규제를 강하게 받는 점 등을 언급하기도 한다.[20]

우선 영장주의에 대한 자동차 수색의 예외에 해당하려면 단순히 합리적인 의심만 인정되어서는 아니되고, 수색을 해야 하는 상당한 이유가 있어야 한다. 즉 금제품, 증거물이나 범죄의 수단과 같은 수사기관이 압수하고자 하는 정당한 이해를 가진 물건이 차 안에 있다는 가능성이 있어야 하는 것이다. 또한 자동차가 기동성(readily mobile by the turn of an ignition key)이 있어야 하는데, 이는 최소한 부분적으로나마 교통을 위하여 사용가능하여야 하는 것을 말한다. 최초에 이 원칙은 순전히 자동차[21]에만 적용되었으나 점차 비행기, 보트, 오토바이에 이르기까지 적용범위가 확장되었다. 논리적으로 본다면 모든 교통수단에 적용된다는 것이 적절할 수도 있다. 이동식 가옥과 같이 교통수단과 주거수단의 두 가지 용도에 사용되는 것이라 하더라도 이 원칙의 적용범위에 포함된다. 다만, 자동차가 고장이 났기 때문에 움직이지 못한다면 수색을 하기 위하여 영장이 필요하다. 그러나 이 원칙에 따라 영장 없는 수색이 행해질 때 자동차가 반드시 이동 중이어야 할 필요는 없고, 적절한 시점에 일반적으로 교통의 기능을 수행할 수 있는 것이면 족하다. 즉 자동차가 반드시 운행 중일 필요는 없고, 공도에 정차 중이거나, 소유자 이외의 자의 사적 부동산에 정차하고 있어도 된다.[22] 그러나 자동차가 소유자의 부동산에 정차하여 있을 때에는 이 원칙에 해당하지 않는다.[23]

---

20 Robbins v. California, 453 U.S. 420 (1981). Rolando V. Del Carmen, Craig Hemmens, *Criminal Procedure and the Supreme Court*, Rowman & Littlefield, 2010, 191면.

21 대부분의 사례에서 vehicle은 자동차나 트럭을 의미하고 있으나, 소형 비행기가 적용된 사례도 있다. United States v. Rollins, 699 F.2d 530 (11th Cir. 1983). 한편 주차장에 정차된 이동식 가옥(mobile home), 보트 등도 여기에서 논의하는 내용에 포함시켜 고려되어야 한다.

22 Pennsylvania v. Kilgore, 518 U.S. 938 (1996).

23 Coolidge v. New Hampshire, 403 U.S. 443, 92 S. Ct. 2022, 29 L. ED. 2d 564 (1971).

2. 비 판

자동차에 대한 영장 없는 수색이 정당화되는 요건인 자동차의 기동성 때문에 영장 발부를 요구하는 것이 비현실적이라는 이유와 자동차가 주거에 비하여 프라이버시의 기대가 적다는 이유에 대하여는 이를 비판하는 견해[24]가 있다. 또한 자동차 수색의 경우에 그 예외가 지나치게 광범위하게 인정되기 때문에 수색에 영장의 필요성에 대한 독립적이고 중립적인 판사에 의한 사전심사를 요구하는 헌법의 정신이 몰각될 수 있다는 비판이 가능하다.

(1) 기동성

시대가 변함에 따라 과학기술이 발전하여 Carroll 판결이 선고되었던 1925년과 현재와는 완전히 상황이 달라졌다는 견해가 있다. 휴대전화나 이동식 팩스의 이용으로 인하여 전자적 수색영장이 신속하게 발부될 수 있다는 것이다. 이러한 전자적 수색영장이 1시간 이내로 발부될 수 있다면 영장 없는 자동차 수색보다는 오히려 잠시 동안 자동차를 이동하지 못하도록 압류하는(seize) 것이 더 바람직하다는 것이다.[25]

그 후 1977년 Chadwick 판결은 자동차의 기동성이 없는 경우에도 상당한 이유가 있다면 영장 없는 수색이 가능하다고 판시하였다.[26]

(2) 프라이버시의 기대

자동차가 공공도로를 주행하기 때문에 공중의 관찰에 노출되어 프라이버시의 기대가 낮다고 하더라도 자동차의 트렁크, 용기 속에 들어 있는 물건,

24 Carol A. Chase, "Cars, Cops, and Crooks: A Reexamination of Belton and Carroll with an Eye Toward Restoring Fourth Amendment Privacy Protection to Automobiles," 85 Or. L. Rev. 913, 929 (2006).

25 Chase, 앞의 논문(2006), 935면; Carol A. Chase, "Privacy Takes a Back Seat: Putting the Automobile Exception Back on Track After Several Wrong Turns," 41 B.C. L. Rev. 71 (1999).

26 Cecil J. Jones, Jr. "Thornton v. United States: Expanding the Scope of Search Incident to Arrest on America's Roadways," 30 Am. J. Trial Advoc. 627, 629 (2007).

좌석의 밑바닥 부분이 프라이버시의 기대가 낮다고 할 수는 없다.

또한 자동차가 등록되고, 행정규제를 받고, 정기 검사의 대상이 되고, 때때로 안전상의 이유로 경찰의 관리하에 있게 된다는 것이 이유로 언급되기도 한다.

그러나 자동차 등록은 소유자를 확인하고 세금부과를 위한 제도이고, 속도 규제, 운전자 자격, 안전 기준, 배기 기준 등의 행정규제가 프라이버시와 관련이 없고, 정기검사 등은 자동차가 기능을 유지하는지 확인하기 위한 것일 뿐이고, 때때로 자동차가 경찰의 관리하에 있게 되는 것은 지진이나 화재 이후에 경찰의 진입이 허용되는 것과 동일한 것일 뿐이다.[27] 따라서 프라이버시의 기대가 감소되어 있다고 언급되는 사유들은 결국 프라이버시의 감소와는 관련이 없는 것이다. 그럼에도 불구하고 법원이 그렇게 선언을 하면 결국 시민들은 자동차에서의 프라이버시를 주장하지 못하는 순환논법에 빠지게 되는 것이다.

(3) 특정성

자동차 예외에 의한 수색에 있어서 법원이 수색영장을 발부받을 만큼의 특정성을 경찰이 가지고 있느냐가 문제된다.

범죄가 바로 직전에 발생한 경우에 경찰은 수색할 물건이 무엇인지에 대하여 명확한 생각을 가지고 있지 못한 경우가 있을 수 있다.

또한 사소한 위반행위를 하였으나 운전자가 도주하려고 하거나, 자동차 안에 있는 어떠한 물건을 자꾸 숨기려고 하거나 손상시키려고 할 때 경찰관의 입장에서는 자동차 안에 무엇인가 증거가 될 만한 것이 있다고 생각할 것이다. 그러나 이러한 경우에 어떠한 범죄의 증거가 자동차 안에 남아 있는지 경찰관이 알 수는 없는 경우가 많다.[28]

---

27 Chase, 앞의 논문(2006), 931면.

28 Wayne R. LaFave, *3 Search and Seizure: A Treatise on the Fourth Amendment* (4th ed.), Thomson/West, 2004, 562면.

(4) 경찰권 남용

자동차 예외의 원칙이 점차 그 범위를 확대함에 따라 수정 제4조에 의하여 보호되는 권리의 보호에 흠결(gapping hole)이 발생하게 된다. 특히 인종 프로파일링(racial profiling, 피부색, 인종 등을 기반으로 용의자를 추적하는 수사기법)으로 인한 폐해가 나타나기도 한다. 따라서 DWB[29]이 문제점으로 지적되기도 한다.

따라서 현장에서 단속하는 경찰관에 의한 판단이 아닌 중립적이고 공평한 판사에 의한 독립적 판단을 복원함으로써, 실무에 있어서의 경찰관의 권한 남용을 감소시키고, 표면적이고 무차별적인 동기에 의한 자동차 수색을 감소시키는 것이 필요하다는 견해[30]가 있다.

3. 긴급상황

예를 들어, 긴급상황은 차량수색이 연관된 경우 영장의 필요조건을 종종 중지시키게 한다.

[예] 경찰이 마약거래 도주자의 소유로 알려진 차량을 정지시키고, 그 마약거래자가 그 차량을 마약거래에 사용하였다는 상당한 이유가 있다고 믿고 있을 경우 경찰은 차량의 도주와 증거인멸을 방지하기 위하여 차를 정지시키고 영장 없이 차량을 수색할 수 있다.

4. 체포와 연관

차량의 승객 칸이 운전자나 승객의 체포와 연관되어 수색될 수 있다.

---

29 driving while black 또는 driving while brown을 의미한다.

30 Chase, 앞의 논문(1999), 94면. 비오는 날 경찰관이 흑인 변호사의 가족을 자동차 밖으로 나오게 하여 비를 맞게 하고 거듭된 항의에도 불구하고 마약을 수색한다고 마약탐지견으로 냄새를 맡게 한 사례와 라틴계 변호사가 자동차 수색에 동의를 하지 않으면서 수색영장을 가지고 오라고 하였으나 변호사 일행을 자동차에서 내리게 한 후 수색을 실시한 사례를 언급하고 있다. 이러한 사례는 최초의 자동차 정지가 인종적 배경에 근거한 것으로 보이기도 한다.

Ⅱ. 두 가지 특별 예외

영장 필요조건으로 발전된 두 가지 특별 예외가 있다. (1) 운전자가 체포될 때 차는 영장 없이도 경찰서에서 수색될 수 있다. (2) 경찰은 차량에 밀매품이 적재되어 있다고 믿는 데 상당한 근거를 가지고 있다면 그 차량은 노상에서 영장 없는 수색을 받을 수 있다.

1. 체포 후 경찰서에서 수색

경찰이 운전자를 수색하고 운전자와 차량을 경찰서로 이동하여 차량을 수색하는 경우 일반적으로 영장은 필요하지 않다. 경찰관이 피의자를 체포하여 경찰서로 인치한 후 자동차를 경찰서로 가지고 와서 수색하는 것이 허용될 것인가 여부가 문제된다. 일반적으로는 자동차에 대한 수색은 적법한 체포에 이어 신속하게 이루어져야 한다. 그러나 수색으로 인하여 교통 혼란이 야기될 수 있고, 체포 현장을 신속하게 정리하여야 할 상황이 발생할 수 있으므로 사정에 따라서는 체포와 동시에 수색을 실시할 수 없는 상황이 있을 수 있다.

자동차를 영장 없이 수색할 수 있으면 그 차를 견인하여 보관하다가 며칠 후에 수색을 하는 것도 가능하다. 피의자에 대한 새로운 프라이버시를 침해하는 것이 아니기 때문이다.[31]

미국 연방대법원은 Chambers 판결[32]에서 경찰관이 고속도로에서 자동차

---

31 United States v. Johns, 469 U.S. 478 (1985). 세관 직원이 마리화나를 운반하는 것으로 의심되는 트럭을 정지시켰다. 세관 직원은 마리화나가 들어 있는 것으로 보이는 짐을 트럭에서 꺼내어 정부 창고에 보관시켰다. 3일이 지난 후 세관 직원이 법원으로부터 영장을 발부받지 아니하고 밀봉된 짐을 열어 보고, 그 안에서 마리화나를 발견하였다. 피고인은 경찰이 영장을 발부받을 시간적 여유가 있었음에도 영장 없이 수색을 실시하였고, 그 결과로 취득한 증거는 위법하다고 주장하였다. 이에 대하여 법원은, 자동차 수색이 즉시 이루어져야 한다고 판시한 바가 없다고 판시하면서 본건의 경우 3일 정도의 지체가 이루어졌는데 이는 허용된다고 판시하였다. 이 판결에 의하면 수색이 합리적인 시간을 초과하여 부당하게 지체되었다는 것은 피고인이 주장 입증하여야 한다.

32 Chambers v. Maroney, 399 U.S. 42 (1970). 피고인은 무장강도 사건의 용의자였는데,

를 정지시켜 운전자를 강도 혐의로 체포한 후 자동차를 경찰서로 견인한 후 수색을 실시한 경우 수색이 유효하다고 판시하였다. 증거인멸이 될 수 있는 급박한 상황에서 경찰관은 자동차를 압수하여 타인의 사용을 금지할 수 있고, 영장이 발부될 때까지 영장 없이 자동차 수색이 가능하다는 것이다. 결국 Chambers 판결에서는 상황의 긴급성을 수색 시기가 아니라 자동차가 압수될 때를 기준으로 파악한 것이다.

수색의 대상물이 주거인 경우에는 체포된 사람의 이익을 위하여 다른 사람들이 증거물을 훼손할 가능성에 대비하여 경찰관이 보초를 세울 수는 있지만, 주거에 대하여 즉각적인 영장 없는 수색을 할 수는 없다. 자동차와 주거 사이에는 차이가 존재한다.[33]

(1) 경찰은 사전에 영장을 받았을 수 있음

명백하게 경찰이 사전 고지를 하고 사전에 수색영장을 손쉽게 받을 수도 있는 경우에도 경찰이 체포 후 차량을 압류하고 영장 없이 수색할 권리를 가지고 있다.[34]

2. 밀매품에 대한 노상 수색

경찰이 어떤 차량이 밀매품을 옮긴다고 믿을 상당한 이유가 있어 그 차

피고인이 도주할 때 사용한 피해자의 파란색 자동차(station wagon)는 피해자의 제보로 정차되었다. 피고인은 녹색 스웨터와 버버리를 입고 있었다. 자동차는 경찰서로 옮겨졌고, 그곳에서 영장 없이 수색되어 범죄와 관련된 증거물이 발견되었다. 법원은 자동차가 경찰서의 점유 안에 있었기 때문에, 증거물 보존에 대한 어떠한 위험성 없이도 영장을 발부받을 수 있었다는 사실에도 불구하고, 이 수색이 유효하다고 판시하였다.

33 Vale v. Louisiana, 399 U.S. 30 (1970). 경찰관이 체포하려 할 때 증거물이나 금제품이 인멸 과정에 있는 경우 또는 관할 밖으로 벗어나려고 하는 경우에는 영장 없는 수색이 허용된다.

34 Florida v. White, 526 U.S. 559 (1999). 8월에 경찰은 피고인이 마약운반에 자동차를 이용한다는 것을 알게 되었다. 플로리다주의 몰수법에 의하면, 이러한 경우 경찰은 범행의 도구로서 자동차를 영원히 압수할 권한을 부여한다. 8월 이후 몇 개월이 지난 후에도 경찰은 영장을 발부받지 않았고, 기다리다가 피고인을 다른 혐의로 체포하였다. 그 후 피고인의 사용자 주차장에 있던 피고인의 자동차를 몰수권한을 행사하여 영장 없이 압수하였다.

량을 정지시킨 경우, 경찰은 차뿐만 아니라 차 안에 있는 닫혀진 운반용기도 영장 없이 수색할 수 있다. 경찰은 차를 압수하지 않고도 이것을 현장에서 행할 수 있다(체포 후 경찰서에서 경찰이 수색하는 것과 마찬가지로).[35] 주거에 있어서 일반인의 프라이버시에 대한 기대보다도 자동차에 있어서 프라이버시에 대한 기대는 낮다고 할 수 있다. 자동차는 주로 공개된 도로를 주행함으로써 일반적 관찰의 대상이 되기도 하고, 면허제도와 교통법규의 규제와 같은 광범위한 정부의 규제를 받는 경우가 많기 때문이다.[36] 즉 경찰에게 자동차 수색에 있어서 광범위한 권한을 부여하지 않는다면 자동차는 달아나거나, 판매되거나, 자동차 속의 증거물이 처분될 가능성이 높다.

(1) 승객의 소유물

경찰은 차량이 밀매품을 운반하는 데 이용되고 있다고 믿을 상당한 이유가 있으면, 밀매품이 적재된 차량 내의 닫혀진 운반용기도 영장 없이 수색할 수 있다. 비록 그러한 운반용기들이 승객 소유이고 승객이 밀매품을 운반하거나 어떤 다른 불법행위에 연루되었다고 믿을 상당한 이유가 없더라도 그러하다.[37]

---

35 United States v. Ross, 456 U.S. 798 (1982). 경찰은 정보원의 정보에 의하여 마약이 숨겨져 있다는 상당한 이유를 가지고 자동차를 정지시켜 수색하였다. 경찰은 트렁크에서 헤로인이 담긴 채 열려 있는 종이봉투를 발견하였다. 경찰은 경찰서에서 두 번 이상 자동차를 다시 수색하여 트렁크에서 가죽 주머니를 발견하였는데 그곳에는 상당한 양의 현금이 들어 있었다. 잠겨진 용기는 수정헌법 제4조에 의하여 특별히 보호되어야 한다는 원칙을 포기하면서, 법원은 만일 정지시킨 자동차를 수색할 상당한 이유가 있다면 그 수색의 범위는 자동차의 트렁크, 조수석 다용도박스, 자동차 시트커버나 다른 포장물, 짐꾸러미 또는 수색의 대상물을 포함한 다른 포장물 전체로 확장된다고 보았다.

36 California v. Carney, 471 U.S. 386 (1985).

37 Wyoming v. Houghton, 526 U.S. 295 (1999). 와이오밍 고속도로 순찰대의 경찰관이 과속 및 브레이크등의 손상을 이유로 자동차를 정차시켰다. 경찰관은 운전자의 주머니에서 운전자가 마약복용을 위하여 사용한 것이라고 인정되는 주사기 하나를 발견하였다. 경찰관은 다른 승객인 여성 2명을 차 밖으로 나오라고 지시한 후 운전자의 동의하에 자동차를 수색하였다. 그 과정에서 지갑 하나를 발견하였는데, 여성 중 한 명인 피고인이 그 지갑은 자신의 것이라고 주장하였다. 그 당시 경찰관은 피고인의 범죄행위를 의심할 만한 아무런 근거가 없었다. 경찰관은 그 지갑을 열고 그 속에서 마약 및 마약투약을 위한 기구들을 발견하였고, 피고인은 마약소지혐의로 체포되었다. 법원은, 경

[예] 경찰이 차량의 운전자가 마약을 운반하고 있다고 믿을 상당한 이유가 있다면 경찰은 차량을 정지시키고 뒷좌석에 있는 어떤 지갑에 대해서도 마약수색을 한다.

이것은 아래의 모든 것이 사실이라도 그러하다.

(1) 경찰은 지갑이 승객 X의 소유임을 알고 있다.

(2) 경찰은 지갑에 마약이 있다고 의심할 특별한 이유는 가지고 있지 않다.

(3) 경찰은 X가 어떤 잘못을 하였다고 의심할 어떠한 이유도 가지고 있지 않다(그러나 경찰은 이러한 사실에 근거하여 X의 몸을 수색할 수는 없다).[38]

(2) 운반용기에 대해서만 상당한 이유가 있음

반대로 경찰의 상당한 이유가 차량 그 자체가 아닌 오직 차 안에 있는 닫혀진 운반용기에 한정된다 하더라도, 경찰은 영장 없이 차량을 정지시키고 용기를 압수해서 열어 볼 수 있다.[39]

Ⅲ. 승객들에 대한 행동

만일 운전자의 행동이 경찰로 하여금 적절한 정지와 체포로 이어지게 한다면, 이것은 경찰이 차 안에서 일어날 수 있는 승객들의 몸수색을 할 권리를 가지고 있다는 것을 의미하지는 않는다.

운전자가 무엇을 하든, 경찰관이 (1) 승객에게 범죄의 증거가 있다고 믿

찰관이 금제품을 찾기 위하여 피고인의 자동차를 수색할 상당한 이유가 있을 경우 자동차 예외의 원칙에 의하여 경찰관은 자동차 안에서 발견된 어떠한 승객의 소지품이라도 합리적으로 수색할 수 있다고 판시하였다.

38 Wyoming v. Houghton, 526 U.S. 295 (1999).

39 California v. Acevedo, 500 U.S. 565 (1991). 경찰관이 이전에 그들이 보았던 마리화나를 담은 종이가방과 유사한 종이가방을 가지고 집을 나서는 피고인을 목격하였다. 피고인은 이 가방을 자동차의 트렁크에 넣은 뒤 집을 떠났다. 경찰관은 자동차 자체와 관련하여 상당한 이유가 없었고 영장 또한 없었음에도 피고인을 검춰 세우고 가방을 찾기 위하여 자동차의 트렁크를 수색하였다.

을 상당한 이유를 가지고 있거나 (2) (수색이 체포에 연관되어 정당화되는 경우의) 승객을 체포할 상당한 이유가 있어야 경찰은 승객들을 수색할 수 있다. 그러나 경찰은 승객들에 관련하여 몇몇 다른 권리를 가지고 있다.

① 경찰관의 안전을 보호할 수단으로 경찰관은 승객들을 차량에서 나오도록 요구할 수 있다.
② 또한 안전의 문제로 만일 경찰관이 승객이 무장되어 있거나 상당히 위험하다고 느낀다면 그는 승객이 무기를 소지하고 있지 않다는 것을 확인하기 위하여 승객을 검문 그리고 옷 위로 (pat-down) 수색할 수 있다.
③ 마지막으로 경찰이 차량을 수색할 권리를 가지고 있다면, 비록 경찰이 그 물건이 승객의 것이고 또 운반용기에 어떤 밀매품이 담겨져 있다는 합리적 이유를 가지고 있지 않더라도 차량 내에 있는 운반용기를 수색할 수 있다.

Ⅳ. 상당한 이유의 결여

수색영장의 필요조건에 대해 예외를 제시한 여러 차량 시나리오 중에서 때로는 수색을 하기 위한 상당한 이유가 요구되거나 때로는 요구되지 않는 경우가 있다.

1. 현장에서 수색하는 경우 필요함

운전자의 차량이 정지되고 경찰이 차량수색을 현장에서 원할 경우, 경찰은 보통 그러한 수색을 할 상당한 이유가 필요하다. 즉, 유죄의 증거나 밀매품 중 하나를 발견할 것이라고 믿을 만한 상당한 이유가 있어야 한다(경찰은 운전자의 체포에 연관되어 수색을 할 수 있으나 이런 권리는 승객의 칸에만 확대되어 적용된다는 것을 기억하자. 경찰이 트렁크 수색을 원한다면 경찰은 트렁크에 밀매품이나 범죄의 증거가 있다고 믿을 상당한 이유가 필요할 것이다).

2. 일반적 관찰

경찰이 차량을 압수할 때 차량 안에서 일반적 관찰로 증거를 발견한다면, 경찰은 수색하거나 취득할 상당한 이유를 사전에 가지고 있지 않더라도 경찰은 그 증거를 취득할 수 있다.

3. 압 수

차량이 정상적인 절차에 의해 경찰에 압수되었다면, 경찰이 상당한 이유를 가지고 있지 않더라도 경찰은 보통 경찰서에서 수색을 할 수 있다.

예를 들어, 경찰관서에서 불법주차로 차량을 견인하는 경우 경찰은 압수장소에서 견인된 차량의 자물쇠를 열고 수색할 수 있다.[40]

(1) 차내의 운반용기

압수된 차량이 수색된다면, 차량 안에 있는 닫혀진 운반용기는 영장 없이도 그리고 상당한 이유가 적은 경우에도 수색을 할 수 있다.

(2) 정상적인 절차 그리고 선의(善意)

그러나 그러한 영장 없는 수색들은 두 가지 조건을 충족해야 한다.

① 몸수색이 수색의 범위를 결정할 무제한의 재량을 가지지 않도록 경찰은 정상적인 절차를 따라야 한다.

② 경찰은 악의나 조사만의 목적으로 행동해서는 안 된다.

[예] 체포나 압수가 단지 영장 없는 수색을 위한 구실을 제공한다면 목록수색의 예외는 적용되지 않는다.[41]

---

40 South Dakota v. Opperman, 428 U.S. 364 (1976). 불법주차로 차를 견인하여 유치하기 전에 수색을 할 수 있다는 것이다. 보관 중에 발생할 수 있는 문제로부터 자동차 소유자를 보호하고, 자동차의 분실 등 여러 가지 사유로부터 경찰관을 보호하기 위한 것이다.

41 Colorado v. Bertine, 479 U.S. 367 (1987).

Ⅴ. 관련 문제

1. 티켓발부에 앞선 교통정지

경찰이 오토바이운전자를 정지시킬 때마다 오토바이를 수색할지도 모른다고 착각해서는 안 된다. 정지가 적합하다 할지라도 영장 없는 수색이 허용되지 않는 때가 있다. 법원은 당사자의 동의나 상당한 이유가 없음에도 교통법규 위반으로 인한 소환장을 발급하면서 자동차를 수색하는 것을 허용하는 주의 법률이 연방헌법에 위배하는 것이라고 판시[42]하였다. 소환장이 발부되었다는 사실만으로 전면적인 수색이 허용되는 것은 아니라는 취지이다. 즉 경찰관이 피고인을 체포하지 아니하고 단지 정지만 시킨 경우에는 이에 따른 수색을 할 수 없다. 경찰관의 안전을 보장하기 위하여는 운전자를 차 밖으로 나오게 할 수도 있는데, 교통위반 소환장을 발부하는 경우에는 자동차를 수색할 권한이 인정되지 않는다. 다만 이러한 경우에도 경찰관이 차 안을 들여다 볼 수 있기 때문에 일반적 관찰의 대상이 되는 물건에 대하여는 압수할 수 있다.

이 판결은 자동차에 대한 정지가 정당한 경우라 하더라도 경찰관이 자동차를 수색할 수 있는 권한에는 일정한 한계가 있음을 보여주고 있다. 특히 경찰관이 운전자를 체포할 수 있었음에도 불구하고 체포하지 아니하였다면 자동차에 대한 정지가 정당하다고 하여 운전자의 신체나 승객의 소유물에 대한 수색을 정당화시킬 수는 없는 것이다.

[예] 경찰관 존스(Jones)는 굿맨(Goodman)의 차가 신호 없이 차선을 변경하는

---

42 Knowles v. Iowa, 525 U.S. 113 (1998). 피고인은 25마일 제한속도 구간을 45마일로 과속하여 자동차를 운전하다가 소환장을 발부받았다. 이어 경찰관이 자동차에 대한 수색을 실시하였고, 그 결과 마리화나와 그 사용도구가 발견되었다. 아이오와 주 법률은 운전자를 체포하는 대신 소환장을 발부하는 경우에도 체포의 경우에 할 수 있는 적법한 수색을 할 수 있다고 규정하고 있었다. 연방대법원은 본건에서의 수색은 비록 주법이 인정하고 있는 것이라고 하더라도, 상당한 이유가 있거나 동의가 없는 한 연방 수정헌법 제4조에 위배하는 것이라고 판시하였다.

것을 목격한다. 존스는 굿맨을 정지시키고 지역 당국 규칙에 의한 적절한 절차인 교통스티커를 발급하기 시작한다. 존스는 스티커발부 동안 굿맨에게 차에서 내릴 것을 요구하고 굿맨의 차를 수색하는 결정을 내렸다. 존스는 앞좌석에서 코카인을 발견한다. 정지는 적절하였다 하더라도 영장의 필요조건에 대한 예외는 적용될 수 없다. 따라서 수색은 무효이다.

2. 경미한 교통법규 위반: Whren 판결

경찰관이 아무런 이유 없이 지나가는 자동차를 정지시켜 영장도 없이 수색을 하는 것은 인정되지 않는다. 그러나 운전자가 경미한 교통법규를 위반한 경우에는 자동차를 정지시켜 수색을 할 수 있다.[43] 즉 경찰관이 교통법규 위반사항을 적발하였을 경우 차를 정지시킬 수 있고, 차를 정지시킨 이유가 범죄가 행하여졌다고 믿을 만한 상당한 이유가 있거나 그러한 의심이 드는 다른 범죄의 증거를 찾아내기 위한 것이라 하더라도 가능하다는 것이다.[44]

3. 사용하지 않고 사유지에 정차된 자동차 수색

자동차에 대한 영장 없는 수색을 허용하는 이유는 자동차가 기동성이 있

43 Whren v. United States, 517 U.S. 806 (1996). 워싱턴 DC의 마약밀집지역에서 임시자동차번호판을 부착한 차가 교차로에서 20초 이상 정지하고 있는 것을 발견하고 경찰관이 순찰 중이던 차를 유턴하여 피고인이 탑승한 차를 가로막자 그 차가 갑자기 속도를 높여 달아났다. 경찰관은 교통법규위반행위로 차를 정지시킨 후 창문을 통해 피고인의 손에서 마약을 발견하고 이를 압수하였다. 당시 경찰관은 사복(plainclothes)을 입고 있었다. 피고인은 마약소지 혐의로 체포되었는데, 경찰이 교통법규 위반으로 피고인의 차를 정지시킨 것은 핑계에 불과한 것이고, 더 엄격한 객관적인 경찰관 규칙("objective officer" rule)에 의하여 수색이 합법적인지 여부가 결정되어야 한다고 주장하였다.

44 Whren 판결에서 Scalia 대법관은, "경찰관이 교통법규를 위반하였다고 믿을 만한 상당한 이유가 있는 운전자를 일시적으로 구금(temporary detention)하는 것은 수정 제4조에 위배되는 것이 아니다. 본건의 경우 피고인이 교통법규를 위배하였기 때문에 경찰관은 피고인을 정지시켜 소환장(citation)을 교부할 수 있다. 비록 경찰관이 사복을 입고 있었지만 교통법규를 위반한 피고인을 정지시킬 권한이 있다. 수색은 합리성 기준에 따르는 것이고, 수색을 할 상당한 이유가 있는 경우에는 압수수색이 과도하다고 인정될 때에만 이익형량을 하게 되는 것이다. 본건에서 교통법규 위반으로 인하여 상당한 이유는 있는 것이고, 경찰은 일반적 관찰의 원칙에 의하여 마약을 압수한 것이다"라고 판시하였다.

기 때문이다. 그런데 기동성이 없다는 것은 수색 당시에 운행 중이 아니고, 사유지에 정차하고 있으며, 영장을 받을 시간이 있었을 경우를 의미한다. 경찰이 수개월에 걸친 수사 끝에 피고인을 모살죄로 체포하면서, 집 앞에 세워져 있던 그의 자동차가 범죄에 사용되었다고 믿고 이를 압수하여 수색하였다. 법원은 이 경우 영장 없는 수색은 불법이라고 판시[45]하였다. 목적물은 도난 당한 물건이거나, 금제품 또는 위험한 것이 아니고, 당해 자동차가 통행이 자유로운 도로에서 정지된 것이 아니라, 사유지에서 아무도 타지 않은 상태로 있었기 때문이다.

4. 몰수, 견인된 자동차

원칙적으로 자동차가 몰수되었거나 견인되었다면 사실상 Carroll 원칙에서 언급된 바와 같은 자동차의 기동성은 이미 없다고 보아야 한다.

그러나 경찰관이 몰수절차를 거쳐 자동차를 압수한 경우에는 자동차에 대한 영장 없는 수색이 가능하다. 법원은, 경찰관이 마약법에 연루되어 몰수될 자동차를 보관하여야 하는 경우 경찰관이 자동차를 자신의 보관하에, 자신의 차고 안에 두면서 그것을 수색할 권한이 없다는 것은 비합리적이라고 판시하였다.[46]

또한 자동차가 불법주차를 이유로 견인되어 압수된 경우에도 영장 없는 물품조사가 가능하다.[47] 물품조사과정에 있어서 영장 없는 수색이 정당화되는 것은 ① 차가 유치되어 있는 동안의 소유자의 재산보호, ② 소유자의 물품도난이나 분실 주장으로부터 경찰관 보호, ③ 차의 내용물에 따른 잠재적 위험으로부터 경찰관의 보호를 근거로 한다.

다른 목적으로 자동차를 유치하였고, 자동차를 수색할 상당한 이유가 없음에도 자동차 유치 전 또는 유치 중에 수색이 가능한가 하는 문제가 있다.

45 Coolidge v. New Hampshire, 403 U.S. 443 (1971).
46 Cooper v. Californina, 386 U.S. 58 (1967).
47 South Dakota v. Opperman, 428 U.S. 364 (1976).

몰수절차를 진행하기 위하여 자동차를 유치한 경우에 수색이 가능하고,[48] 그 범위를 확대하여 모든 경우에 수색이 가능하다는 것이 Opperman 판결[49]에서 인정되었다. 따라서 피의자를 구금하면서 운전하던 자동차를 함께 견인한 경우에 상당한 이유가 없어도 차에 대한 영장 없는 수색이 허용된다. 다만, 경찰관의 직무규칙을 준수하여야 할 것이고, 악의에 의한 수색이어서는 아니된다.[50]

5. 물품조사

압수된 자동차에 대한 영장 없는 물품조사 시에는 자동차 전체뿐만 아니라 그 안에서 발견된 닫혀진 용기의 수색도 허용된다.[51]

도난이나 손상으로부터 재산권을 보호하고, 도난·파괴 등의 잘못된 주장으로부터 경찰관을 보호하고, 경찰관의 안전을 보장하기 위하여 영장 없는 물품조사를 허용된다. 다만, ① 경찰관은 표준화된 절차에 따라야 하고, 수색의 범위에 대하여 무분별한 판단을 하여서는 아니되고, ② 경찰관이 나쁜 의도나 오직 수사만을 위하여 행동하여서는 아니된다. 따라서 체포나 압수가 영장 없는 수색에 구실을 부여하기 위한 것이라면 허용되지 않는다.

다만, 상당한 이유가 없는 경우에도 압수된 자동차의 내용물에 대한 목록 작성은 수시로 이루어지고 있다.[52]

6. 동의가 있는 경우

수색에 대한 동의가 임의적인 것이고, 강요나 협박에 의한 것이 아닌 경

---

48 Cooper v. Californina, 386 U.S. 58 (1967).

49 South Dakota v. Opperman, 428 U.S. 364 (1976). 불법주차로 차를 견인하여 유치하기 전에 수색을 할 수 있다는 것이다. 보관 중에 발생할 수 있는 문제로부터 자동차 소유자를 보호하고, 자동차의 분실 등 여러 가지 사유로부터 경찰관을 보호하기 위한 것이다.

50 Colorado v. Bertine, 479 U.S. 367 (1987).

51 Colorado v. Bertine, 479 U.S. 367 (1987).

52 South Dakota v. Opperman, 428 U.S. 364 (1976).

우에는 모든 상황을 종합하여 판단하게 되는데, 수색으로 인한 증거물이 유죄의 증거로 사용될 수 있다. 비록 그 사람이 동의를 거절할 수 있는 권리가 있다는 것을 몰랐다고 하더라도 동의가 무효인 것은 아니다. 동의 거절권의 존재를 몰랐다는 사실은 동의의 유효성을 결정하는 하나의 요소에 불과하다. 동의의 방법에는 제한이 없으므로 묵시적인 방법도 가능하다.[53]

7. 교통사고 발생

교통사고가 발생하여 자동차가 사고현장에 방치되어 있는 경우에 신속히 처리되지 아니한다면 누구라도 접근할 수 있는 상태가 된다. 자동차에 귀중품이 들어 있는 경우도 있을 수 있고, 흉기 등이 들어 있을 수도 있다. 따라서 경찰관이 그 차 안에 무기 등이 들어 있어 부랑자의 손에 들어갈 경우 문제가 발생할 우려가 있다고 믿을 만한 상당한 이유가 있는 경우에는 특정한 물품에 대한 영장 없는 수색이 허용된다.[54]

8. 소유자 확인을 위한 수색

자동차가 방치되어 있는 것이 명백한 경우 소유주를 확인하기 위한 한정된 범위의 수색은 영장 없이 허용된다. 또한 운전자인 피의자가 체포되었으나 자동차의 소유주가 아니고, 소유주를 알 수 없는 경우에도 소유주를 확인하기 위하여 한정된 범위에서 영장 없이 자동차를 수색할 수 있다. 한편 자동차가 어떠한 범죄의 피해품 또는 장물인 경우에 소유자 확인을 위해 영장 없는 자동차 수색이 허용된다.

9. 위치 추적장치

공공도로에서 자동차를 운전하는 경우에는 합리적인 프라이버시의 기대가 없으므로 경찰의 감시는 수정 제4조 소정의 수색에 해당하지 아니한다.

---

53 Schneckloth v. Bustamonte, 412 U.S. 218 (1973).

54 Cady v. Dombrowski, 413 U.S. 433 (1973).

따라서 경찰이 자동차의 위치를 파악하기 위하여 지각능력을 보충하는 보조수단을 사용하는 것은 허용되는데, 법원은 Knotts 판결[55]에서 공공의 도로를 이용함으로써 자동차의 운전자는 임의로 자신이 특정한 도로의 특정한 방향으로 운행하고 있다는 것을 누구든지 알 수 있도록 하는 것이므로 마약단속국이 전자 추적장치를 클로로포름의 저장용기에 설치한 것은 정당한 것이라고 판시하였다.

Karo 판결[56]에서 신호발신장치를 모니터하는 것은 시각적 수색에 의하지 아니하면 얻을 수 없는 내부의 중요한 사항을 노출하게 되는 것이므로 수정 제4조의 수색에 해당하는 것이고, 개인이 자기 집에서 누리는 프라이버시를 침해한 것이라고 판시하였다.

법원은 Jones 판결[57]에서 자동차의 이동을 감시하기 위하여 GPS 위치추적장치를 영장 없이 자동차에 부착한 것은 헌법에 위배된다고 판시하였다.[58]

---

55 United States v. Knotts, 460 U.S. 276 (1983).

56 United States v. Karo, 468 U.S. 705 (1984).

57 United States v. Jones, 565 U.S. __, 132 S Ct. 945 (2012). 경찰은 나이트클럽을 경영하는 Jones를 마약 관련 수사의 대상으로 특정하고 여러 가지 수단을 사용하여 감시하였다. 경찰은 위치추적장치를 설치하는 영장을 발부받아 Jones의 배우자 자동차에 장치를 설치하였다. 체로키 짚차가 비록 Jones 배우자의 명의로 등록되어 있었으나 Jones가 전속적 운전자였다. 영장은 D.C.에서 10일간 허용되었음에도 불구하고, 경찰은 영장의 유효기간이 하루 도과한 11일째 되는 날 Maryland에서 장치를 설치하고 28일간 추적을 하였다. 따라서 위치추적장치의 설치와 그 이후의 추적은 영장이 없이 실시된 것이었다. Jones는 마약운반공모혐의로 기소되었다. 피고인은 위치추적장치로 인한 증거의 배제신청을 하였다. 연방대법원은 위치추적장치를 목표가 된 자동차에 설치하고 자동차의 움직임을 감시하기 위하여 사용하는 것은 사유재산에 대한 침해에 해당하는 것이고 수정헌법 제4조 소정의 수색에 해당한다고 판시하였다. 자동차의 하단부분에 위치추적장치를 부착하는 것은 18세기에 경찰관이 역마차에 올라타고 역마차의 운행을 비밀스럽게 감시하는 것과 동일하다는 것이다. Alito 대법관은 자동차의 하단에 위치추적장치가 부착된 사소한 침해가 수색이 아니라, 28일간 피고인의 움직임이 감시되어 합리적인 프라이버시의 기대가 침해된 것이 수색의 개념에 포함되는 것이라고 판시하였다.

58 Jones 판결은 영장 없는 위치추적장치의 합헌성이 쟁점이 된 사건으로 1967년 Katz 판결 이래 가장 중요한 판결이라고 언급하여 그 중요성을 강조하면서, Jones 판결에서 제시된 다양한 의견은 실질적으로나 잠재적으로 수정 제4조의 핵심원리에 관하여 상당한 함의를 내포하고 있다고 지적하고 있다.

법정의견을 작성한 Scalia 대법관은 위치추적장치를 부착하는 것은 사유재산에 대한 침해이고, 그러한 침해는 수정 제4조 소정의 수색에 해당한다고 언급하였다. Jones 판결 이후 수사기관의 수색을 분리된 한 단계의 조치가 아닌 집합적으로 전체로서 파악하여야 한다는 모자이크 이론에 대한 논의가 활발하다.

10. 수색범위의 제한: Gant 판결

Gant 판결[59]에서 법원은 체포의 원인이 되는 범죄에 대한 증거가 자동차 안에서 발견될 수 있을 것이라고 믿을 만한 합리적인 이유가 있는 경우에만 체포현장에서의 자동차수색을 할 수 있다고 판시하였다.

즉 체포에 수반한 수색 이론에 근거하여 운전자 체포 이후에 행해지는 수색의 범위를 제한하는 판결을 한 것이다. Gant 판결에 의하면 경찰은 체포에 수반하는 수색으로 ① 수색이 행하여질 때 피체포자가 불안전한 위치에 있고, 승객칸에 가까이 있는 경우, ② 체포의 원인이 된 범죄증거를 자동차 내에서 발견할 수 있을 것이라고 믿을 만한 합리적인 이유가 있는 경우에 한하여 수색을 할 수 있다.

다수의견을 작성한 Stevens 대법관은, 영장주의의 예외로서 체포에 수반

59 Arizona v. Gant, 556 U.S. 332 (2009). 2명의 투산 경찰관이 마약 관련 수사를 하기 위하여 정보를 듣고 어떠한 집을 찾아갔다. Gant는 집에 주인이 없다고 대답을 하였다. 경찰관은 신원조회를 하여 Gant가 운전면허정지 중의 운전으로 체포영장이 발부되어 있다는 것을 확인하였다. 경찰관은 아까 그 집으로 되돌아갔으나 Gant는 집에 없었다. 조금 있다가 Gant가 차를 주차한 후 집으로 돌아왔다. 경찰관은 Gant가 차에서 내린 후 그를 체포하였다. 이때 Gant는 수갑이 채워지고 경찰 순찰차 뒷자리에 억류되었다. 경찰관은 Gant가 운전한 자동차를 수색하여 뒷자리에 놓여 있던 재킷의 주머니에서 코카인을 발견하였다. Gant는 영장 없이 자동차를 수색하여 발견한 코카인은 증거능력이 없다고 주장하였다. 1심 법원은 적법한 수색이라고 판시하였으나, Arizona주 대법원은 Gant의 자동차에 대한 수색이 비합리적이라고 판시하였다. 피체포자가 수갑이 채워진 상태로 경찰 순찰차 뒷자리에 안전하게 억류된 상태였고, 경찰관의 감시하에 있었으므로 피체포자의 자동차에 대한 영장 없는 수색은 체포현장에서 경찰관을 보호하거나 증거멸실을 방지하기 위하여 필요한 경우에 해당하지 않는다는 것이다. 연방 대법원은 영장주의의 예외에 해당하는 체포에 수반하는 수색에 해당하지 않으므로 정당하지 않은 수색이라고 판시하였다.

한 수색이 허용되는 것은 체포를 하는 경찰관을 보호하고 피체포자가 체포의 원인이 되는 범죄에 관한 증거를 은닉하거나 멸실할 수도 있는 증거를 보존하기 위한 것인데, 만일 법을 집행하는 경찰관이 수색하려고 하는 곳에 피체포자가 접근할 가능성이 없는 상황에서는 체포현장에서의 영장 없는 수색에 대한 정당화사유가 결여되고 예외조항이 적용될 수 없다고 판시하였다.

Gant 판결은 체포에 수반하는 영장 없는 자동차 수색에 관하여 경찰의 실무에 적용될 새로운 2가지 기준을 제시하였다고 평가받고 있다.[60] ① Belton 판결에서 제시된 수색의 범위를 제한하고 재해석하는 것과 ② 체프에 수반한 수색을 시작할 수 있는 의심의 새로운 기준을 제시하였다는 것이다.

Gant 판결의 취지에 따른다면, 종래 빈번하게 사용되었던 탐색적 수색이 곤란하게 될 가능성이 있다. 이전에는 경미한 교통법규 위반이 있는 경우에도 경찰은 자동차를 정차시켜 조수석의 다용도박스를 수색하곤 하였다. 또한 자동차를 정차시키는 이유와 무관한 범죄에 대한 수사를 하기 위하여 자동차에 대한 정차, 체포, 체포현장에서의 수색을 자의적으로 사용할 광범위한 재량권을 가지고 있었던 것이 문제점으로 지적되었다.

다만, Gant 판결은 명확성이 부족하고 수사기관에 대한 실무상 기준을 제시하지 못했다는 비판을 받고 있다.[61]

또한 Gant 판결은 체포에 수반한 수색에만 적용되는 것이어서, 경찰관이 탑승객을 차 밖으로 나오도록 요구한 후 체포가 되지 않은 상태에서 수색이 이루어지는 경우에는 적용되지 않는다.

본 판결에서 설시된 체포의 원인이 되는 범죄에 대한 증거가 자동차에서 발견될 것이라고 믿을 만한 합리적인 이유가 있는 경우에만 수색이 가능하다고 할 때, '믿을 만한 합리적인 이유'는 종래의 '상당한 이유'(probable cause)

---

60 Devon M. Stiles, "Constitutional Law — Faded Lines: Another Attempt to Delineate Reasonableness in Automobile Searches Incident to Arrest; Arizona v. Gant, 129 S. CT. 1710 (2009)," 10 Wyo. L. Rev. 319, 320 (2010).

61 Stiles, 앞의 논문(2010), 331면. 상당한 이유를 단일한 기준으로 사용하여야 한다고 주장하고 있다.

또는 '합리적인 의심'(reasonable suspicion)과는 그 의미가 상이하다고 볼 때 명확한 기준이 제시된 것이 아니라는 비판이 가능할 것이다.

제 7 절 동의 수색의 일반원칙

Ⅰ. 동 의[62]

당사자가 동의한 경우에는 영장주의가 적용되지 않고 그에 따라 압수된 증거물은 증거로 사용된다. 이때 상대방의 동의는 임의적인 것이어야 하고, 무력이나 강박 또는 강요에 의한 것이 아니어야 한다. 동의는 명시적인 방법뿐만 아니라 묵시적인 방법으로도 가능하다. 예를 들어, 출입문의 열쇠가 존재하는 곳을 가르쳐주는 경우가 이에 해당한다. 동의에 의한 수색이 정당화되는 2가지 이유는 범죄를 처벌하여야 한다는 사회의 이익과 법집행기관에 협조하려는 개인의 이익이라고 할 수 있다.[63]

62 동의의 유효성을 인정하는 데 검토할 요소로 LaFave 교수는 14개의 요소를 나열하고 있다. Wayne R., LaFave, *4 Search and Seizure: A Treatise on the Fourth Amendment* (4th ed), Thomson/West, 2004, 50면 이하. ① 권한의 주장, ② 무력 또는 강제적 환경의 조성, ③ 수색영장 획득의 위협, ④ 선행하는 경찰의 불법행위, ⑤ 성숙성, 지적 교양, 신체적·정신적·감정적 상태, ⑥ 동의 거절의 전후, ⑦ 자백과 다른 협조, ⑧ 유죄 부인, ⑨ 수정헌법 제4조의 경고 또는 인식, ⑩ 미란다 경고, ⑪ 변호인의 조력, ⑫ 특정 행위에 의한 묵시적 동의, ⑬ 신분에 관한 기망, ⑭ 목적에 관한 기망.

한편 Brian A. Sutherland, "Whether Consent to Search Was Given Voluntarily: A Statistical Analysis of Factors That Predict the Suppression Rulings of the Federal Circuit Courts," 81 N.Y.U.L. Rev. 2192, 2198 (2006). 주관적 요소로 용의자의 나이, 교육, 지능, 영어 구사력, 용의자의 주취 상태, 전과, 거절권 존재의 고지 여부 등을, 객관적 요소로 구금의 시간, 경찰관의 반복된 질문이나 물리력의 남용, 경찰관의 위협이나 허위진술(misrepresentations), 경찰관이 흉기를 보여주거나, 다수 경찰관이 위세를 가하였는지, 용의자의 재산을 압류하였는지 여부 등을 열거하고 있다.

Strauss는 법집행의 효율성에 관한 정부의 이익은 결국 수정 제4조의 보호범위를 위축시킬 것이라고 언급하고 있다. Marcy Strauss, "Reconstructing Consent," 92 J. Crim. L. & Criminology 211, 260-261 (2002).

63 Mary I. Coombs, "Shared Privacy and the Fourth Amendment, or the Rights of

상당한 이유가 있는 경우라 하더라도 영장을 발부받을 시간이 없거나, 시간이 소요되는 절차를 회피하기 위하여 수사기관은 동의에 의한 수색을 실시하려는 경향이 있다.[64] 동의가 유효하다면 영장을 발부받을 필요가 없다.

경찰은 집 구내, 동산 혹은 신체를 수색할 개인의 동의를 받는다면 영장 없이 수색할 수 있다.

Ⅱ. 피고인은 그가 동의를 거절할 수 있음을 알 필요가 없다.

어떤 사람의 동의는 그 사람이 수색에 대한 동의를 거부할 권리를 가지고 있음을 알지 못한다 할지라도 유효하다.[65]

1. 자발적이어야 함

1973년 이전에는 동의를 하는 사람이 동의를 거부할 권리가 있다는 사실을 알고 수색에 동의한 경우에만 그 수색이 유효하다고 생각되었다. 그러나 Schneckloth 판결에 의하여 그 입장은 바뀌었다. 다만 동의가 유효하기 위해서는 강박이나 강제가 아닌 자발적이어야 한다.

그러나 법원은 자발성을 '상황의 총체성' 테스트에 의하여 측정하고 그녀가 동의를 거부할 권리를 가지고 있음을 알았는가 몰랐는가는 단지 자발성을 측정하는 한 요소일 뿐이라고 보고 있다.

연방대법원은 동의를 한 사람이 동의를 거절할 수 있는 권리[66]가 있다는

Relationships," 75 Cal. L. Rev. 1593, 1640 (1987).

64 미국에서는 영장 없는 수색의 90% 이상이 수정헌법 제4조의 예외인 동의에 의한 수색으로 이루어진다고 한다. Ric Simmons, "Not 'Voluntary' but Still Reasonable: A New Paradigm for Understanding the Consent Searches Doctrine," 80 Ind.L.J. 773 (2005).

65 Schneckloth v. Bustamonte, 412 U.S. 218 (1973). 6명이 타고 있는 승용차의 헤드라이트가 고장난 것을 발견한 경찰관이 그 승용차를 정지하도록 하였다. 그중 한 명인 Alcala에게 자동차 수색을 요청하였고, Alcala는 이에 동의하였다. 트렁크에서 도난된 수표가 발견되었고, Alcala가 아닌 Bustamonte가 절도죄로 기소되었다.

66 연방대법원은 피고인이 거절할 권리의 존재를 알지 못하는 한 동의는 무효라는 주장을

것을 몰랐다고 하는 것은 동의의 유효성을 판단하는 한 요소에 불과하다고 판시하였다. 그 동의가 강요된 것인지 임의적인 것인지 결정하기 위하여 동의자의 나이, 지식, 교육정도, 감정상태뿐만 아니라 동의를 확보하기 위한 수사기관의 책략도 종합적으로 고려하고 있다.[67] 즉 동의를 거절할 권리의 존재를 아는 것은 고려되어야 할 한 요소에 불과한 것이고, 유효한 동의의 필수조건(sine qua non)은 아니라는 것이다. 동의의 유효성을 판단하는 데 '상황의 총체성 이론(totality of the circumstances)'[68]을 적용한 것이다. 명시적이든 묵시적이든 동의가 강요에 의하여 이루어진 것이 아닌 이상 동의는 임의적인 것으로 파악한다.

동의에 의한 수색을 할 때 수색을 거절할 수 있는 권리가 있다는 것을 고지하여야 한다는 주장에 대하여, 동의에 의한 수색의 신속성에 비추어볼 때 세부적인 고지의무를 부과하는 것은 전적으로 비실용적이라는 것이다.

또한 미란다 원칙과의 비교에 대하여도 언급을 하였다. 즉 수색에 대한 동의는 전형적으로 불구속상태에서 이루어지므로 구속수사의 특징인 강압적인 분위기가 없다. 또한 불합리한 수색을 받지 아니한다는 수정 제4조는 공정한 재판을 받을 권리와 관계가 없는 반면, 묵비권을 행사할 수 있고 수사시에 변호인의 조력을 받을 권리는 공정한 재판을 받을 권리와 밀접한 관련이 있다는 것이다. 이에 따라 알면서 포기한다는 개념은 자백에는 적용된다

받아들이지 않는다. United States v. Drayton, 536 U.S. 194, 206 (2002); Ohio v. Robinette, 519 U.S. 33, 39 (1996). 물론 주 헌법에 따라 동의를 하는 사람은 수색에 대한 동의를 거절할 권리를 알고 있어야 한다는 것을 요구하는 경우가 있으나, 이는 주 헌법에 따른 것이고 연방헌법 차원에서는 요구되지 않는다. John M. Burkoff, "Search Me?," 39 Tex. Tech L. Rev. 1109, 1112 (2007).

67 Robert M. Bloom, Mark S. Brodin, *Criminal Procedure*(5th ed.), Aspen, 2006, 160면.

68 Ohio v. Robinette, 519 U.S. 33 (1996). 경찰은 차량의 운전자를 속도위반 혐의로 정차하도록 하였다. 경찰은 운전자의 면허증을 돌려준 다음 차 전체를 수색해도 좋겠냐고 물어보고 동의를 얻어 수색을 하던 중 마약을 발견하였다. 피고인이 수색을 거절할 수 있다는 말을 듣지 못하였다고 주장하였으나, 법원은 동의란 전체적인 상황에 대한 사실의 특정으로부터 결정되어야 한다고 판시하였다. 또한 경찰관들에게, 수색에 대한 동의가 자발적인 것으로 간주되기 전에 구금자들이 자리를 떠날 이유가 있다는 것을 항상 고지할 것을 요구하는 것은 비현실적이라고 판시하였다.

고 할지라도 수색에는 적용되지 않는다.

그러나 Schneckloth 판결에서 임의적인 동의의 기준이 주관적이어야 하는지, 객관적이어야 하는지에 대하여는 명백히 판시되지 않았다.

이러한 다수의견에 대하여 Brennan, Douglas, Marshall 대법관은, 자신에게 거부할 권리가 있다는 것을 알지 못한 사람이 수색에 임의적으로 동의를 하였다고 말하는 것은 터무니 없는 것이라고 반대의 견해를 표명하였다. 즉 어떻게 우리의 시민들이 헌법적 보장만큼이나 소중한 권리를 그 존재조차 알지 못한 채 제대로 포기할 수 있다고 하는 것인지 도저히 이해할 수 없다는 것이다.

또한 의사의 설명의무와 비교하면서 다수의견의 입장에 대하여 비판하는 견해[69]가 있다.

"의사의 경우에는 수술을 할 때 환자에게 '설명에 기한 동의의 원칙(doctrine of informed consent)'에 따라 수술의 본질, 향후 경과, 절차의 위험성, 예후 등에 관하여 환자의 동의를 받아야 하는데, 이는 의사의 절대적인 의무이다. 물론 환자에게 동의능력이 없고, 성년의 가족이나 친척이 동의를 할 수 없는 긴급상태로서 긴급하게 치료를 행하여야 할 상황이 있을 수는 있다. 그러나 인간은 스스로 자기 신체에 대한 의사를 결정할 수 있고(master of one's own body), 명시적으로 생명연장조치나 의학적 처치를 거부할 수 있다. 비록 의사가 수술이나 시술이 필요하다고 믿는다 할지라도, 이러한 의사의 판단이 환자 개인의 판단을 대체하거나 우선하여서는 아니되는 것이다. 이와 같은 의료인에게 효과를 미치는 의학적 원칙이 의료계의 기준이 된다면 헌법적 차원에서 인간 개개인은 스스로의 신체에 대한 주권자라고 할 수 있어야 한다는 것이다. 따라서 무지한 사람에 의한 수색에 대한 동의는 동의가 아닌 것이고, 신체·가옥·서류 및 동산에 대한 수색은 헌법상 불법행위를 구성하는 것이고 민사상 불법행위책임이 발생하는 것이다."

69 Christo Lassiter, "Consent to Search by Ignorant People," 39 Tex. Tech L. Rev. 1171, 1192 (2007).

2. 구금상태에서의 동의

사람이 구금된 상태에서 동의가 이루어진다 할지라도 그 사람이 그가 동의를 거부해도 된다고 듣지 못했다는 사실이 동의의 비자발성을 표현하는 것은 아니다.[70]

이는 미란다 원칙과 같은 어떠한 것도 — 피의자는 그가 침묵할 권리를 가지고 있음을 고지 받아야 한다 — 신체와 주거지를 수색할 것을 동의하는 구금된 피의자에게는 적용되지 않는다.

Watson 판결은 비록 피고인이 동의거절권에 대하여 고지 받지 못하였다고 하더라도, 마치 미란다 원칙과 유사하게 체포 담당공무원이 "내가 무엇인가 발견하게 된다면, 그것은 당신에게 불리하게 사용될 수 있다"라고 고지하였다는 사실에 부분적으로 영향을 받은 것이다.

또한 동의는 피고인이 구금된 상태에서 이루어졌지만, 동의를 한 장소가 고립된 교도소가 아니라 공공도로에서 행하여진 사실이 고려되었다. 이와 같은 사실이 전체적인 상황을 종합할 때 임의적인 동의로 볼 수 있는 상황으로 판단된 것으로 보인다. 다만, 밀폐된 공간에서 동의를 거절할 수 있다는 사실을 고지하지 아니하고 동의를 획득하였다면 동의의 효력이 무효로 결정되었을 가능성도 있다고 할 것이다.

3. 상당한 이유의 중요성

동의의 임의성을 결정함에 있어 수색에 대한 상당한 이유가 존재하는지 여부가 고려되어야 한다. 상당한 이유가 있다면 영장이 발부될 것이고, 동의에 의한 수색은 단순히 시간을 단축시키는 것에 불과하다.

---

70 United States v. Watson, 423 U.S. 411 (1976). 피고인은 음식점에서 체포되어 거리로 끌려나오게 되었고, 미란다원칙이 고지된 상태에서 신체수색을 받게 되었다. 그 후 인근의 차에 대한 수색을 위한 동의를 요구받게 되자 피고인은 이에 동의하였다. 연방대법원은 비록 피고인이 구금상태에 있었고, 동의거절권의 존재에 대하여 고지를 받지 못하였지만 그 동의는 임의적인 것이라고 판시하였다.

만일 상당한 이유가 부족하다면 수사기관은 영장에 의한 수색이 불가능할 상황에서 동의에 의하여 수색을 할 수 있게 되는 것이다.

따라서 상당한 이유가 없는 경우에는 동의의 유효성을 더 엄격하게 심사하는 것이 필요하다.

4. 비판론[71]

이와 같은 동의에 의한 수색에 대하여는 비판의 의견도 많은데, 임의성에 대한 법원의 심사기준이 모호하고, 경찰에 의한 수색의 동의가 있을 때 대부분의 시민들에게는 거부할 수 없는 요구가 되는 것이고,[72] 수색 동의에 의하여 수사기관이나 사법부에 대한 불신이 생겨나기 때문에 승낙동의의 이론은 잘못된 것이라는 비판[73]이 있기도 하다.

또한 통계적 분석을 한 후 동의 요건이라는 것이 용의자의 권리에 대한 효과적인 법집행의 필요성을 균형 맞추기 위한 법적 허구이라는 비판[74]도 있다.

헌법이론의 관점에서 보면, Schneckloth 판결을 정당화하기는 어려운데, 용의자가 권리의 존재를 모르는데 어떻게 그 권리를 포기할 수 있는지 이해할 수 없다는 것이다.

한편 경찰과 시민과의 현실적 관계를 고려하면 더욱 문제가 있다. 공항이나 공도에서 경찰관이 시민에게 정지를 명한다면 시민은 경찰관에게 자신을

---

71 Daniel L. Rotenberg, "An Essay on Consent(less) Police Searches," 69 Wash. U. L.Q. 175 (1991); Sutherland, 앞의 논문(2006), 2194면 각주 11 참조.

72 군대에서 상하계급 사이, 의사와 환자 사이, 선생과 학생 사이와 같이 권한의 불균형으로 인한 강요의 가능성 및 상황을 종합적으로 판단하여 임의성을 결정하는 어려움으로 인하여 동의에 의한 수색을 금지하는 것이 바람직하다는 견해도 있다. Strauss, 앞의 논문(2002), 271면.

73 Strauss, 앞의 논문(2002), 221면. 한편 동의나 자발성이라는 것이 형사절차에서는 '법적 허구(legal fiction)'라고 한다. David A. Sklansky, "Traffic Stops, Minority Motorists, and the Future of the Fourth Amendment," 1997 Sup. Ct. Rev. 271, 320-23, n. 241. 참조(Strauss, 위의 논문(2002), 244면 각주 125에서 재인용).

74 Sutherland, 앞의 논문(2006) 참조.

체포할 권한이 있거나 어떠한 혐의가 있지나 않을까 하고 걱정을 하게 된다. 이러한 우려는 그 시민이 아무런 잘못이 없는 경우에도 발생하게 된다. 따라서 경찰관이 수색에 대한 동의를 요구할 때 경찰관은 용의자에 대하여 확실히 심리적인 우위에 있게 되는 것이다. 또한 일반적으로 시민들은 상대적으로 경찰관보다 법을 잘 모르기 때문에 경찰관이 요구를 하면 시민들은 거절할 권리가 있다는 것을 잘 모르는 것이다. 게다가 경찰과 시민과의 권한의 측면에서 볼 때, 시민들은 경찰의 요구에 거절을 하기가 쉽지 않다.[75]

혹자는 경찰이 시민들에게 동의에 거절할 수 있다는 것을 고지해야만 한다면, 시민들이 수색에 대한 동의를 더 거절할 가능성이 높다고 주장할지도 모른다. 그러나 현실에서는 반드시 그렇지 않을 수도 있다.[76]

Marshall 대법관은 Schneckloth 판결의 반대의견에서 합리적인 사람이라면 경찰관이 사용하는 "해도 될까요(May I)"라는 말이 법의 힘에 뒷받침되는 요구의 정중한 표현일 뿐이라고 언급하고 있다.[77]

Schneckloth 판결의 대안으로 몇 가지 방법을 생각할 수 있다. ① 미란다 원칙의 경고와 같은 형식의 고지를 하는 방식, ② 수색에 대한 동의서를 징구하는 방법, ③ 수색에 대한 동의 과정을 비디오로 영상녹화하는 방법, ④ 미란다 원칙의 경고에 덧붙여 주관적, 문화적 강박요소를 고려하는 것,[78] ⑤ 수색에 대한 동의를 인정하지 않는 방법[79] 등을 생각해 볼 수 있다.

미란다 원칙을 고지한다고 하더라도 피의자들이 자신의 죄를 자백하는

---

75 Russell L. Weaver, "The Myth of 'Consent'," 39 Tex. Tech L. Rev. 1195, 1198 (2007).

76 United States v. Mendenhall, 446 U.S. 544, 548 (1980). 마약 밀매를 하는 여성인 Mendenhall에게 공항 중앙홀에서 마약단속반이 다가왔다. 마약단속반은 몇 가지 질문을 한 다음 신분을 밝혔다. Mendenhall은 완전히 떨리고, 극도로 긴장이 되어 말을 할 수조차 없게 되었다. 그 후 마약단속반이 공항에 있는 사무실로 가자고 하였을 때 Mendenhall은 아무런 말도 없이 사무실로 따라갔다. 경찰이 거부권을 고지하고 수색에 동의하겠냐고 문의하자, Mendenhall은 그렇게 하라(Go ahead)고 대답을 하였고, 마약이 발견되었다.

77 Weaver, 앞의 논문(2007), 1201면.

78 Strauss, 앞의 논문(2002), 256면.

79 Strauss, 앞의 논문(2002), 258면.

것처럼, 동의권의 존재를 고지하거나 동의서를 징구한다고 하더라도 용의자들이 반드시 수색에 대한 동의를 거절할 것도 아니고, 이후의 절차에서 수색으로 인하여 획득한 증거에 대한 효력의 다툼이 없어지는 것은 아닐 것이다.

Ⅲ. 수색할 것을 요청

수색에 동의하는 것이, 만일 그 사람이 동의를 하지 않을 경우 경찰이 그녀에게 수색할 권한을 가지고 있거나 가지게 될 것이라는 것을 말한 후에, 수색에 대한 동의를 얻은 경우를 생각할 수 있다. 이에 대해 법원은 일반적으로 현재권한의 잘못된 주장과 미래행동의 위협을 구별한다. – 현재권한의 잘못된 주장은 미래행동의 위협보다 동의의 자발성을 더욱 무효로 한다.

1. 현재권한의 잘못된 주장

동의가 있었는지 여부를 불문하고 수사기관 종사자가 수색권한을 가지고 있다거나 또는 장래에 수색권한을 취득할 것이라고 언급한 후에 동의가 획득되었다고 가정해 보기로 한다.

연방대법원은, 수사기관이 현재 수색영장을 가지고 있다고 허위의 진술을 한 후에 동의를 획득하였다면 그 동의는 효력이 없다고 명시적으로 판시[80]하였다.

판결의 내용은 경찰관의 수색권한이 있다는 말에 내재하는 강요에 근거하는 것이다. 수사기관 종사자가 영장에 기하여 수색의 권한이 있다고 말을

80 Bumper v. North Carolina, 391 U.S. 543 (1968). 4명의 백인 노스캐롤라이나 경찰관이 흑인 미망인의 손자가 관련된 강간사건을 조사하기 위하여 미망인의 집에 도착하였다. 경찰관들은 수색영장이 있다고 말을 하였고, 그러한 경우에 수색을 할 수 있다그 미망인은 대답하였다. 경찰관들은 그들이 조사하는 사건에 대하여 일체 말을 하지 않았고, 그녀의 손자가 관련되어 있다는 말도 하지 않았다. 비록 나중에 유효한 영장이 발부되었다고 주장하기는 하였으나, 증거배제절차에서 검찰은 어떠한 영장에 관한 주장도 하지 않았다. 사건이 연방대법원에 계속되었을 때 동의의 유효성만이 쟁점이었을 뿐, 어떠한 영장의 존재와 유효성에 대하여 심리되지 아니하였다.

한다는 것은, 거주자가 수색에 거부할 권리가 없다는 것을 말하는 것이다. 이러한 상황은 외관상으로는 합법적인 강제라 하더라도, 분위기는 강압적이다. 강요가 있는 곳에 동의는 없다.

야간에 수많은 경찰관들이 수색을 하겠다고 요구하는 경우에도 강요가 있다고 볼 수 있다.[81]

2. 무효인 영장을 언급하여 동의를 이끌어냄

경찰이 수색영장을 가지고 있다고 말을 하였으나, 영장이 무효인 경우(명확성이 결여되거나, 상당성이 없는 경우 등)에는 그 동의는 효력이 없다. 동의를 한 사람이 체포되어 있는 경우에는 더욱 그러하다. 그러한 동의는 외관상 법적 강요에 직면하여 행하여지는데, 임의성이 있다고 간주되어서는 아니된다. 즉 무효인 수색영장임에도 불구하고 수색영장이 있다고 말을 하고 동의를 얻은 경우에 이 동의는 임의적인 동의가 아닌 것이다.[82]

3. 영장을 획득할 것이라는 위협

경찰이 현재 영장을 가지고 있다는 말을 하지 않았으나 동의를 하지 않으면 영장을 발부받겠다고 말을 한 경우에는 경찰이 실제로 영장을 발부받을 근거를 가지고 있느냐에 따라 결정된다.

경찰이 근거를 가지고 있는 경우에 영장을 발부받겠다는 말이 수색을 받는 사람의 동의에 대한 효과를 훼손시키는 것은 아니다.

그러나 영장을 발부받아 오겠다는 말에 근거가 없는 경우, 근거가 있는지의 문제에 대한 기망에 이르게 되는데, 이때 영장을 발부받겠다는 위협은 동의의 효과를 무효화시킨다.

경찰이 피고인의 차량을 정차시킨 후 마약 냄새를 맡게 되어 수색에 동의할 것을 요구하였으나 동의를 얻지 못하게 되면, 당사자에게 동의를 하지

81 Harless v. Turner, 456 F. 2d 1337 (10th Ci. 1972).
82 Lo-Ji Sales, Inc. v. New York, 442 U.S. 319 (1979).

않으면 수색영장을 발부받겠다고 말을 하게 되는 경우가 있다. 수색영장을 발부받아 올 때까지 차를 운전하지 못하게 하겠다고 하면 대부분의 경우 피고인은 마지못해 동의를 하게 된다. 이러한 경우 당사자의 동의는 유효하다고 보기 어렵다. 경찰이 피고인에게 수색에 동의를 하거나 수색영장을 발부받아 올 때까지 기다리겠느냐고 형식적으로 선택의 기회를 주었으나, 이는 경찰관이 불법적으로 차를 정차시킨 후에 얻은 증거라고 할 것이므로, 그 동의가 임의적인 것이라고 할 수 없으므로 무효이다.[83]

Ⅳ. 신분을 잘못 나타냄

영장이 있다고 허위의 말을 하는 것 외에도 경찰은 동의를 얻기 위하여 다른 종류의 기망을 하기도 한다. 경찰관의 신분을 속이거나 목적을 기망하는 것 등의 경우를 말한다. 경찰이 비밀스럽게 행동함으로써 그들의 신분을 잘못 전달한 경우, 이러한 속임수가 동의의 효력을 손상시키는 것은 아니다.

비밀요원으로 근무를 하는 경찰공무원은 자신의 신분을 노출시키지 않고 용의자의 가옥 등에 진입하여 용의자의 허락하에 관찰을 하기도 하는데, 이는 유효한 동의라 할 수 있다.[84] 그러나 피고인과 알고 지내는 경찰관의 정보원이 손님으로 가장하여 들어가 초대받은 목적을 넘어 몰래 조사를 한 경우에는 유효한 동의가 아니다.[85] 경찰이 신분을 숨기지는 않았지만, 의도를 달리 표현한 경우에 대한 연방대법원의 판결은 없다.

살인용의자로부터 제3자에게 총을 매도해주겠다고 하여 총을 매도한 후

83 State v. Williamson, 772 P.2d 404 (Or. 1989).
84 Lewis v. United States, 385 U.S. 206 (1966). 연방마약수사관이 피고인에게 마약을 구입하겠다고 제의하여 피고인의 주거지에서 마약거래가 이루어졌다. 연방대법원은 이 경우에 수정 제4조 위반이 아니라고 판시하였다. 피고인이 마약판매라는 중죄를 범할 구체적인 목적으로 비밀요원을 그의 집으로 초대하였고, 더구나 비밀요원은 피고인이 불법거래의 필수적 부분으로 생각한 어떠한 것도 보고, 듣고, 가져가지 않았기 때문이다.
85 Gouled v. United States, 255 U.S. 298 (1921).

구입자로부터 총기를 빌려 총기 검사를 하여 살인혐의 여부를 조사한 경우, 피고인이 경찰에게 총을 건네준 의도는 유효하다. 함정수사와 유사하다고 볼 수 있기 때문이다.[86]

[예] 경찰이 평상복장을 하고 미터기를 확인하러온 전기회사 직원을 가장하여 피고인의 집에 들어간다. 피고인은 위장을 믿고 경찰을 피고인의 지하로 안내한다. 미터기를 확인한다는 취지를 말하고, 경찰은 일반적 관찰 원칙에서 지하에 있는 유죄의 증거를 탐지한다. 피고인은 속았음에도 불구하고 경찰의 진입을 동의한 것으로 여겨진다.

Ⅴ. 수색의 물리적 범위

피고인의 동의가 특별한 물리적 영역에만 적용된다고 해석하는 것이 타당할 경우 그 영역을 넘어서는 수색은 동의 속에 포함되지 않는다. 그리고 영장의 필요조건에 대한 다른 예외조항에 해당하지 않는다면 무효가 된다.

동의에 의한 수색은 영장주의의 예외에 해당하는 것으로 상당한 이유가 반드시 필요한 것이 아니므로, 일반영장의 폐해를 방지하기 위하여 동의에 의한 수색의 범위를 합리적으로 제한하는 것이 필요하다.[87] 통상 동의의 효력이 문제가 되는 것은 동의의 범위를 벗어나서 수사기관이 수색을 실시하기 때문이다. 법원은 동의의 범위를 벗어난 수색의 효력을 좀처럼 인정하지 않는다.[88]

경찰이 마약을 발견하기 위하여 동의를 받아 피고인의 가옥을 수색하였

---

86 Commonwealth v. Brown, 261 A.2d 879 (Pa. 1970).

87 Russell M. Gold, "Is This Your Bedroom?: Reconsidering Third-Party Consent Searches Under Modern Living Arrangements," 77 Fordham L. Rev. 365, 380 (2008).

88 합리적인 개인이 신체에 대한 수색에 동의하였다고 하더라도 생식기를 만지는 것에 대한 수색에 동의를 한 것은 아니다. United States v. Blake, 888 F. 2d 795 (11th Cir. 1989) ; 피고인의 신분을 확인하기 위하여 아파트를 둘러보기 위한 진입이 아파트에 대한 철저한 7시간의 수색을 허용하는 것은 아니다. United States v. Towns, 913 F. 2d 434 (7th Cir. 1990) ; 신체 수색에 대한 동의는 피고인의 가랑이(crotch) 부분에 대한 수색을 허용한다. United States v. Rodney, 956 F. 2d 295 (D.C. Cir. 1992).

는데 수색 도중에 개인적인 문서를 조사한 경우에는 서류의 압수에드 불구하고 동의는 효력이 없다.[89]

피의자 또는 승낙할 권한이 있는 자의 동의가 임의성이 있다고 하더라도, 그 이후에 집행되는 수색에서 발견된 증거가 모두 증거능력이 있다고 볼 수는 없다. 즉, 동의가 있다고 하더라도 수색은 시기, 물리적 범위 등에서 주어진 동의의 범위를 벗어날 수는 없는 것이다. 그러나 그 기준은 동의를 하는 자나 수사기관의 주관적인 판단에 의한 해석에 의해서가 아니라 객관적인 제3자의 합리성에 의하여 결정되어야 한다.

만일 피의자가 수색에 대하여 일반적인 승낙을 하였다면, 피의자는 나중에 그 수색이 자신의 승낙의 범위를 초과한 것이라는 주장을 하지 못한다. 그러나 피의자가 자신이 체포된 상태였다고 잘못 생각하여 수사기관의 수색에 대하여 이의를 제기하거나 거부의 의사를 명확하게 표시하지 아니하였다면 피의자의 침묵이 광범위한 수색에 대한 동의로 간주되어서는 아니된다.

수사기관은 주거나 자동차와 같이 특정한 장소를 수색하는 것에 관심이 있다. 수색에 대한 동의가 일반적이고 제한이 없는 것이라면 수사기관은 특정 장소에 대하여 일반적인 수색을 실시할 수 있다. 그러나 이는 사후절차에서 동의의 범위에 대하여 다투어질 수 있다.

특정한 물건을 수색하겠다고 하여 동의를 받아 특정 증거물을 확보하였음에도 불구하고 계속 수색을 실시하여 별건에 관한 증거물을 압수한 경우에는 추가로 수집한 증거에 대하여 증거능력을 인정하기 어렵다.

수사기관이 피의자에게 차량에 있을지 모를 마약을 수색한다고 하여 동의를 받은 경우에는 마약이 들어 있을지도 모를 가방에 대한 수색에 동의했다고 해석하여도 될 것이다. 만약 사람을 찾기 위하여 가옥을 둘러보는 것에 대하여 동의를 한 경우라면 사람이 숨어 있을지도 모를 장소에 대한 수색만 허용된다고 본다.

89 United States v. Dichiarinte, 445 F.2d 126 (7th Cir. 1971).

[예] 경찰이 어떤 증거를 찾기 위해 피고인의 거실을 수색하도록 허락해 줄 것을 피고인에게 요청한다. 피고인은 좋다고 대답한다. 경찰은 부엌과 지하실에 들어가 유죄의 증거를 발견한다. 경찰관은 수색에 대한 동의의 범위를 넘었기 때문에 수색영장의 필요조건에 대한 다른 예외조항이 적용되지 않는다면 그 증거는 채택되지 않는다.

1. 일반적 관찰원칙의 예외 (plain view)

그러나 영장의 필요조건에 대한 일반적 관찰의 예외가 있음을 유의할 필요가 있다.

경찰이 동의를 받은 지역에 대하여만 수색을 진행하다가 동의를 받지 않은 지역에서 plain view에 의하여 특정물을 발견한 경우에는 다른 기망 내용이 없다면 plain view 원칙에 따라 압수할 수 있다.[90]

2. 동의의 방법

동의의 방법에는 제한이 없다. 따라서 명시적 또는 묵시적으로도 가능하다. 서면동의도 가능하다. 동의를 한 사람이 주취상태에 있거나, 마약 복용 후 완전히 깨지 않은 상태이거나, 정신적 스트레스나 극심한 걱정을 하고 있는 상태이더라도 임의적으로 획득된 동의의 효력을 무효화시키지 못한다.

단순한 침묵 또는 수색에 반대하지 않은 것만으로는 반드시 동의에 이르렀다고 보기 어려운 경우가 있다. 상대방이 어깨를 으쓱한 것은 동의를 표시한 것이라기보다는 무관심이나 체념으로 보아야 할 경우가 있을 수 있다.

결국 수사기관의 동의 요구에 대하여 당사자가 단순히 침묵하거나 모호한 태도를 보였을 때, 이를 동의에 대한 승낙으로 판단할 것인가의 문제가 발생하는데, 이러한 경우에는 상황의 총체성 이론에 의하여 모든 사정을 고려하여 판단하여야 한다.

---

90 Bretti v. Wainwright, 439 F.2d 1042 (5th Cir. 1971).

3. 차량 안의 잠겨진 상자

때때로 동의의 범위가 명백하지 아니한 경우가 있다. 차량 운전자가 자신의 차량에 대한 수색에 동의를 한 경우에 차 안에 있는 잠겨진 상자에 대한 동의도 있다고 볼 것이냐 하는 문제가 발생한다. 차량 소유자가 다른 의사를 명백히 하지 아니한 경우에 이와 같이 차량의 수색에 동의한 사람은 차 안에 있는 잠겨진 상자에 대한 수색도 동의하였다고 보아야 한다.[91] 이러한 경우, 수사기관이 트렁크 안에 있는 잠겨진 가방을 손괴하고 수색을 할 것까지 동의한 것으로 보기는 어렵다.

그러나 이러한 경우에도 잠겨진 상자를 열 수 있는 것은 동의를 한 사람이 소유한 물건에 한정된다. 잠겨진 상자가 승객의 소유인 경우에는 비록 차량의 소유자가 차와 그 내용물에 대한 수색에 동의를 하였다고 하더라도 동의의 효력이 미치지 못한다.[92]

4. 2차 수색 여부

경찰이 수색에 대한 동의를 획득하여 수색을 실시하였으나 증거물을 확보하지 못한 경우에 새로운 동의를 얻지 아니하고 다시 수색을 할 수 있느냐 하는 점이 문제가 된다.

수색에 대한 동의가 자동차에 대한 것이고, 최초의 동의 이후에 피고인이 구금된 경우 차량이 압수된 이후 최초의 수색으로부터 몇 시간이 경과한 제2

---

91 Florida v. Jimeno, 500 U.S. 248 (1991). 피고인이 마약거래와 관련된 통화를 한다는 것을 공중전화에서 듣게 된 경찰관이 피고인의 차를 따라갔다. 피고인이 적색 신호에서 불법 우회전을 하는 것을 발견하고 피고인의 차를 정지시켰다. 경찰관은 피고인에게 차량 수색에 동의할 것인가를 문의하였는데, 예상과 달리 피고인이 동의를 하였다. 경찰관은 갈색 종이가방에서 코카인을 발견하였다. 피고인은 차량 안에 있던 닫혀진 종이가방에는 동의의 효력이 미치는 것이 아니라고 주장하였다. 법원은 피고인의 차량에 대한 일반적 동의는 경찰관으로 하여금 닫혀진 종이가방을 열 수 있는 권한을 부여한다고 판시하였다.

92 People v. James, 645 N.E.2d 195 (Ill. 1994).

차 수색은 유효하다.[93] 그러나 수색에 대한 동의가 동의자의 주거에 대한 것이고, 2차 수색은 최초 수색의 하루 후에 실시되었고, 그 사이에 피의자가 기소되어 피고인이 된 경우에는 최초 수색의 동의가 2차 수색을 정당화시켜주는 것은 아니다.[94]

5. 동의의 철회

수색에 대한 동의를 철회할 수 있는가에 대하여 견해가 나뉘어질 수 있다.

일단 동의를 하여 수색에 착수한 후에는 동의를 철회할 수 없다는 견해가 있을 수 있으나, 원칙적으로 철회가 가능하다고 해석하여야 할 것이다. 동의의 철회를 제한하는 법적 근거는 없다. 수색에 대한 동의는 헌법상 권리의 포기라기보다는 불행사로 해석할 수도 있다. 동의의 철회는 수색이 시작되기 전에도 가능하고, 수색이 진행 중인 때에도 가능하다. 동의 철회의 방법도 제한이 없다. 따라서 수사관이 가지고 있는 물건을 낚아채거나, 수색 시작 전에 "안돼요, 기다려요"라고 말을 하거나, 수색 진행 중에 트렁크나 승용차의 문을 닫는 행위 등이 이에 해당할 수 있다.

따라서 수색이 진행 중인 경우에 동의를 철회하면 수색을 더 이상 진행하여서는 아니된다.[95] 이때 이미 수색하여 압수한 증거물을 반환하여야 할 것인가에 대하여 문제가 될 수 있는데, 이미 압수한 것은 돌려줄 필요가 없다고 본다. 개인의 번의에 의하여 수사기관의 공권력 작용이 좌우되어서는 안되기 때문이다. 동의가 철회되기 전에 발견된 증거물은 증거능력이 있으므로 법정에서 피고인에게 불리하게 작용할 수 있다.

피의자가 자동차에 대한 수색에 동의를 하여 수색을 실시하였는데 증거물을 발견하지 못하였으나, 자동차를 압수하여 수사기관으로 자동차를 가지고 온 후에 다시 수색을 하여 증거물을 발견한 경우에는 증거능력이 있다고

93 People v. Nawrocki, 148 N.W. 2d 211 (Mich. Ct. App. 1967).

94 State v. Brochu, 237 A.2d 418 (Me. 1967).

95 United States v. Ho, 94 F. 3d 932 (5th Cir. 1996).

보아야 한다.

구두로 동의를 하였는데 서면 동의서를 요구하자 이에 불응한 경우 그 때까지의 동의는 유효한 것으로 보아야 할 것이다. 서면동의서에 서명을 하지 않겠다고 하여 동의를 철회한 것으로 보기는 어렵다.

엑스레이 검문대를 이미 통과한 경우 및 재소자의 경우에는 수색에 대한 동의를 철회할 수 없다. 동의가 철회되었는지 여부에 대하여는 사후에 다투어질 가능성이 높으므로 명확한 기준을 설정하기는 어렵지만, 서면동의서를 제출받거나 증인을 확보하는 등의 방법으로 사후의 분쟁을 예방하기 위한 조치를 취하는 것이 바람직하다.

6. 서면동의서

수색에 대한 동의가 유효하기 위하여 반드시 서면동의서가 있어야 하는 것은 아니다. 서면동의서가 있다는 것은 상황의 총체성 이론에 의하여 동의의 임의성을 판단하는 한 요소에 불과하다.

수사기관이 자기의 소지품을 수색하겠다고 할 때 흔쾌히 동의를 할 사람은 별로 없을 것이다. 수사기관의 명백한 강요나 억압이 없지만, 당사자가 마지못해 동의를 한 경우에 그 효력을 인정할 것인가 하는 문제가 발생한다.[96]

당사자가 수색에 대한 동의요구서에 서명을 하면서 '마지못해'라는 문구를 기재하였다고 하여 그 동의가 임의적인 것이 아니라고 볼 수는 없다.[97]

동의를 한 사람이 언어적으로 문제가 있다고 하더라도, 몇몇 법원에서는

96 Stephen A. Saltzburg, Daniel J. Capra, *American Criminal Procedure*, Thomson/West, 2004, 461면.

97 United States v. Rivas, 99 F. 3d 170 (5th Cir. 1996). Rivas는 수사기관으로부터 가옥에 대한 수색을 위한 동의서 작성을 요구받았다. 그는 동의서 용지에 서명을 하면서, 서명 뒤에 '마지못해(reluctantly)'라는 문구를 기재하였다. 나중에 그는 자신의 동의가 임의적인 것이 아니라고 주장하였으나, 법원은 그가 서명 뒤에 기재해 넣은 문구를 근거로 오히려 그가 동의에 거절할 권리가 있다는 것을 인식하였다는 이유로 그의 주장을 받아들이지 않았다.

동의가 임의적으로 획득된 것이라고 판시하고 있다.[98]

7. 동의거절의 효과

수사기관으로부터 수색에 대한 동의를 요구받았으나, 당사자가 동의를 거절하면 의심스러운 것으로 판단하여야 할 것인가의 문제가 발생한다.

수색에 동의를 하지 않으면 피의자를 구금하거나 다른 조사기법을 사용할 수 있는 합리적인 의심을 수사기관에서 가지도록 하는 근거가 된다는 견해가 있을 수 있다. 수사기관의 입장에서는 동의를 요구받고도 거부를 하면 당사자가 무엇인가를 숨기고 있다고 생각할 수도 있을 것이다.

한편으로는 수색을 거부하였다고 하여 피의자에게 불리하게 작용하여서는 안 된다는 견해도 있다. 시민이 수색 동의에 거절하였다고 하여 불이익한 처분을 받는다면 시민은 결코 자유롭게 거절할 수 있는 권리를 갖지 못하는 것이기 때문이다.

수색에 대한 동의를 하지 아니하였다고 하여 처벌을 받아서도 안 되고, 영장 없는 수색에 대한 소극적인 동의의 거절을 이유로 하여 형사적으로 무엇인가를 잘못하였다는 것으로 간주하여서는 안 된다.[99]

따라서 동의의 거절이 상당한 이유를 구성하여서도 안 되고,[100] 합리적인 의심(reasonable suspicion)에 이르러서도 안 된다.[101] 또한 동의에 대하여 거절한 것이 수색영장을 발부받는 데 고려되어서는 안 된다는 판례[102]도 있다.

---

98 United States v. Cedano-Medina, 366 F. 3d 682 (8th Cir. 2004).

99 United States v. Prescott, 581 F. 2d 1343 (9th Cir. 1978).

100 Longshore v. State, 399 Md. 486, 924 A. 2d 1129 (2007). 개인이 자신의 차량에 대한 동의 수색에 거절하는 헌법상 권리를 주장하였다고 하여 그것이 유죄의 증거로 사용되어서는 안 된다.

101 United States v. Freeman, 479 F. 3d 743 (10th Cir. 2007).

102 Miley v. State, 279 Ga 420, 614 S.E. 2d 744 (2005). 피고인이 자신의 가옥에 대한 동의 수색을 거절하는 것은 누구에게나 보장된 헌법상 권리를 행사하는 것이고, 수색영장을 발부하는 상당한 이유를 나타내는 선서진술서의 충분성을 평가하는 데 고려되어서는 안 된다.

8. 신뢰의 결정 문제

수색에 대한 동의가 있었느냐의 여부가 법정에서 문제가 될 경우에는 항상 누구의 진술을 더 신뢰할 것인가의 문제가 발생한다.[103]

수사기관의 입장에서는 정중하게 피고인에 대하여 수색에 동의해 줄 것을 요구하였고, 임의적인 동의를 받았으며, 수색을 거절할 수 있는 권리를 고지하였다고 주장할 것이다. 이에 반하여 동의 수색으로 획득된 증거의 증거능력을 배제하고자 하는 피고인의 입장에서는 동의에 대한 요구를 받은 일이 없고, 동의를 하였다고 하더라도 임의적인 동의가 아닌 강박에 의한 동의였다고 주장할 것이다.

이와 같이 상반되는 당사자간의 주장 이외에 아무런 판단 자료가 없는 경우에는 결국 누구의 진술을 더 신뢰하는가에 따라 동의 수색에 의하여 획득된 증거물의 증거능력이 결정되게 될 것이다. 이러한 경우 미국에서는 주로 수사기관의 진술을 더 신뢰한다고 한다.

제8절 제3자에 의한 동의

Ⅰ. 문제의 제기

현대의 경제생활에 있어 경제적인 이유로 혼자 살 권리를 누리지 못하고 타인과 함께 주거를 공동으로 사용하는 경우가 증가하고 있다. 가족인 경우를 제외하고 주거를 공유한다고 하여, 소유물이나 주거의 모든 부분에 대한 프라이버시를 포기한 것은 아니다. 경제적인 능력에 따라 주거형태가 달라질 수 있는데, 단독가옥인지 공동생활을 하는 장소인지에 따라 프라이버시의 보호범위가 상이하다면 이는 결국 경제적인 격차에 따라 헌법적 기본권의 보호

103 Saltzburg, Capra, 앞의 책, 470면.

범위가 달라진다는 결론에 이를 수 있다. 제3자 동의의 유효성에 관하여 최초로 직접적으로 언급한 사례는 Chapman 판결[104]이다.

경찰이 다른 사람의 재산을 수색하기 위해 어떤 사람의 동의를 구하는 경우, 즉 다른 사람이 가지고 있다고 예측되는 사생활에 관한 권리와 관련된 지역을 수색하고자 하는 경우 제기되는 다음의 문제에 살펴본다. 첫 번째 사람이 자발적으로 동의하였다는 단순한 사실이 경찰이 수색을 할 수 있고, 두 번째 사람에 대하여 불리한 증거를 제시할 수 있다는 것을 의미하지는 않는다.

일반적으로 A는 B의 사생활을 침해할 수색에 동의하지 않을 수 있다. 단지 특별한 상황이 존재(예를 들어, A와 B 모두 그 구역에 대한 권한을 가지고 있는 경우)하는 경우 A의 동의가 B를 구속하는 영향력을 미친다.

Ⅱ. 공동 권한

공동소유자, 공동의 사용권한을 가진 사람[105]은 다른 공동소유자의 물건, 다른 공동사용권한자의 물건에 대한 수색에 동의를 할 수 있다.

공동의 접근권이나 통제권이 있다는 것은 반드시 재산권적 이론에 의하

104 Chapman v. United States, 365 U.S. 610 (1961). 피고인에게 주거를 임대한 임대인이 임대한 집에서 알콜을 증류하는 냄새를 맡게 되었다. Chapman의 집에 노크를 하였으나 아무런 대답이 없자, 경찰은 임대인의 허락을 받아 집에 들어갔다. 그 안에서 경찰은 불법 증류기를 발견하였다. 정부측의 입장에서는 수색이 불법이 아님을 주장하면서, 재산법상 재물에 대한 임대인은 경찰로 하여금 주거에 들어갈 권리가 있다고 주장하였다. 연방대법원은, 임대인은 임차인의 주거에 경찰이 수색을 하는 데 동의할 권한이 없다고 판시하였다. 이러한 경우 주인에게 동의할 권한이 있다고 한다면 수정 제4조의 보호는 무의미할 것이고, 임차인의 주거의 안정은 임대인의 재량에 맡겨지게 된다고 판시하였다. 이 판결은 경찰이 영장을 발부받아 수색을 하여야 하고, 시간적 여유가 충분함에도 불구하고 임대인의 동의가 있으니 충분하다고 생각하고 수색을 한 것에 과오가 있다는 취지이다.

105 United States v. Matlock, 415 U.S. 164 (1974). 피고인과 함께 방을 사용하는 피고인의 배우자 동의는 피고인에게 효력이 있다. 동거하는 사람이 그 자신의 권리에 의하여 수색을 승낙할 수 있는 권한을 가진다고 하는 것은 합리적이다.

여 결정되는 것이 아니라, 공동의 사용권한이 있느냐 여부에 의하여 결정된다. 공동의 권한이 있는 경우 한 사람의 동의만 획득하면 영장 없이 수색을 할 수 있고, 이 수색을 통하여 취득한 증거는 실제로 동의를 하지 않은 다른 사람에 대하여 불리한 증거로 사용될 수 있다.

만일 제3자와 피고인이 집 구내에 공동으로 권한을 가지고 있다면, 수색에 대한 제3자의 동의가 피고인을 구속할 것이다

[예] 피고인과 X가 룸메이트이고 피고인에 대한 마약검사에 사용될 증거를 찾아 거실을 영장 없이 수색한다. 피고인이 없는 동안 경찰은 X에게 "당신 거실을 수색해도 좋겠습니까?"라고 묻고, X가 동의한다. 경찰이 발견할 수 있는 어떠한 증거도 피고인에 불리하게 사용될 수 있다. 왜냐하면 X는 거실에 대하여 공동으로 권한을 가지고 있기 때문에 그의 동의는 피고인에게 불리하더라도 유효하기 때문이다.

1. 제한된 지역

그러나 이러한 공동권한 원칙은 제3자가 수색될 특별한 지역에 대한 권한을 가지고 있는 경우에만 적용된다

[예] 위 예의 사실에 근거하여, 만일 경찰이 피고인의 침실을 수색하기를 원했다면, 피고인이 X와 침실을 공동으로 사용하지 않는 경우, X의 동의는 그러한 수색에 무효가 된다.

2. 공동권한에 대한 근거 있는 실수

수사기관이 공동권한자임을 잘못 알고 동의를 받았으나 그러한 실수가 합리적으로 이해되는 경우에는 동의가 유효하다. 즉 경찰이 상당한 이유가 있지만 실수로 그 지역에 대한 공동권한을 가지고 있다고 믿는 사람에 대한 동의를 받아 이루어진 수색은 합리적인 이유가 있으므로 유효하다.[106]

---

106 Illinois v. Rodriguez, 497 U.S. 177 (1990). 이 사건은 합리적 실수가 얼마나 경찰관의 동의 수색의 범위를 확장시켜 주는지 보여준다. Gail Fischer는 경찰관에게 자신이 피고인으로부터 폭행을 당하였다고 말하고, 피고인은 South California에 있는 '우리' 아파트에 있으므로 함께 가서 피고인을 체포해 달라고 요구하였다. 경찰관은 그 아파

3. 권한 없는 사람

임대물건의 소유자인 임대인은 임차인이 사용하는 거주지에 대한 동의를 할 수 없다. 호텔에 투숙한 손님이 부재 중인 상태에서 지배인의 동의,[107] 일시 거주자(overnight guest)에 의한 동의, 권한 없는 자에 의한 동의 등은 유효한 동의가 아니다. 동거하는 여자 친구가 피고인의 컴퓨터에 접근하여 사용할 수 있을 권한이 있었을 뿐이라면 압수에 동의할 권한은 없다.[108] 제3자의 동의가 유효한 이유는 수색되는 물건에 대한 공동권한에 의하여 사생활의 기대가 감소하는 데 있는 것인데, 제3자가 압수에 동의할 권한까지 있다고 보기는 어렵다. 물건에 대한 접근과 통제를 부여받은 사람이 그 권한을 일탈하여 권한을 부여한 사람의 재산권에 대한 소유권 또는 점유권을 침해하여 이를 박탈하게 할 수는 없는 것이다.

동의하는 사람이 그 지역에 대하여 공동권한을 가지고 있지 않는 경우의 공동권한 사건의 경우는 그 결과가 반대이다. 그리고 그 상황은 어떤 사람이 다른 사람의 사생활침입에 동의해서는 안 된다는 일반규칙에 대한 어떤 다른 예외규정에도 해당되지 않는다. 동의가 우연히 그 주거지에 있는 사람(권한이

트를 수색하거나 피고인을 체포할 수 있는 영장을 발부받지 않은 상태에서 Fischer와 함께 그 아파트로 가서 Fischer로부터 수색의 동의를 받고 Fischer로 하여금 열쇠로 문을 열게 한 후에 집안에서 코카인을 발견하였다. 당시 피고인 Rodriguez는 아파트에서 자고 있었기 때문에 경찰이 아파트에 들어오는 것을 알지 못하였다. Fischer가 그 아파트에 몇 주간 살지 않았고, 경찰의 진입에 동의할 법적 권한이 없다는 것이 나중에 밝혀졌다.

107 Stoner v. California, 376 U.S. 483 (1964). 경찰은 강도용의자를 찾고 있었다. 경찰은 Stoner가 호텔에 숙박하고 있는지 문의하였고, 호텔의 야간 종업원(night clerk)은 피고인이 현재 호텔에 없다고 대답하였다. 경찰은 왜 피고인을 찾고 있는지 설명을 하였고, 종업원은 손님의 방을 수색하도록 경찰에게 승낙을 하였다. 연방대법원은 이러한 경우 종업원이 피고인의 연방 수정헌법 제4조에 의한 권리를 포기할 수 있는 권한이 없기 때문에 이 사건에서 실시된 수색은 불합리한 것이라고 판시하였다. Stoner 판결과 Chapman 판결에서는 재산권적인 입장에서 판시가 이루어졌지만, Katz v. United States, 389 U.S. 347 (1967) 판결에서는 프라이버시의 기대에 의하여 판시가 이루어졌다.

108 State v. Lacey, 349 Mont. 371, 204 P. 3d 1192 (2009).

없는 사람)에 의해 이루어진 동의는 무효이다.

[예1] X는 피고인의 집에 하룻밤 손님으로 머물고 있다. 피고인이 집을 비운 동안 X는 경찰에게 자신이 손님일 따름이라는 것을 설명하며, 경찰이 집을 수색하는 데 동의한다. 수색으로 인하여 피고인이 불리해지는 것은 효력이 없다. 왜냐하면 X는 그 구내에 대한 공동권한을 가지고 있지 않고 경찰은 X가 그러한 권한을 가지고 있다고 착각할 만한 상당한 이유도 없기 때문이다.

[예2] 피고인은 L소유의 2세대 집에서 침실을 빌린다. 이 대여로 L은 피고인의 동의 없이는 침실에 들어갈 수 없게 된다. 피고인이 집을 비운 사이, L이 경찰이 침실을 수색하는 데 동의한다. L은 침실에 접근할 권리가 없기 때문에 L이 그 집의 주인으로서의 지위에도 불구하고 그의 동의는 피고인을 구속하지는 않는다.

Ⅲ. 다른 이론의 적용가능성

동의를 하는 사람이 그 주거에 대한 공동권한을 가지고 있지 않는 경우 피고인의 권리를 침해하는 수색을 정당화하는 데 다른 이론들의 적용가능성이 있다.

1. 대 리

기숙사의 방을 공동으로 사용하는 룸메이트는 함께 거주하는 룸메이트가 없는 경우 수사기관의 요청을 받고 수색에 동의할 수 있다. 그러나 공동권한자라 하더라도 특정한 독점적 사용권이 있는 부분에 대한 일방의 동의는 인정되지 않는다. 룸메이트라 하더라도 거실은 공동으로 사용하나, 침실은 공동으로 사용하지 않을 수가 있다. 이러한 경우에는 공동권한이론이 아닌 대리인 이론에 의하여 동의에 의한 수색이 유효한 경우가 있을 수 있다. 일정한 부분에 대해서만 공동권한을 가지고 있는 경우에는 제3자의 동의가 그 부분에 대하여는 유효하다고 할 것이나, 공동권한을 가지지 못한 부분에 대하여는 유효한 동의가 아니다. 현재의 애인이 아닌 전 애인인 경우에는 표현대리 이론에 의하여 동의권이 있다고 볼 수 있는 경우가 있다. 대리인이나 지배인과 같이 소유자로부터 포괄적인 대리권을 위임받은 경우에는 유효한 동의를 할 수 있다. 비록 제3자가 직접적 소유권이나 통제권한을 가지고 있지 않다고 하더라도 피고인이 제3자에게 동의권을 위탁할 때 적용되는 경우이다.

[예] 피고인이 X에게 그 구역의 전적인 운영권, 예컨대 누구를 들어오도록 허용하는 것을 결정할 권한을 준다. 만일 X가 경찰이 수색하는 것에 동의한다면 이것은 대리의 원칙에 의거 피고인을 구속할 것이다.

2. 동의자의 재산

물건의 소유자인 경우에는 유효한 동의를 할 수 있다. 권총이나 흉기의 소유자는 흉기 등을 제3자(예를 들어 아들이나 조카)가 범행에 사용하였을 경우에 수색에 동의할 수 있는 것이다. 즉 만일 동의를 한 사람이 수색될 혹은 취득될 특별한 물건의 소유자라면, 이것은 비록 수색이나 획득이 피고인의 재산적 이익을 손상한다 하더라도 유효하다.

[예] X가 라이플총을 가지고 있고 경찰로 하여금 그것을 획득케 하고 시험하게 하는 데 동의한다. 그 총은 경찰의 의심대로 범죄에서 피고인에 의해 X의 손자에게 사용되었음이 밝혀진다. 이 증거는 피고인에 불리하게 증거로 사용될 수 있다. 왜냐하면 획득된 그 물건의 소유자로서 X는 그 획득에 동의할 권리를 가지고 있기 때문이다.

3. 위험의 추정

위험인수 이론에 의하여 군용 더플백을 공동으로 사용하는 일방이 수색에 동의를 한 경우에는 그 동의는 유효하다. 제3자와 피고인 사이의 관계는 피고인이 추정된 위험을 가지고 있음이 발견될 것이어서 제3자가 피고인의 재산을 보거나 자세히 살펴볼지도 모른다. 그런 경우에 제3자는 또한 수색에 동의할지도 모른다.

[예] 피고인은 사촌인 X와 가방을 같이 사용한다. X가 그 가방의 수색에 동의한다. 이러한 동의는 피고인을 구속한다. 왜냐하면 피고인은 X나 다른 사람들이 그 가방을 엿볼 위험을 추정하고 있고 그래서 피고인은 그 가방의 내용물에 있어 사생활을 기대하기 어렵다는 것을 추정하고 있기 때문이다.[109]

Ⅳ. 친 척

동의의 문제는 종종 한 사람이 동의자의 친척의 사적 이익을 내포하는 수색에 동의하는 경우 발생한다.

1. 남편, 아내, 그리고 애인

배우자가 다른 배우자의 재산을 수색하는 데 동의하는 경우 수색은 거의 모든 경우에 지지된다.

(1) 개인적 재산

드문 예외 중의 하나는 만일 한 배우자가 개별적 서랍이나 오직 다른 사람에 의해 사용되는 옷장에 있는 그 다른 사람의 개인적 재산을 수색하는 것을 허락하는 경우 그 동의는 무효이다.

2. 부모·자녀

대부분의 법원은 자녀가 부모와 한집에 살고 있을 때 부모는 자녀의 방을 수색하는 데 동의할 수 있다고 보고 있다. 통상 아버지는 집의 가장으로서 아들이 마약을 사용하거나 거래하는지 결정하기 위하여 침실을 수색하는 데 동의할 수 있다. 동거하는 부모의 권리는 자녀의 권리보다 우월하다거나, 현장에 자녀가 현존하거나 반대하는 경우에도 부모의 동의권이 유효하다. 자

109 Frazier v. Cupp, 394 U.S. 731 (1969).

녀가 미성년인 경우에는 부모의 동의권이 인정된다고 하겠으나, 미성년인 자녀가 부모에게 숙박비를 지급하는 경우에는 부모의 동의권을 인정하기 어렵다.

(1) 자녀에 의한 동의

자녀는 부모의 집에 대한 수색에 대한 포괄적인 동의의 권한이 없다.[110] 자녀가 한 동의는 동의능력이 없거나 임의성 있는 동의로 보여지지 않기 때문이다. 자녀가 부모와 동일한 권한을 가지고 있다고 보기는 어렵다. 그러나 부모와 자녀가 함께 있을 경우 부모의 동의 거절을 우회하기 위하여 자녀의 동의를 받아 수색을 할 수는 없다고 본다(그러나 자녀가 단지 경찰이 집의 앞부분에 들어오게 하고 그 자녀가 일반적으로 낯선 사람을 그 앞부분에 들어오는 것을 허락한다면, 그 제한된 동의는 아마도 유효할 것이며 거기서 경찰이 보는 것은 모두 일반적 관찰의 원칙에 해당될 것이다).

Ⅴ. 다른 경우들

제3자의 동의와 관련하여 발생하는 다음과 같은 여러 상황들이 있다.

1. 학 교

일반적으로 대학교 행정담당자, 기숙사 사감장 등은 경찰이 대학생의 기숙사에 대한 수색을 하는 데 대한 동의권은 없다. 보건상 또는 안전상의 이유로 기숙사에 출입을 할 수 있다고 하여 수색에 동의를 할 권한은 없다.

고등학교 행정담당자는 고등학생의 락커 수색에 대한 동의권이 없다는

110 People v. Jennings, 298 P.2d 56 (Cal. Dist. Ct. App. 1956). 6살 여자아이는 부모와 동일한 권한이 있다고 보기 어렵기 때문에 가옥에 대한 포괄적인 수색에 동의할 권한이 없다. Commonwealth v. Garcia, 478 Pa. 406, 387 a. 2d 46 (1978). 이에 반하여 10대 청소년인 경우에 경찰을 가옥으로 진입하도록 하여 집안을 둘러보도록 할 충분한 권한이 있다는 판례도 있다. Doyle v. State, 633 P.2d 306 (Alaska App. 1981). 10대 자녀가 경찰을 거실로 들어오게 하여 부친과 이야기를 나누도록 한 사례.

견해가 있을 수 있으나, 고등학교까지의 행정담당자 또는 행정책임자는 대개는 미성년인 학생들을 보호할 의무가 있으므로 동의권을 가진다고 본다.[111]

2. 집주인

일반적으로 집주인은 비록 집주인이 청소를 위하여 임차인의 방에 들어갈 수 있다 하더라도, 임차인의 방을 수색하는 데 동의할 수는 없다. 그러나 집주인은 복도나 공동 주방과 같은 공동의 사용처에 대한 수색에 동의할 수 있다.

3. 고용주

고용주는 수색이 업무와 관련되는 물건일 경우에는 아마도 그의 고용인의 작업장을 수색하는 데 동의할 수 있다. 그러나 아마도 고용주는 고용인이 업무상 개인적 재산을 보관하도록(예를 들어, 공장에서 옷을 보관하도록 고용인들에게 주어진 사물함) 허용되는 지역을 수색하는 데 동의할 수 없다. 피용자가 중요한 권한을 행사하는 지위에 있는 경우(예, 총괄지배인)에는 사용자의 건물에 대한 수색에 동의할 수 있다.

4. 위탁자, 수탁자

어떤 사람이 그의 재산을 다른 사람에게 위탁한 경우, 수탁자는 때로는 그 수탁재산에 대한 수색에 동의할 수 있다.

Ⅵ. 동의자의 무지

동의자가 수색의 목적을 전혀 모르거나 실수로 자기가 동의하는 사람이 결백하고 숨기는 것이 아무 것도 없다고 믿었다고 하더라도 동의가 무효가 되는 것은 아니다.[112]

111 People v. Overton, 229 N.E. 2d 596 (N.Y. 1967).

112 Coolidge v. New Hampshire, 403 U.S. 443 (1971). 수사기관이 남편을 체포한 후 부

제 9 절 불심검문과 약식체포

Ⅰ. 문 제

경찰은 피의자를 만났을 때 정식으로 체포를 하고 싶지 않고 단순히 그 사람을 약식으로 정지시키기를 원할 경우가 있다. 이는 경찰이 어떤 특별한 범죄를 조사하지 않고 단순히 일상적인 순찰을 할 때 가장 전형적으로 발생한다.

불심검문이 다루는 두 가지 문제는 (1) 비록 경찰이 어떤 사람을 체포하거나 수색할 상당한 이유를 가지고 있지 않다 하더라도 경찰이 그 사람을 약식체포할 수 있는 때는 언제인가?

(2) 어느 정도까지 경찰은 피의자에 대해 무기를 찾기 위한 방어적, 제한된 수색을 할 수 있는가?

Ⅱ. 일반적 규칙

일반적으로 불심검문은 경찰이 적절한 상황에서 다음의 두 가지 일을 하도록 한다.

1. 정지시킬 권리

경찰이 상당한 근거로 범죄행위가 일어나고 있다고 결론짓도록 하는 비

인에게 집에 보관된 총기의 수색을 요청하였고, 부인은 남편이 결백하다고 믿고 혐의를 빨리 벗어나도록 하기 위하여 이전에도 남편이 수사기관에 총기를 보여준 일이 있다는 것을 생각하고 집에 있던 4정의 총기를 수사기관에게 보여주었는데 4번째 총기가 범행에 사용된 것이었다. 연방대법원은 이러한 경우 부인의 무지와 실수는 동의의 가치를 손상시키는 것이 아니라고 판시하였다. 나아가 사실상 그 부인이 남편에게 죄가 있고 법적으로 다른 선택이 불가능하다는 판단하에 그 총을 보여준 경우보다 이 경우는 훨씬 더 유효성이 크다고 암시하였다.

정상적인 행동을 목격할 경우, 심문하기 위하여 피의자를 약식으로 체포할 수 있다. — 이 경우 상당한 의심이 요구됨 — 개인이 범죄행위에 관련되어 있는 객관적인 사실에 근거한 합리적 의심이면 충분하다(그 정지는 수정 제4조에 의거하여 이루어지지만, 그것은 상당한 이유를 요구하지 않고 단지 근거 있는 의심을 요할 뿐이다).

2. 방어적 수색

경찰이 위에서 설명한 대로 정지를 행하고, 처음 대면에서 아무것도 그나 다른 사람들의 안전에 대한 근거 있는 위협을 떨쳐 낼 수 없다는 생각을 가지고 있다면, 경찰관은 무기를 발견할 목적으로 피의자의 바깥옷을 조심스럽게 제한적으로 수색할 수 있다. 이러한 제한된 수색은 수정 제4조에 의한 수색이지만 근거 있는 것으로 생각된다. 결과적으로 획득된 어떠한 무기도 피의자에게 불리하게 제시될 수 있다.[113]

Ⅲ. 차량의 정지

불심검문 원칙은 또한 경찰관이 차량정지 명령을 하는 것을 허용하는 데 적용될 수 있다. 정보원의 제보는 체포나 수색에 대한 상당한 이유가 되지는

---

113 Terry v. Ohio, 392 U.S. 1 (1968). 노련한 경찰관이 피고인과 그의 일행 2명이 상점에서 훔칠 물건을 물색하고 있는 것을 발견하였다. 그는 용의자들에게 다가가서 자신의 신분이 경찰관임을 밝히면서 그들에게 신분을 밝힐 것을 요구하였다. 그들은 얼버무리며 말을 하지 못하여 이를 알아들을 수 없게 된 경찰관은 피고인을 붙잡고 손으로 피고인의 옷위를 더듬었다. 그때 경찰관은 피고인의 주머니에 권총이 있다는 사실을 확인하고 그 총을 빼앗았다. 피고인은 불법무기소지죄로 기소되었다; Brown v. Texas, 443 U.S. 47 (1979). 경찰관은 어떤 사람이 범죄행위에 개입되어 있다는 '객관적 사실에 근거한 합리적 의심'이 있어야 그에 대하여 정지를 요구할 수 있다. 피고인은 ① 마약거래 우범지역을 걷고 있었고, ② 의심스러워 보였고, ③ 이 지역에서 경찰관에 의하여 목격된 사실이 없었다. 이러한 판단은 객관적 사실에 근거한 합리적인 의심이라고 할 수 없고, 이에 의한 정지는 수정 제4조에 위반한 불합리한 체포이다. 이와 같은 경우 경찰관이 오로지 신분확인을 위한 목적으로 정지시켰다고 하더라도 결과는 마찬가지이다.

않는다고 하더라도 피고인의 차를 강제로 정지하게 할 수 있는 신뢰성 있는 표지가 된다. 이에 따라 정지 및 외표검사의 허용범위가 경찰관 자신이 범죄 혐의를 발견한 것이 아닌 경우 및 자동차에 대하여 정지요구를 하는 경우까지 확대되었다.

[예] 경찰관은 순찰차량 안에서 그가 알고 있는 정보제공자가 접근해 와서, 주위에 주차한 차 안에 피고인이 총과 마약을 소지하고 있음을 말해준다. 경찰관은 그 차와 운전자를 막고 피고인이 차 창문을 내리기를 기다렸다가 머리를 집어넣어 피고인의 허리띠에서 무기를 찾아내어 그것을 제거한다. 그 정보제공자의 말은 경찰이 강제적으로 피고인의 차를 정차시키는 것을 허용할 충분한 현실성을 제공한다. 그 정지가 근거 있는 것임을 생각할 때 운전자의 허리띠에 있는 무기를 제거하는 것은 경찰관을 보호하기 위하여 정당화된다.[114]

1. 피의자와 승객이 차에서 내리기를 요구받음

경찰관이 정당한 차량정지를 행했을 경우 경찰관은 또한 정지한 운전자와 그 승객까지도 차에서 내리기를 요구할 수 있다. 이것은 합법적인 안전절차이다.[115]

---

114 Adams v. Williams, 407 U.S. 143 (1972). 경찰관이 순찰차에 타고 있을 때 그의 정보원으로부터 근처에 주차되어 있는 차에 타고 있는 어떤 사람이 총과 마약을 소지하고 있다는 첩보를 들었다. 그는 차에 다가가 창문을 두드렸다. 창문이 열리자 그는 몸을 숙여 피고인의 허리띠에서 장전된 총을 빼앗았다. 권총은 창 밖에서는 보이지 않았으나 창문이 내려가자 정보원이 말한 바로 그 자리에 있었다. 피고인은 불법무기소지죄로 체포되었는데, 체포에 수반한 수색에 의하여 피고인의 신체 및 차 안에서 마약이 발견되었다.

115 Pennsylvania v. Mimms, 434 U.S. 106 (1977). 운전자에 대하여 자동차의 정차요구를 할 수 있는 권한은 경찰관이 운전자에게 하차요구를 할 수 있는 범위까지 확대되었다. 이에 따라 운전자가 하차하고 그의 주머니에서 총처럼 느껴지는 두툼한 무엇인가가 발견되었다면 경찰관은 이를 더듬어서 수색할 수 있다; Maryland v. Wilson, 519 U.S. 408 (1997).

Ⅳ. 요구되는 상당성의 정도

경찰관이 정지를 하기 위해서는 체포나 수색을 위한 상당한 이유보다 적은 어떤 것을 요구한다.

1. 막연한 의심은 충분치 않음

막연한 의심은 충분치 않다. 경찰관은 개인이 범죄행위에 관련되어 있다는 객관적 사실에 근거한 상당한 의심을 가진 경우에만 피의자를 정지시킬 수 있다.

[예] 피고인은 정지를 요구받게 되는데 왜냐하면 (1) 그가 마약유통이 많이 발생하는 지역을 걸어가고 있어서, (2) 경찰이 볼 때 의심스럽게 보여서, (3) 경찰이 볼 때 그가 이곳에 처음으로 나타나서 등이다. 판례에 의할 경우 이러한 사실들은 객관적인 사실에 근거한 합리적 의심을 충족시키지 못하였으므로, 정지는 수정 제4조를 위반하는 근거 없는 체포였다.[116]

2. 조심스러운 의심으로 충분함

그러나 아주 조심스러운 의심은 약식정지에 충분할 것이다.[117]

[예] 한 사람이 그가 마약운반자일지도 모른다고 믿는 것을 그럴 듯하게 만드는

116 Brown v. Texas, 443 U.S. 47 (1979).

117 United States v. Sokolow, 490 U.S. 1 (1989). 어떤 사람이 일련의 수 개의 행동에 관련되었는데, 전체적으로 보아 그가 마약판매원이라고 믿어질 만하다면, 그의 행동들이 개별적으로 보아서는 아무런 문제가 없다고 하더라도 그에 대한 정지요구는 정당하다. 마약수사국의 수사관은 호놀룰루 공항에 도착한 마이어미발 비행기에서 피고인이 내리자 그를 정지시켰다. 수사관이 피고인을 정지시킬 때 피고인을 마약밀매혐의로 의심할 만한 사유는 다음과 같다. ① 피고인은 최소한 4천 달러가 되어보이는 20달러 돈뭉치에서 두 장의 비행기 요금 2,100달러를 계산하였다. ② 그는 전화번호부에 올라있는 이름과 다른 이름으로 여행을 하였다. ③ 그는 마약의 주요 도시인 마이애미에서 호놀룰루로 여행을 하였다. ④ 그는 호놀룰루에서 마이애미까지의 비행시간이 20시간이나 소요됨에도 불구하고 마이애미에 오로지 48시간 동안 머물렀다 ⑤ 그는 여행 동안 상당히 긴장한 것으로 보였다. ⑥ 그는 그의 어떠한 짐도 수하물로 맡기지 않았다.

많은 행동들에 관련되어 있다면, 비록 각각의 행동은 결백하더라도 충분히 정지시킬 수 있다.

3. 의심의 이유로서의 도망

한 개인이 경찰이 발견했을 때 도망가려고 시도하였다는 사실은 정상적으로 경찰로 하여금 의심을 하게 한다. 그리고 더 많은 것이 없더라고 경찰이 정지시키는 것을 정당화한다.

[예] 피고인은 그가 걷고 있는 범죄가 많이 일어나는 지역을 경찰이 순찰하는 것을 보고 도망간다. 그래서 경찰이 그를 정지시키고 수색한다. 경찰관들이 피고인을 정지시킨 것은 정당하다. 왜냐하면 경찰을 보고 도망하는 행위와 범죄다발 지역에 그가 있다는 사실 간의 결합은 피고인이 어떤 종류의 비행에 연루되었음을 의심케 하는 상당한 이유를 발생시키기 때문이다.[118]

4. 제보자의 말

Terry식 정지는 경찰 자신의 목격에 의해서뿐만 아니라 제보자의 제보에 의해서도 정당화된다.

요구되는 것은 근거 있는 의심뿐이며 제보자의 제보의 경우에 이것은 상황의 총체성에 의해 판단되어야 한다.

(1) 미래의 일의 예측

주요한 요소는 제보자가 내부적 정보가 없었더라면 미래의 일을 예측할 수 있겠는가 여부이다.

(2) 숨겨진 범죄를 알고 있음

또한 제보자가 익명인 경우 경찰은 제보자가 피의자의 범죄행위에 대해 알고 있음을 믿을 만한 이유를 가지고 있어야 한다. 제보자가 단순히 모든 사람이 알고 있는 피의자에 관한 비범죄행위를 알고 있는 것으로는 충분치

118 Illinois v. Wardlow, 528 U.S. 119 (2000).

않다.

[예] 경찰이 한 격자무늬 셔츠를 입은 흑인남자가 어떤 거리 모퉁이에 서서 비밀리에 불법무기를 운반하고 있다는 제보전화를 받는다. 경찰이 피고인을 정지시킨 후 수색(pat-down)한다. 그리고 그에게서 불법무기를 발견한다.

판례에 의할 경우 경찰은 정지를 시킬 충분한 의심을 가지고 있지는 않았다. 왜냐하면 익명의 제보가 경찰에게 피고인의 범죄행위(숨겨진 무기)에 관한 그의 정보가 믿을 만한 것이라는 어떠한 이유도 제공하지 못하였기 때문이다.

제보자가 피고인에 관해 비범죄적이고 누구나 다 알고 있다는 단순한 사실은 범죄행위에 관련된 정보의 진실성을 나타내지는 않는다.[119]

Ⅴ. 정지를 구성하는 것

경찰과 차 안이나 거리에 있는 사람 사이에 단순한 만남이 제4차 수정헌법의 의미 내에서 정지를 구성하는 것은 아니다.

1. 합리적인 일반인 기준

수정 제4조상의 체포가 있다고 하기 위하여 어느 정도로 개인의 신체적 자유에 대한 침해가 있어야 하는가에 대한 입장은 Terry 판결이나 Adams 판결에 의하여도 분명하지 않다. 연방대법원은 수정 제4조의 체포가 어느 경우에 해당한다고 볼 수 있는지의 기준을 다음과 같이 제시하였다. 어떤 사람이, 사건을 둘러싼 모든 상황의 관점에서, 오직 합리적인 사람이라면 그가 떠날 자유가 없다고 믿었다면, 수정 제4조의 의미 내에서 체포되었다고 할 수 있다.[120]

---

119 Florida v. J.L., 529 U.S. 266 (2000). 특정의 사람이 버스 정류장에서 총을 가지고 있다는 익명의 전화제보에 근거하여 경찰관은 외표검사를 하여 총을 발견하였다. 법원은 본건과 같은 경우에는 합리적인 신뢰성의 징표가 부족하다고 판시하였다.

(1) 떠날 자유의 결여를 보이는 예시

떠날 자유가 없는 상황의 예이다.

① 몇몇 경찰관들의 위협적인 현존

② 경찰관이 무기를 보여주는 행위

③ 사람에 대한 어느 정도의 물리력의 행사

④ 경찰관의 요구에 응하도록 강제하는 취지의 언어 사용

[예] 경찰이 거리를 지나고 있는 피고인에게 말한다. 질문해도 되겠습니까 선생? 이때에는 수정 제4조상의 체포도 발생하지 않는다. 왜냐하면 피고인의 경우에 합리적인 사람이라면 그가 질문에 대답하기를 거부하고 계속 걸어갈 자유가 있다고 생각할 것이기 때문이다.

그러면 경찰은 객관적인 사실에 근거한 근거 있는 의심을 할 필요가 없을 것이다. 그리고 그러한 의심이 있는 경우에도 피고인에 의해 진술된 어떠한 범죄적 진술도 그에 반하여 받아들여질 것이다(즉, 피고인은 독과수 이론으로서 그의 진술을 제외시킬 수 없었을 것이다. 왜냐하면 어떠한 불법적인 체포도 발생하지 않았기 때문이다).

2. 경찰에 의한 추적

만일 경찰이 한 피의자를 추적하고 있다면 그 추적 자체는 체포를 구성하지 않는다. — 피의자가 정지당하여 항복할 때까지 체포는 존재하지 않는다. ① 용의자가 추적이나 경찰의 명령에 의하여 멈추었고, ② 용의자의 지위에 있는 합리적인 일반인이 그가 멈추었을 때 현장에서 자유로이 떠나는 것이 어렵다고 믿을 만하면 체포라 할 수 있다.[121]

---

120 United States v. Mendenhall, 446 U.S. 544 (1980). 미연방 마약국 수사관들이 공항을 빠져나가는 피고인을 정지시킨 후 신분을 밝히고 피고인의 신분증과 항공권 제시를 요구하였다. 수사관들은 피고인에게 왜 운전면허증의 이름과 항공권의 이름이 상이한지, 기착지인 캘리포니아에서 얼마나 체류하였는지 문의하였다. 한 수사관은 피고인의 항공권과 운전면허증을 돌려주면서 추가 질문이 있으니 공항 마약국 사무실로 동행을 요구하였다. 피고인은 동행에 동의하였고, 수색을 당하게 되었다.

121 California v. Hodari D., 499 U.S. 621 (1991). 체포에는 물리력의 행사가 있거나, 물

Ⅵ. 정지와 체포

피의자가 얼마나 오랫동안 구금되어 있어야 그리고 조사가 얼마나 강제적인 것이어야 정지가 상당한 이유를 필요로 하는 체포절차로 이행되는가에 대하여는 명확한 기준이 있는 것이 아니다.

어떤 점에서 정지가 충분히 오래되고 강제적이면 전면적 체포로 된다.

정지를 위해서는 오직 근거 있는 의심만이 요구된다. 반면 체포를 위해서는 상당한 이유가 요구된다. 다음은 법원이 구금이 정지에 머무는지 아닌지를 판단하는 데 있어 고려하는 요소들이다.

1. 합리적으로 필요 이상으로 길어서는 안 된다.

구금은 그것을 필요로 하여 정당화시켰던 상황보다 더 오래 지속되어서는 안 된다. 전형적으로 이것은 수분을 넘기지 않는다. 그러나 특별한 경우에는 더 길어도 허용된다. 경찰이 무단 횡단으로 단속된 사람을 쓸데없이 체포영장 발부를 위한 본부와의 무선연락을 위하여 범칙금 발부를 하는 시간에 비하여 더 오래 잡아두는 것은 부당한 조치이다.[122]

2. 합리적으로 필요 이상으로 강제적이어서는 안 된다.

정지는 경찰관의 의심을 증명하거나 떨쳐내는 데 필요 이상으로 강제적이어서는 안 된다.

3. 피고인을 다른 곳으로 이송함

마지막으로 경찰이 만일 피의자를 다른 장소로, 특히 경찰서로 이송한다면 이것은 정지를 체포로 변화시키는 것이다. 그러므로 공식적 체포가 이루

리력의 행사가 없다면 공권력의 행사에 대한 복종이 있어야 한다. 공권력이 피의자에게 행사되었을 때 피의자가 이에 따르지 않았다면 체포가 있었다고 할 수 없다.

122 United States v. Luckett, 484 F. 2d 89 (9th Cir. 1973).

어지지 않았다 하더라도 경찰은 상당한 이유 없이는 피의자를 경찰서로 이송할 수 없다.[123]

Ⅶ. 허용되는 수색의 범위

경찰이 정지를 시킨 후 수색을 행할 때, 수색은 무기나 다른 류의 위험을 수색하는 것으로 제한되어야 한다. 즉, 수색의 목적이 밀매품이나 범죄증거의 수색이 되어서는 안 된다.

[예] 경찰관이 술집순찰에서 일시적으로 피고인을 정지시킨 후 수색을 한다. 경찰은 피고인의 옷을 통해 안에 무언가가 들어있는 담배갑처럼 느껴지는 것을 탐지한다. 경찰은 그 안에서 헤로인을 발견한다. 여기서 그 수색은 정지 후 수색에 좇은 허용되는 수색의 범위를 넘었다. 경찰관은 피고인이 무장하였거나 위험스럽다고 믿을 어떠한 이유도 가지고 있지 않다. 그래서 경찰관은 수색을 시작할 권리도 없는 것이다.[124]

1. 무장하였거나 위험스러움

수색은 경찰이 피고인이 무기를 가졌거나 위험스럽다는 근거 있는 믿음

123 Dunaway v. New York, 442 U.S. 200 (1979). 신문이 동반된 경찰서 유치에는 비록 정식의 체포가 이루어지지 않았다고 하더라도 상당한 혐의가 필요하다. 피고인은 경찰서로 동행할 것을 요구받고서 경찰서에서 미란다원칙을 고지받은 후 신문을 당하였다. 그 후 피고인은 범행을 자백하였다. 그를 체포함에 있어서는 유죄로 인정될 만한 상당한 혐의는 없었으나 경찰이 수사대상 범죄에 피고인이 연루되었다는 의심을 가질 만한 몇 가지 이유는 존재하였다. 법원은 피고인이 경찰서에 구금되는 한 그의 신체적 법익의 침해는 도로상의 검문에서보다 훨씬 심각한 것이고, 그 상황은 법익형량기준의 관점에서 다루어져서는 안 되고, 상당한 혐의가 있어야 한다고 판시하였다. 그러나 본건에서 상당한 혐의가 결여되어 있으므로 그로 인한 자백은 불법체포에서 비롯된 오염된 과실이라고 판단하였다.

124 Ybarra v. Illinois, 444 U.S. 85 (1979). 경찰은 헤로인을 찾기 위하여 술집과 바텐더에 대한 적법한 수색영장을 소지하고 영장 집행 중, 한 경찰관이 그 술집의 손님 중 한 사람인 피고인의 몸을 수색하다가 '어떤 물건이 들어 있는 담배갑'을 만져보게 되었고, 결국 그 안에서 헤로인이 들어 있는 꾸러미를 발견하였다. 법원은 처음의 몸수색은 경찰이 피고인의 무기 또는 위험한 물건의 소지에 대한 합리적인 믿음이 없었으므로 정당화될 수 없다고 판시하였다.

을 가지고 있는 경우에만 이루어진다. 만일 피고인의 손이 비어 있고 무기를 가졌음이 전혀 보이지 않고 공격할 의사를 전혀 보이지 않으며 비위협적으로 행동한다면, 경찰은 아마도 기본적인 수색도 하지 않을지도 모른다.[125]

Ⅷ. 자동차 수색

경찰이 자동차 안에 있는 어떤 사람을 정지시킬 때, 비록 피의자가 더 이상 자동차 안에 있지 않다 하더라도, 경찰은 승객 칸에서 무기를 수색할 수 있다.[126]

만일 경찰이 그 피의자가 무장하였을지도 모른다고 합리적으로 믿는다면, 경찰은 체포보다는 단순히 정지된 피의자의 몸을 수석할 수 있기 때문에, 경찰은 승객 칸을 수색할 수 있다.

(1) 만일 경찰관들이 운전자가 위험스럽고 차 안에 있을지 모르는 무기들을 통제할 수 있다고 합리적으로 믿는다면

(2) 경찰관들이 단지 무기가 있거나 숨겨진 승객 짐칸의 부분들을 조사한다면

1. 한정된 적용

교통위반에 대한 정지의 전형적인 경우에는 아마도 무기를 찾아 승객 칸을 수색할 권리는 없다. 왜냐하면 경찰은 무기가 차 안에서 발견될 것이라는 구체적이고 상세한 사실에 근거한 근거 있는 믿음을 가지고 있지 않기 때문이다. 그러나 만일 경찰이 피의자의 몸에서 무기를 발견하거나 차 안에서 일

---

125 Ybarra v. Illinois 참고

126 Michigan v. Long, 463 U.S. 1032 (1983). 경찰은 피고인이 차를 운전하다가 개천에 빠지는 것을 보고 피고인이 음주운전을 하였다고 생각하였다. 피고인이 차 밖으로 나오자 경찰은 운전석 옆에 커다란 사냥용 칼이 있는 것을 발견하고 피고인에 대하여 신체수색을 실시하고 뒷자리 승객석을 수색하였다. 그 과정에서 앞좌석에서 작은 가죽 주머니를 발견하였고, 그 안에서 마약이 발견되었다.

반적 관찰에서 무기를 발견한다면 그들은 승객 칸에 대하여 무기를 찾는 수색을 실시할 권한이 주어지게 된다.

제 10 절 조사와 무기수색

Ⅰ. 요 약

지금까지 우리는 구체적 범죄의 조사라는 맥락에서만 수정 제4조를 살펴보았다. 우리가 보았듯이 여기에 수색을 하기 위해서는 상당한 이유가 일반적으로 필요하고, 영장의 필요조건에 대한 구체적인 예외가 없는 한 수색영장이 필요하다. 이제 우리는 다른 류의 법 집행활동인 조사와 정식 수색을 살펴보기로 한다. (1) 조사나 정식수색을 하기 위해서 상당한 이유는 일반적으로 요구되지 않는다. (2) 수색영장은 요구될 수도 있고 그렇지 않을 수도 있다.

Ⅱ. 조 사

모든 종류의 조사 – 예를 들어 건강, 안전, 화재조사에 있어 수색영장은 요구된다.[127] 이는 일반적으로 범죄의 증거를 찾기 위한 수색보다는 그 침해의 정도가 경미하다고 할 것이나 그럼에도 불구하고 수정 제4조에 의하여 보호되는 개인적 영역의 침해라고 할 것이므로 일반적인 수색영장이 요구되는 것이다.

---

127 Camara v. Municipal Court, 387 U.S. 523 (1967). 아파트 소유자가 지하실을 임대하여 주거용으로 사용함으로써 용도변경한 것이 주택법위반이라는 사유로 공무원이 현장 조사에 대한 동의를 요구하였으나 주인이 영장 없는 수색이라고 하면서 이를 거절하였다. 그 후 주택에 대한 조례위반으로 유죄를 선고받았다. 대법원은 영장 없는 수색이 정당화될 수 없다고 판시하였다.

1. 상당한 이유는 요구되지 않음

그러나 영장을 얻기 위해서 조사자는 수색될 구내에서 법 위반 사항이 발견될 것이라고 믿을 상당한 이유를 보여줄 필요는 없다. 그 대신 조사관은 단지 '특정 주거에 대하여 조사가 필요한 입법, 행정상의 기준이 충족되었음'을 소명하기만 하면 된다. 이는 조사가 일반적인 지역조사의 일환으로 이루어진다는 것을 밝힘으로써 조사관의 무제한적인 자유재량을 제한하고자 하는 것이다. 물론 집주인이 조사에 동의한 경우까지 영장이 필요한 것은 아니다. 다만, 긴급한 조치가 필요한 상황에서는 영장을 요구하지 않는 것이 합리적이다.

화재의 원인 규명을 위하여 건물에 진입을 하는 데에는 상당한 혐의가 필요한 것이 아니다.

2. 특별한 자격을 갖춘 사업

어떤 사업의 자격규칙에 엄격히 구속된다면 영장 없는 수색이 허용된다(예를 들어, 무기 매매상은 연방정부에 의해 면허를 받으므로 영장 없이 수색받을 수 있다).

Ⅲ. 이민 수색

이민과 관련된 어떠한 수색도 영장이나 상당한 이유 없이 할 수 있다.

1. 국경 수색

국경에서 이민국이나 세관 공무원들은 이민법 위반과 밀수가 있다고 믿을 상당한 이유 없이 그리고 영장 없이도 짐과 차량을 검색할 수 있다(그리고 제한된 수준에서 여행자의 몸도 수색할 수 있다).[128]

128 Almeida-Sanchez v. United States, 413 U.S. 266 (1973). 자국 보호를 위하여 국경선

2. 국내순찰과 검문

그러나 수색이 국경이나 그에 상당하는 기능을 하는 곳에서 일어나지 않는 경우에는 상당한 이유를 보여줄 필요가 있다. 국내에 있는 그리고 최근에 국경을 넘었다고 알려지지 않은 차량은 단지 외국인이나 밀수품이 있다고 믿을 상당한 이유가 있는 경우에만 정지되고 수색된다. 그러나 이러한 까다로운 규칙에 두 가지 예외가 있다.

(1) 순 찰

이민국공무원이 순찰의 일환으로 국내에서 차를 세우고 수색은 하지 않고 간단한 질문을 하는 경우 상당한 이유는 요구되지 않는다. 그러나 그 공무원은 위반행위가 있다는 상당한 의심을 일으킬 구체적인 요인을 지적해야 한다.

[예] 멕시코인의 출현만으로는 남부텍사스에서도 차를 세워 간단히 질문하는 것조차 허용되지 않는다.

(2) 고정 검문소

국내에서 고정된 검문소가 세워진 경우 모든 차들은 간단한 이민과 관련된 질문을 받기 위해 정차될 수 있다. 만일 처음의 질문에서 추가적인 의심을 불러일으킨다면 운전자는 질문을 받고 필요한 경우 수색을 받을 수 있는 2차 장소로 옮겨질 수 있다.[129].

Ⅳ. 일상적인 교통정지

국경수색과 이민문제와 별개로, 경찰은 운전자가 면허가 있고 차량이 등

을 넘는 여행자들에게 그들이 국경을 넘을 권한이 있는지 신원을 확인하여야 할 필요성이 있기 때문에 그들을 검문할 수 있고, 아울러 그들의 소지품의 반입이 적법한 것인지에 대하여도 조사할 수 있다.

129 United States v. Martinez-Fuerte, 428 U.S. 543 (1976).

록된 것인지 확인하기 위하여 자동차를 검문하고 있다.

1. 선별적 정지

경찰이 선별적으로 이러한 점검을 하기 위하여 차를 정지시킬 경우 경찰이 객관적 기준에 근거하여 그들의 비행에 대한 의심을 가지고 있지 않는다면 구체적인 정지를 하지 못한다.

즉, 경찰관이 의심의 객관적 근거를 가지고 있지도 않은 상태에서 행하는 전반적인 무작위적 정지는 수정 제4조를 위반하는 것이다.[130] 따라서 경찰은 운전자가 운전면허를 가지고 있는지, 차가 등록되었는지 여부를 확인하기 위하여 무작위로 자동차 검문을 행하여서는 안된다.

2. 검문소

그러나 경찰이 음주 등 어떤 종류의 법위반 행위를 검사하기 위하여 도로에 고정된 검문소를 설치할 수 있다.[131] 그러한 검문소에 있어서는 운전자의 불안감이 크지 않을 것이므로 그 강제성의 정도도 경미하다고 보아야 한다.

V. 기타 상황

조사와 정식수색을 행할 정부의 권리가 발생하는 기타 상황은 다음과 같다.

1. 가석방자 및 기소유예자 관리

가석방자와 기소유예자는 상당한 이유가 결여되었다 하더라도 그들을 감독하는 공무원에 의해 영장 없이 수색받을 수 있다.[132]

---

130 Delaware v. Prouse, 440 U.S. 648 (1979).

131 Michigan Department of State Police v. Sitz, 496 U.S. 444 (1990).

132 Griffin v. Wisconsin, 483 U.S. 868 (1978). 보호관찰의 경우, 보호관찰관이 보호관찰 대상자의 주거를 영장 없이, 상당한 이유 대신 합리적 근거에 기하여 수색할 수 있도

상당한 이유와 영장 대신에 가석방자와 기소유예자의 수색을 위해서 요구되는 것은 유효한 규정의 준수뿐이다.

(1) 미결수용자

판결이 확정되지 아니한 미결수용자는 신체적 법익 내지 프라이버시에 대한 합리적인 기대가 일반인보다 감소된 상태에 있다. 따라서 미결수용자는 상당한 이유나 영장 없이 수용시설에서 수색을 당하여야 하고, 책이나 물건을 받는 것도 제한될 수 있다. 또한 외부인과 신체적 접촉이 허용되는 면회를 한 후에는 알몸수색,[133] 신체 내부의 체강 수색 등을 수인하여야 한다.[134]

알몸수색의 필요성과 프라이버시의 침해와의 법익 형량을 함에 있어서는 ① 알몸수색으로 인한 신체침해의 범위, ② 알몸수색의 방식, ③ 알몸수색의 근거, ④ 알몸수색의 장소 등 4가지의 요소가 고려되어야 한다. 알몸수색에 대하여는 너무도 불필요한 모욕감을 주는 것으로 양심에 충격을 주는 조치라는 비판이 있다.

2. 학교 내에서 수색

영장과 상당한 이유 없이 어떠한 경우에 학생들과 소지품을 수색할 수 있는지에 관한 규칙은 여전히 불확실하다. 학교는 경찰과 연계하지 않더라도 이러한 행동을 할 상당한 권한을 가지고 있다.

록 하는 주법 또는 경찰청 내규는 보호관찰제도의 '특별한 필요'에 따른 합리적인 대응이고, 따라서 헌법에 위배되지 않는다.

133 알몸수색(strip search)은 피의자 등의 의복을 벗게 하고 수회에 걸쳐 앉았다 일어서고 허리를 구부리게 하거나, 당당공무원이 대상자의 체강(body cavity)를 검사하는 것을 말한다. 체강의 검사를 함에 있어서는 단순히 눈으로 관찰하는 방법과 손, 내시경, 기타 도구 등을 사용하여 검사하는 방법이 있다.

134 Bell v. Wolfish, 441 U.S. 520 (1979). 재판이 확정되기 전에는 유죄확정자보다는 강한 권리의 보호를 받는 것이 원칙이겠지만, 구금시설의 안전, 내부질서, 위생, 규율 등의 사유로 인하여 유죄확정된 사람과 동일하게 취급받을 수 있다. 또한 무죄추정의 원칙은 형사재판에서의 입증의 부담과 관련이 있는 것이지 재판이 개시되기 이전 구금상태하에 있는 피의자의 권리를 결정하는 데 적용되지 않는다고 판시하였다.

(1) 학칙을 위반한 것에 대한 영장 없는 수색

단독으로(법집행 당국과의 연계 없이) 학교당국자는 영장 없이 학생들의 몸과 구내를 수색할 수 있다. 필요한 것은 당국자가 수색이 학생이 법이나 학칙을 위반하였다는 증거를 밝혀줄 것이라는 의심에 대한 상당한 근거를 가지고 있으면 된다.[135]

[예] 우리는 단순히 학교규칙을 위반하였다는 똑같은 의심으로 법 집행당국이 학생들을 수색할 수 있는지 알 수 없다. 아마도 대법원은 수정 제4조가 관련 경찰에게도 적용된다고 말할 것이다.

(2) 학생운동선수에 대한 약물검사

비슷하게 모든 학생선수들이 약물검사를 받도록 요구할 수 있다. 적어도 그 결과가 경찰과 공유되지 않고 검사가 비교적 비강제적 방법으로 이루어지는 경우에 그러하다.[136] 이 프로그램이 비록 수정 제4조의 의미 내의 수색에 해당한다고 하더라도 그 수색은 합리적인 것이기 때문이 헌법에 위배되지 않는다.

---

135 New Jersey v. T.L.O., 469 U.S. 325 (1985). 학교의 금연규정을 위반하였다는 이유로 한 고등학교 1학년생의 지갑을 수색한 사례에서, 비록 범죄를 저질렀다는 상당한 혐의가 있었던 것은 아니지만 교장이 학생의 지갑에서 담배를 발견할 것이라는 합리적인 의심을 가졌던 것은 사실이므로 위 수색은 정당화될 수 있다 즉 연방대법원은, 공립학교 교원이 학생을 수색하는 경우에도 불합리한 수색 등 강제처분을 금지하는 수정 제4조가 적용된다고 할 것이지만, 학습환경유지라는 학교의 합법적 필요성에 의하여 수정 제4조의 금지가 완화된다고 한다. 따라서 공립학교 교원은 영장 또는 상당한 이유가 없는 경우라고 하더라도 수색을 할 수는 있으나, 다만 학생이 법률 또는 학칙을 위반하였거나 위반하고 있다는 증거가 발견될 것이라고 혐의를 두는 합리적인 근거가 필요하다.

136 Vernonia School District v. Acton, 515 U.S. 646 (1995). 오리건 주의 Vernonia시의 공립학교에서는 교내 체육대회의 참가를 희망하는 학생들은 필로폰, 코카인, 다리화나에 대한 소변반응검사를 실시하는 것에 동의하여야 한다. 임의로 참가한 학생에게는 시즌에 맞추어 검사를 실시한다. 같은 성(性)의 성인 감독관이 욕실에 동반하였고, 오직 경찰이 아닌 감독관만이 검사 결과에 접근할 수 있었다. 만일 학생에게 양성반응이 나온다면 남녀를 불문하고 6주 동안 약물상담 프로그램을 받거나 현재 또는 다음 시즌으로부터의 참가 정지를 수용하는 것 중의 한 가지를 선택해야 한다. 이 프로그램은 7학년생까지 적용되었다.

3. 정부직원사무실

고용주에 의하여 정부고용직원의 사무실에 대하여 행하여지는 수색은 업무와 관련되어 있는 한 수색 전에 상당한 이유나 영장이 요구되지 않는다.[137] 다만 모든 상황을 종합적으로 고려할 때 수색이 합리적이어야 한다는 점만이 요구된다.

[예] 공공병원의 직원이 그 병원에서 일하는 의사 P가 부적절하게 컴퓨터를 횡령하였다고 의심을 가지고 있을 경우 그 직원은 영장 없이 그리고 상당한 근거를 제시하지 않고도 P의 사무실을 수색할 수 있고 재고조사를 할 수 있다. 판례에 의하면 고용주가 일과 관련되는 이유로 피용자의 사무공간을 수색하는 데는 상당한 이유제시와 수색영장이 필요하지 않다고 한다.

4. 화재 현장에서의 조사

화재에 휩싸여 있는 건물은 영장 없이 진입하는 것을 합리화할 수 있는 충분한 긴급성을 부여한다. 이는 소방관이 불을 끄기 위하여 건물에 진입하기 전에 영장을 발부받거나 승낙을 받는 것이 합리적이지 않기 때문이다.[138]

137 O'Connor v. Ortega, 480 U.S. 709 (1987). 공립병원의 임원이 그 병원의 피용인이던 정신과 의사의 사무실을 수색하여 책상 등에서 개인 소지품을 압수하였다. 압수된 물건은 행정절차에서 사용되어 그 의사는 면직처분을 받게 되었다. 그 의사는 자신의 사무실에 대한 수색은 수정 제4조에 위배되는 것이라고 하여 면직처분에 대하여 다투었다. 연방 대법원은 피용인의 주장을 기각하면서, 위의 수색이 수정 제4조의 보호영역에 포함된다고 하더라도 헌법에 위배되지 않는다고 판시하였다. 즉 사용자가 업무와 관련된 목적으로 피용인의 사무실에 들어가거나 책상이나 캐비넷을 열어볼 경우에 항상 영장을 발부받도록 요구하는 것은 사업의 일상적인 수행에 중대한 지장을 초래할 것이므로 불합리하다는 것이다. 또한 이런 종류의 수색에 상당한 이유의 기준을 요구하는 것도 공공사용자에게 견딜 수 없는 부담을 주는 것이라고 판시하였다. 그러나 연방대법원은 공공사용자가 피용인의 책상과 서류를 언제든지 수색할 수 있는 무제한의 권한을 가지는 것은 아니고, 공공영역의 작업환경의 다양성을 고려할 때 피용인이 프라이버시의 합리적인 기대를 가지는지의 여부는 구체적 사건별로 취급되어야 한다고 판시하였다.

138 Michigan v. Tyler, 436 U.S. 499 (1978). 화재가 발생하였다는 사실만으로 소방관은 건물에 남아서 일정한 시간 동안 발화의 원인을 조사하는 것은 정당화되는 것이고, 사후에 진화 후 초기의 긴급상태가 존재하지 않을 경우에는 영장이 필요하다.

다만, 문제가 되는 것은 화재에도 불구하고 거주자의 프라이버시에 대한 합리적인 기대가 남아 있을 때 소방관이 화재의 원인을 조사하기 위하여 시행하는 조사가 합리화될 수 있는가이다.

제 11 절 수정 제4조에 대한 평가

미국 연방대법원은 수정 제4조와 관련한 많은 판결을 선고하였으나, 그 이론이 일관되어 있다고 보기는 어렵다. 이하에서는 물리적 침해, 청각적·시각적 기준, 가옥 수색으로 나누어 미국 연방대법원의 판결에 일관성이 결여되어 있다는 점을 지적해 보고자 한다.[139]

Ⅰ. 물리적 침해

연방대법원은 물리적 침해가 연관되지 않은 수색과 달리, 헌법적으로 보장된 영역에 대한 물리적 침해가 연관된 하이테크 수색을 무효로 하려는 경향이 있다. 하이테크 기술이 관련된 수색 사건에서 물리적 침해의 존부는 법원의 판결에 결정적인 의미를 갖는 것으로 보인다.[140]

139 David E. Steinberg, "Making Sense of Sense-Enhanced Searches," 74 Minn. L. Rev. 563, 583 (1990).

140 1983년 Knotts 사건에서, 연방대법원은 피고인의 차에 영장 없이 설치된 무선송신기의 추적이 유효하다고 판시하였다. 이와 반대로 1984년의 Karo 사건에서, 연방대법원은 피고인의 차가 거주지로 들어간 경우 무선송신기의 추적이 무효라고 판시하였다. 그리고 1986년의 Ciraolo 사건에서, 연방대법원은 공무원이 피고인의 뒷마당을 침입하지 않은 상태에서 비행기로부터 피고인의 뒷마당을 영장 없이 감시하는 것이 유효하다고 판시하였다. 수많은 하이테크 수색 사건에 있어서 물리적 침해의 유무가 문제된 것처럼 보이지만, 또다른 사건들은 물리적 침해의 유무를 중시하지 않는 경우도 있다. 2001년의 Kyllo 사건에서, 연방대법원은 주거 내부의 열을 측정하기 위한 열영상기를 사용하기 전에, 연방요원들은 영장을 받아야 한다고 판시하였다. 정부측에서는 경찰관이 도로에 주차된 차에 열영상기를 설치한 것이라고 주장하였으나, 법원은 명시적으로 이러한 주장을 배척하였다. Kyllo 판결을 정확히 관찰하면 고도의

법집행기관이 정교하고 강력한 새로운 수색기술에 의존하게 됨에 따라, 법집행기관은 점점 더 용의자의 재산에 침입할 필요가 없어진다.[141] 사실 그러한 물리적 침해를 수반하는 수색은 단지 공무원으로 하여금 불필요한 위험의 영향을 받을 가능성을 높일 뿐이고, 수사의 대상이 되었음을 인식하게 되는 용의자들로 하여금 증거를 훼손하거나 도주하도록 할 뿐이다.

Ⅱ. 청각적, 시각적 구분

법원은 새로운 기술이 시각적 영향보다는 청각적 영향을 강화시키는 경우에 더욱 영장을 필요로 한다.

일련의 사건에서 연방대법원은 영장 없는 도청기구의 사용에 대하여 부정적인 입장을 취하고 있다. 도청이나 감청이 너무 빈번하게 사용된다면 일반 국민들은 정부의 행위에 대한 비판이나 토론을 함에 있어 소극적인 입장에 서게 될 가능성이 높다. 감시를 당하고 있다는 사실을 인식하게 되면 사람은 심정적으로 상당히 불편함을 느끼게 되고, 특정한 행동을 변경하게 되는 경우가 많다.[142] 즉 감시는 자기 검열과 금지에 이르게 하는 것이다. 이러한 금지효과(inhibitary effect) 때문에, 감시는 사회 통제의 도구라 할 수 있고, 사회적 규범의 힘을 강화시키는 면이 있다.

청각에 대한 태도와는 달리, 연방대법원은 영장을 발부받지 아니하고 시각을 강화하는 기구를 사용하는 것은 수정 제4조의 수색이 아니라는 입장을 취할 것으로 보인다. 인간으로 하여금 비행을 가능하도록 하여준 기술의 발전은 한때는 비밀이었던 가옥의 공개되지 않은 부분 및 그 대지를 일반 공중

기술을 사용하는 하이테크 수색의 힘으로 인하여 물리적 침해는 점차적으로 수정 제4조와 관계가 없는 것이 되어버린다고 할 수 있다.

141 Sherry F. Colb, "A World Without Privacy: Why Property Does Not Define the Limits of the Right Against Unreasonable Searches and Seizures," 102 Mich. L. Rev. 889, 894 (2004). 이제 프라이버시에 대한 위협은 사적 소유권과 상관없이 발생할 수 있다.

142 Daniel J. Solove, "A Taxanomy of Privacy," 154 U. Pa. L. Rev. 477, 493(2006).

의 시야에 노출시켰다.[143]

그러나 청각적, 시각적 구분의 지속되는 유용성은 어느 정도 문제가 있다고 보이는데, 청각적 영향이 어느 정도 시각적 영향보다 더 밀행적이라는 가정이 항상 옳다고 보기는 어렵다.

극도의 고해상도를 가진 망원경을 사용하여 법집행기관이 침대 옆 탁자에 있는 용의자의 일기 내용을 읽는 것이 가능하다면, 이러한 시각적 관찰은 확실히 용의자의 프라이버시를 침해하는 것이라고 보아야 할 것이다.

또한 어떤 특정 상황에서 어떠한 새로운 기술은 수사기관의 시각이나 청각의 어느 감각도 분명히 증대시키거나 강화시키지 않는 경우가 있다. 2001년 Kyllo 사건에서, 열영상기는 연방공무원의 시각도 청각도 강화시키지 않았고, 오히려 열을 감지하였기 때문에 공무원의 촉감을 강화시켰다고 볼 수도 있다고 할 것이다.

1983년의 Place 사건[144]에서, 마약탐지견을 사용하여 향상된 사람의 감각이 무엇인가를 생각해 보면 어떤 감각인지 명확하다고 보기 어렵다. 마약탐지견이 후각을 사용함으로써 마약을 탐지하였기 때문에 연방공무원의 후각을 향상시켰다고 볼 수도 있을 것이다. 그러나 특별히 인간에게 후각이 강화내지 향상되었다고 하더라도, 개가 손쉽게 탐지할 수 있는 냄새를 인간이 탐지할 수 있느냐 하는 것은 별개의 문제라 할 수 있다.

따라서 특정한 하이테크 수색기술이 정확하게 인간의 어떤 청각이나 시각을 향상시키는 범위에 포섭되는지 명확하게 설명하는 것은 용이하지 않다.

---

143 2001년 Kyllo 사건에서, Scalia 대법관은 "가옥에 대한 영장 없는 시각적 감시의 적법성은 아직 유지되고 있다"고 명시적으로 언급하였다. 1986년 Ciraolo 사건에서, 대법관들은 비행기에서 영장 없이 용의자의 뒷마당을 감시하는 것이 위법이 아니라고 판시하였고, 1983년 Knotts 사건에서, 연방대법원은 법집행기관이 차량에 부착된 송신기를 추적하기 전에 영장을 받을 필요가 없다고 판시한 바 있다. 법원은 시각적 감시는 관련된 모든 사실들을 드러내기에 충분하다고 강조하였다.

144 개의 킁킁거림에서 초래된 한정된 침해는 수색에 해당하지 아니하고, 수정 제4조에 포함되지 않는다.

Ⅲ. 주 거

주거와 관련된 하이테크 수색기술은 주거 이외의 다른 대상에 대한 감시와 관련된 기술보다 훨씬 엄격한 심사를 받게 된다. 이는 아마도 재산권적인 근거에서 프라이버시의 침해를 구성하던 Katz 판결 이전의 입장에 근거한 것이라고 생각한다.[145]

수색의 대상이 주거가 아닌 경우에는, 대법관들은 하이테크 기술의 사용을 기꺼이 허용하려 할 것이라고 생각한다. 1983년 Knotts 사건에서, 피고인 차에 들어 있던 영장 없는 신호발신장치의 감시가 합법적이라고 판시하였는데, 이 사건에서는 Karo 사건과 달리 그 차가 주거에 들어가지 않았다. 그러나 실무상 신호발신장치가 부착된 차량이 용의자의 주거에 들어갔는지 여부는 시각적 감시와 병행되지 아니하는 경우에는 확인이 불가능한 경우가 발생할 수 있다. 수사기관의 입장에서는 신호발신장치 차량의 위치를 추적하여 그 이후의 수사를 진행하였을 경우에 주거에의 진입 여부에 따라서 수사의 결과가 재판에서 사용되지 못하게 될 위험을 안게 될 수도 있는 것이다. 이러한 애로점은 인공위성의 이용 등과 같은 방법을 사용함으로써 어느 정도까지는 제거될 수 있다고 할 것이나 완전히 문제점이 해결되는 것은 아니다.

1983년의 Place 사건에서, 연방대법원은 공항에서 마약탐지견을 사용하는 것은 수색에 해당하지 않는다는 입장을 취하였다.

다른 하이테크 수색 요소와 같이, 대법관들은 가옥 감시에 관하여 일관된 기준을 적용하지 않았다. Kyllo 사건에서는 열영상기 사용을 허용하지 아니하였으나, Ciraolo 사건에서는 주거의 뒷마당에 대한 영장 없는 항공 감시를

145 Scalia 대법관이 2001년 Kyllo 사건에서 언급한 바와 같이, 가옥의 보호는 수정헌법 제4조의 핵심이라고 할 수 있다. 따라서, Kyllo 사건에서는 가옥으로부터 방출되는 열을 탐지하는 열영상기를 영장 없이 사용하는 것을 허용하지 않는 입장을 취하였다. 그리고 1984년의 Karo 사건에서, 대법관들은 용의자 중의 한 명이 알지 못하고 신호발신장치(beeper)를 가옥으로 가지고 간 경우에는 영장 없이 신호발신장치의 탐색을 하지 못한다고 판시하였다.

허용하였다. 열영상기는 단지 연방공무원에게 용의자의 주거에서 방출되는 열에 대하여 정보를 제공할 뿐인 것이다.

그러나 항공 감시의 무분별한 속성은 법집행기관 공무원으로 하여금 용의자의 뒷마당에서 단순히 용의자뿐만 아니라 그 이웃들의 뒷마당에서 일어나는 내밀한 여러 가지 행위들을 감시할 수 있게 한다.

제4장

전자적 감시와 비밀정보원

제 1 절 전자적 감시

Ⅰ. 통신도청과 건물도청(wiretapping and bugging) 개요

법집행관들에 의해서 주로 이용되는 전자적 감시에는 두 가지 중요한 기법이 있는데, 이것에 대하여는 수정 제4조에서 엄격한 제한을 가하고 있다. 이들 두 가지 기법은 통신도청과 건물도청이다.

1. 통신도청(wiretapping)

통신도청에 있어서는 도청하는 자(우리의 상황에서 정부)가 전화선에 전자적 장비를 설치하고, 이 장비를 이용하여 전화로 행하여지는 대화내용을 청취한다.

2. 건물도청(bugging)

건물도청(또는 전자적 eavesdropping이라고도 알려진)에 있어서는 도청하는 자가 대화가 행하여질 장소 가까이나 내부에 마이크로폰을 설치하고, 이 장비를 이용하여 대화내용을 직접적으로 청취하는 것이다.

[예] 피의자의 침실에서 행하여지는 대화내용을 청취하거나 전송받기 위해서 마이크로폰을 피의자의 침실 안 램프 속에 설치하는 것이다.

Ⅱ. 역사적 배경

1. Olmstead 판결

Katz 판결 이전에 연방대법원은 수정 제4조의 적용범위를 사유재산에 관한 문제로 접근하는 태도를 보였다. 이에 따라 주거나 신체에 대한 물리적인 침입이 없는 경우에는 수정 제4조의 적용대상이 아니라고 보았다. 또한 연방대법원은 부당한 수색 또는 압수를 금하는 수정 제4조를 근거로 하여 불법한 수색이나 압수를 통하여 획득한 증거는 허용되지 않는다는 입장인 '증거배제의 법칙'(exclusionary rule)을 확립한 바 있다. 그러나 전화에 대한 도청은 수색이나 압수에 해당되지 않는다는 이유로 위 법리가 적용되지 않았고, 금지되지도 않았다.

Olmstead 판결[1]에서 연방대법원은 전화도청이 수정 제4조에 위배되는 것이 아니라고 판시하였다. 위 판결에서 연방대법원은 수색은 물리적이어야 하고 압수는 유형물을 대상으로 하는 것이어야 하는데, 전화도청은 무형적인 언어를 대상으로 하므로 수정 제4조의 적용을 받지 않는다고 판시하였다. 피고인들의 재산에 대한 불법침해 없이 이루어진 도청장치의 설치 및 도청행위는 수정 제4조의 위배가 아니라는 정부측의 주장을 연방대법원이 받아들인 것이다.[2]

1 Olmstead v. United States, 277 U.S. 438 (1927). 연방수사요원이 유선상으로 밀주 대량제조음모에 관한 통화내용을 영장 없이 도청한 행위가 문제되었다. 연방대법원은 범죄수사를 위한 연방공무원의 전화도청은 ① 유형의 물건을 대상으로 한 것이 아니고, ② 물리적 침입이 없으며, ③ 전화를 통한 당사자의 대화는 자의에 의하여 진술한 것이기 때문에 수정 제5조 소정의 자기부죄의 진술에 해당하지 않는다는 이유로 전화도청을 허용하였다.

2 법정의견은 Taft 대법관이 작성하였다. 이와 같은 다수의견에 대하여 Brandeis 대법관은 "… 정신과학의 발전으로 인하여 외부에 표현되지 않은 신념, 사상, 감정 등을 조사할 수 있는 기법이 등장할 것이다. … 한 개의 전화선이 도청될 때마다 그 전화선의 양끝에 있는 사람들의 프라이버시가 침해되고, 어떤 주제에 대한 것이든 그들 사이의 모든 대화가 비록 은밀하고 특권이 부여된 것이라고 하더라도 도청될 수 있다. … 수정헌법에 의하여 보장되는 보호의 범위는 훨씬 더 넓은 것이다. … 헌법 기초자는 권리들 중에서 가장 포괄적이고 문명인들에 의하여 가장 중요시되는 권리인 타인으로부터 간

그러나 위 판결은 여론으로부터 비난을 받았고, 1934년 의회는 통신의 비밀을 권한 없이 가로채는 행위를 금지하는 법률[3]을 제정하였다. 이에 대하여 법무성과 FBI는 위 법이 도청 자체를 금지하는 것이 아니라 도청된 것을 누설하는 것만 금지한다고 해석하였다. 그 후에도 연방대법원은 Goldman 판결[4]에서 탐지확성장치를 사용하여 옆방의 말을 듣는 것은 부당한 수색과 압수가 아니라고 판시하였다.

그러나 과학기술의 발전과 사회적 압력에 직면한 연방대법원은 개인의 프라이버시를 보호할 필요성을 절감하게 되었다. 이에 따라 연방대법원은 Silverman 사건[5]에서 불법침입에 의한 경우가 아니라고 할지라도 비밀청취행위가 '헌법적으로 보호된 영역에 대한 현실적인 침입'(actual intrusion into a constitutionally protected area)이라고 판단되면, 이에 의하여 취득한 증거는 허용할 수 없다는 입장을 취하여 Olmstead 원칙을 폐기하기에 이르렀다.

Silverman 판결의 취지에 따라 그 이후의 판결들은 도청장치에 의하여 취득한 증거는 수정 제4조에 의하여 그 허용성이 부인된다는 입장을 취하게 되었다.

섭을 받지 않을 권리를 부여하였다. 그 권리를 보호하기 위하여 개인의 프라이버시에 대한 정부의 부당한 침입은 사용된 수단이 무엇이라 하더라도 모두 수정 제4조 위반으로 간주되어져야 한다"라는 논거를 주장하면서 반대의견을 제시하였다.

3 연방통신법(Federal Communication Act) 605, 48 Stat. 1103 (1934).

4 Goldman v. United States, 316 U.S. 129 (1942). 수사기관이 건물관리자의 허가를 받고 사무실에 도청장치를 설치하였다. 그런데 도청을 하려고 하는 협상이 시작되었을 때 도청장치가 작동을 하지 않아 수사기관은 청진기를 벽에 대고 대화를 엿들었다. 상고인은 외부인의 출입이 차단된 사무실에서 문을 닫고 대화가 방 밖으로 새어 나가지 않도록 조용하게 이야기를 하였으므로 수사기관이 도청기를 사용하여 대화를 엿들은 행위는 불법수색에 해당한다고 주장하였다. 이에 대하여 Murphy 대법관은 "우리의 선조들이 혐오하고 수정헌법 제4조의 탄생 배경이 된 직접적이고 명백한 침해수단은 과학의 발전으로 인하여 훨씬 효과적인 프라이버시 침해수단으로 대체되었기 때문에 개인의 가정이나 사무실에 대한 수색의 개념에 있어서 물리적인 침입은 필요조건이 될 수 없다"고 주장하면서 반대의견을 피력하였다.

5 Silverman v. United States, 365 U.S. 505 (1961). 피고인이 소재하는 아파트 벽의 틈새를 통하여 마이크(spike mike)를 삽입하여 송풍관에 부착되게 함으로써 전체적인 난방장치를 소리의 전도체로 하여 대화를 엿들은 것이 문제되었다.

2. Katz 판결

Katz 판결[6]에서 연방대법원은 수정 제4조는 유형적 자료를 입수하는 데 뿐만 아니라 구두진술에 관한 기록까지 확장적용되며, 동조는 장소보다는 사람을 보호하는 데 목적이 있기 때문에 물리적 침입의 여부를 판단하는 데 있어서 Olmstead 및 Goldman 사건에서의 '영역침해원칙'(rule of trespass premises)은 더 이상 지배될 수 없다고 판시하였다. 즉 "수정 제4조는 사람을 보호하는 것이지 장소를 보호하는 것이 아니다. 어떠한 사람이 알면서 공중에 제공한 것은 비록 그의 집이나 사무실이라고 하더라도 이는 수정 제4조의 보호대상이 아니다. 그러나 한 개인이 은밀(private)한 것으로 보호되기를 원하는 것은, 비록 공중이 접근가능한 곳이라 하더라도 헌법적으로 보호된다"는 것이다.

법정의견을 작성한 Stewart 대법관은 상고인이 전화박스에 들어가면서 배제하고자 하였던 것은 "침입하는 눈(intruding eye)이 아니라 초대된 바 없는 귀(uninvited ear)"라고 하면서 "숙려깊고(deliberate), 공평한(impartial) 사법부 공무원의 판단이 시민과 경찰 사이에 배치(be interposed)되는 것을 연방헌법이 요구"하고 있다고 표현하였다.

위 판결에 의하여 사적인 재산만이 수정 제4조의 적용대상이고, 대지(curtilage)[7]개념이 수정 제4조의 적용 여부를 결정하는 주요 개념이라는 종전의 입장이 변경되었다고 보아야 할 것이다.

---

6 Katz v. United States, 389 U.S. 347 (1967). 피고인이 전화를 건 공중전화 부스 밖에 FBI 요원이 전자감청 및 녹음장치를 부착하여 취득한 피고인 측의 전화대화 내용이 증거로 제출되었는데, 연방대법원은 공중전화라고 하더라도 자신이 행한 말에 관하여 프라이버시를 기대하는 것은 정당한 것이므로 그러한 기대에 위배하여 대화를 도청한 것은 헌법위반이라는 이유로 정부의 행위는 수정헌법 제4조 소정의 수색과 압수에 해당한다고 판시하였다.

7 지속적으로 가정일을 수행하거나 또는 주택에 필수적이고 편리한 장소, 그리고 습관적으로 가정목적에 사용되는 장소가 되는 주택 근처에 있는 모든 건축물로 구성된 것을 의미한다.

Harlan 대법관은 보충의견에서 개인이 특정한 상황에서 사적 소유물이 아닌 경우에도 수정 제4조의 보호를 받을 수 있는 2가지의 요건을 제시하였는데, 이는 첫째, 당사자가 실질적이고 주관적인 프라이버시의 기대감을 가지고 있어야 하고, 둘째, 그 기대감은 사회가 인식할 수 있을 정도로 합리적이어야 한다는 것이다.[8]

특히 Harlan 대법관은 "① 한 개의 벽으로 둘러싸인 전화박스는 주거[9]와는 같게, 야외[10]와는 달리 프라이버시에 대한 헌법적으로 보호되는 정당한 기대를 개인이 가지는 영역이고, ② 이러한 의미에서 사적인 장소에 대한 물리적인 침해뿐만 아니라 전자적인 침해도 수정 제4조의 위반이 되는 것이고, ③ 헌법적으로 보호되는 영역에 대한 연방당국에 의한 침해는, 법원이 오랫동안 판시해온 바와 같이, 수색영장이 없는 한 추정적으로 부당하다"라고 설시하였다.[11]

---

8 결론적으로 수정 제4조의 수색 개념으로 인식되어지는 기준은 Harlan 대법관의 보충의견을 통해서 확립되었다고 할 수 있다.

9 Weeks v. United States, 232 U.S. 383 (1914). 피고인은 주거 밖에서 주 경찰관에 의하여 영장 없이 체포되었다. 다른 경찰관들이 피고인의 집 열쇠를 찾아낸 다음 주거로 들어가 피고인의 방을 수색하여 여러 가지 서류 등을 수거하였다. 같은 날 추가증거 확보를 위하여 집행관들과 주 경찰관이 피고인의 방을 수색하여 편지들과 봉투를 수거하였다. 수색을 한 사람들은 어느 누구도 영장을 소지하지 않았다.

10 Hester v. United States, 265 U.S. 57 (1924). Hester가 살고 있는 그의 부친 집에 세무서 공무원들이 다가갔을 때 그들은 헨더슨이라는 사람이 운전을 하여 다가가는 것을 목격하였다. 경찰관들이 가까이에서 몸을 숨긴 채 지켜보고 있을 때 Hester는 집에서 나와 헨더슨에게 1쿼트짜리 병을 건네주었다. 경찰관이 나타났을 때 Hester는 자동차에서 1갤런짜리 위스키병을 집어냈고, 그와 헨더슨은 도주하였다. 공무원들이 뒤쫓으면서 권총을 발사하자 Hester는 위스키병을 떨어뜨렸고, 헨더슨도 그의 병을 던졌다. 두 병에 들어있는 내용물은 밀주 위스키였다.

11 이에 대하여 Black 대법관은 "청취된 대화는 유형(tangible)의 것도 아니고, 수색이나 압수가 될 수도 없는 것이다. 법정의견은 미래의 대화를 도청함에 있어 수정 제4조를 적용하기를 원하는 것이지만, 미래의 대화는 발생(take place)할 때까지 존재하지 않는 것이기 때문에 기재될 수 없는 것이고, 기재될 수 없는 것을 어떻게 치안판사가 장래에 도청하도록 영장을 발부할 수 있겠는가? 듣기(hearing) 또는 보기(sight)를 금지하는데 수정 제4조를 적용하는 것은 정당화될 수 없다. 수정 제4조는 신체, 가옥, 서류 및 동산에 대한 부당한 수색 및 압수를 금지하는 한도에서만 프라이버시를 보호하는 것이다. 프라이버시를 침해하는 것이면 무엇이든간에 위헌으로 선고할 수 있는 무제한의

3. Kyllo 판결

Kyllo 판결[12]에서는, 개인의 주거에서 상대적 열량을 탐지하기 위하여 공공의 도로에서부터 그 주거를 향한 열영상 장비를 사용한 것이 수정 제4조의 수색에 해당하는지 여부가 문제되었다.

법정의견을 작성한 Scalia 대법관은 "일반 공중이 통상적으로 사용하고 있지 않은 하이테크 기술을 사용하여 헌법적으로 보호되는 영역 내부로의 물리적 침입이 없이는 얻을 수 없는 조금이라도 주거의 내부에 관한 정보를 얻어내는 것은 수색에 해당하고, 영장이 없는 경우에는 추정적으로 부당하다"라고 판시하였다.[13]

5 : 4로 의견이 나누어진 Kyllo 판결에 대하여는, Scalia 대법관이 작성한 법정의견이 법, 기술과 프라이버시에 대하여 일반에게 널리 퍼져있는 시대정신을 적절하게 표현하고 있다는 찬성론과 반대론[14]이 대립하고 있다.[15]

권한은 수정헌법에서 창설되지 않는다. 정부의 권한행사가 과도한 것이라는 것을 잘 알고 있던 헌법 기초자가 연방대법원에게 그와 같은 만능의 입법적 권한을 부여하지 않았음이 명백하다. 그러한 권한을 법원에 부여하는 것은 자유에 대한 위험이라고 정부의 역사는 증명하고 있다"는 이유로 다수의견에 반대하였다. Black 대법관의 견해는 Olmstead 사건에서 Taft 대법관이 설시한 내용과 궤를 같이한다고 할 수 있다. Katz 판결에서 제시된 '프라이버시의 합리적인 기대'에 대하여는 사회적으로 합리적이라고 판단을 하는 것은 결국 법원의 판단을 통하는 것인데 이는 너무 막연하다는 비판이 있다.

12 Kyllo v. United States, 533 U.S. 27 (2001). 피고인의 집 안에서 마리화나가 재배되고 있다고 의심한 수사기관은 실내에서의 마리화나 재배에 사용되는 다수의 고강도 전등에서 발생하는 열이 방출되고 있는지 여부를 확인하기 위하여 열영상기(infrared thermal imaging device)를 사용하여 의심스러운 건물을 주사(注射, scan)하였다. 수사기관은 열영상기의 이용으로 집의 차고 위 지붕 및 측벽 한 곳이 상대적으로 뜨겁다는 것을 확인하게 되었다. 피고인의 집에서 마리화나를 재배하고 있다고 생각한 수사기관은 열영상 등을 근거로 수색영장을 발부받았다.

13 이에 대하여 Stevens 대법관은 "이 사건에서 적외선 열영상기가 한 일은 상고인의 주거 외부표면에서 방출되는 열을 수동적으로 측정한 것이었을 뿐이고, 그 측정이 보여준 것은 지붕 및 외벽의 일정 부분이 다른 곳보다도 더 따뜻하다는 것을 어렴풋이 나타내는 것으로, 방출 정도에 있어서 상대적인 차이에 불과한 것이다. 더구나 상고인의 주거 내부에 관한 세부사항은 아무 것도 드러나지 않았다"는 이유로 다수의견에 반대하였다.

14 온실의 내부를 가리려는 의도를 가지고 금속 지붕을 설치하였거나, 덮개를 설치하는

법정의견에 의하면 열영상기 사용의 금지를 '은밀한 세부사항'(intimate details)에 한정하는 것은 원칙적으로 잘못된 것일 뿐만 아니라, 그 적용에 있어서도 비현실적이라고 보았다. 특히 열영상기의 사용에 의하여 가옥에 거주하는 여성이 매일 몇시에 사우나 또는 목욕을 하는지 알아낼 수 있다면 이는 '은밀한' 것이라고 판단을 하였다.[16] Kyllo 사건에서 법원의 주요 논증은 열영상기를 사용함으로써 가옥 내에서의 활동에 대한 정보를 누설할 수 있다는 것이다.

Ⅲ. 영장과 상당한 이유의 요구

통신도청과 건물도청 모두 일반적으로 수정 제4조상의 수색에 해당하고, 이 때문에 영장이나 상당한 이유의 요구조건을 충족하여야만 한다. 즉, 가로챈 대화가 대화참가자들의 프라이버시의 정당한 기대에 관한 것인 한, 마이크로폰 혹은 통신도청장비가 피의자의 건물 바깥에 설치되었다고 하더라도

등의 조치를 취하여야 프라이버시의 주관적 기대가 있다고 볼 수 있는데 본건에서는 이러한 조치가 없었으므로 수정 제4조의 보호영역에 포섭되지 아니한다는 비판이 가능할 것이다. 또한 본건에서의 열영상기가 개인의 생활에 대한 은밀한 세부사항을 드러낸 것이 없고, 단지 지붕 위의 외벽 등이 다른 곳에 비하여 '뜨거운 점'(hot spot)을 드러내었기 때문에 프라이버시의 정당한 기대가 없었다는 비판도 가능할 것이다. 즉 지붕의 눈이 녹는 것을 육안으로 관찰함으로써 기술의 도움을 받지 아니하고도 외부의 관찰자들이 주거의 열을 지각할 수 있었고, 본건에서는 벽을 투과하는 기술이 아니라 벽에서 관측되는 것에 대한 관찰에 불과하였다는 주장도 가능할 것이다.

15 이러한 결론은 물리학적 관점에서 보면 어리둥절한(mystifying) 기준이라고 할 수 있다. 즉 빛의 파장에 의하여 수정 제4조의 보호를 받게 되느냐 아니냐가 결정된다고 할 수 있다. 가시광선의 경우에는 보호를 받지 못하기 때문에, 육안으로 물체를 관찰하는 것은 수정 제4조의 보호의 대상이 되지 못한다. 그러나 적외선의 경우는 수정 제4조의 보호대상이 되는데, 다만 그 대상이 적외선을 방사하는 가옥일 경우에 그러하다.

16 이에 대하여 반대의견은, 일반 공중의 구성원 누구나 관찰할 수 있는 범죄활동의 증거로부터 경찰관이 자신의 눈을 돌릴 것이라고 합리적으로 기대하기 어려운 것과 같이, 과도한 열·연기·수상한 냄새·냄새 없는 가스·분진·방사능의 일반 공중 영역에의 방출을 탐지하는 것을 피하여 공무원들이 자신들의 감각기관 또는 그들의 탐사기구를 돌려야 하는 것은 아니고, 그러한 방사를 하이테크 기구를 이용하여 탐지하는 것은 전적으로 합리적인 공공 서비스라고 하였다.

차이는 없다. 수정 제4조가 적용되는 경우를 결정하기 위하여 프라이버시의 정당한 기대를 심사한다는 것을 대법원이 명확히 한 Katz 사건은 실은 건물도청 사건이었다.

1. 참가자 모니터링

대화당사자 중 한 사람의 동의에 의하여 통신도청 혹은 건물도청이 행하여진 경우 수정 제4조상의 문제는 없다

[예] FBI는 피의자가 범죄에 결부될 수 있는 내용의 대화를 피의자와 X간에 나눌 것이라는 것을 알았다. FBI는 X의 전화기에 도청장치를 설치하는 것에 대한 X의 동의를 요청하였고, X는 이에 동의하였다. 대화는 이루어졌고, FBI요원은 그 내용을 기록하였다. 이와 같은 통신도청은 대화참가자 중 1인의 동의로 이루어졌기 때문에 수정 제4조상의 권리를 침해한 것이 아니다. 따라서 그 기록은 피의자에 대한 형사재판에서 제시될 수 있다.

Ⅳ. 연방법의 규제

정부에 의한 통신도청과 전자적 건물도청은 현재 1968년의 Omnibus Crime Control and Safe Streets Act 제3장의 연방법에 의하여 엄격히 규제된다.

1. 주(州)와 연방법 집행의 규제

연방 혹은 주법 집행관은 제3장의 엄격한 절차에 의하지 않는 어떠한 전자적 감시도 행할 수 없다(또한 주법 집행관은 유효한 입법을 통하지 않고서는 이를 행할 수 없는데, 이러한 내용을 규제한 주는 1/2이 채 되지 않는다).

2. 요　건

제3장에 의하여, 전자적 감시는 사전에 감시권을 부여하는 특별한 법원

의 명령에 의하지 않고서는 이를 행할 수 없다. 법관은 특히 다음의 사실을 안 때에만 도청할 수 있는 권한을 부여할 수 있다. 즉, (1) 특정한 자가 법에 열거된 일정한 범죄들 중 하나를 범하였다고 믿을 만한 상당한 이유가 있을 때, (2) 도청이 범죄에 대한 증거를 제공할 수 있다고 믿을 만한 상당한 이유가 있을 때, (3) 일반적인 수사절차는 개시되었지만 실패하였거나, 당연히 실패할 것 같이 위태롭게 보일 때, 그리고 (4) 도청장치가 설치된 시설이 범죄에 이용된 시설이거나, 의심스러운 자와 관련된 시설이라고 믿을 만한 상당한 이유가 있을 때이다.

3. 승인된 잠입(covert entry allowed)

일단 건물을 도청할 수 있는 권한이 부여되는 제3장의 법원의 명령을 얻으면 수사관은 도청용 마이크를 설치하기 위하여 사적 건물이라도 잠입할 수 있다.[17]

도청장치를 설치하기 위하여 비밀리에 진입하는 것은 그 자체로는 비합리적이라거나 수정 제4조에 위반하는 것은 아니다. 비록 명시적으로 규정된 것은 아니지만, 의회는 비밀 잠입의 권한을 법원이 부여할 수 있도록 한 것이다. 그러한 잠입권한은 위 법에 규정된 도청과 다른 전자장치의 제한적인 허용에 내재된 것이다. 그러한 전자장치는 진입이 없는 경우에는 작동을 할 수 없기 때문이다.

4. 당사자 동의의 예외

제3장은 통신에 가담한 자들 중 1인의 동의가 있는 경우 적용되지 않는다. 즉, 이러한 상황에 있어서는 영장이 요구되지 않는다 .

---

17 Dalia v. United States, 441 U.S. 238 (1979). FBI 수사관들은 한밤중에 비밀리에 도청장치를 설치하기 위하여 피고인의 사업장에 들어갔고, 다시 몇 주가 지난 후에 그 장치를 제거하기 위하여 들어갔다.

5. 외국의 위협

제3장은 외국에 의한 현실적, 잠재적인 공격이나 적대행위로부터 국가를 보호하기 위하여, 미국의 안보에 필수적인 것으로 보이는 정보를 얻기 위하여, 또는 외국의 첩보행위로부터 국가안보에 관한 정보를 보호하기 위하여 필요하다고 인정될 경우에 대통령의 헌법상 권한 행사를 제한하지 않는다고 규정하고 있다.

제 2 절 비밀정보원

Ⅰ. 비밀정보원 개요

수정 제4조상의 문제는 경찰이 비밀정보원을 사용할 경우에도 야기될 수 있다. 비밀정보원은 본래 피의자가 정부를 돕고 있는 자와 협력하고 있다는 것을 알지 못한다는 전제하에, 피의자와 직접 접촉하는 자이다.

1. 법 요약

요컨대 수정 제4조상의 문제를 제기함에 있어 비밀정보원은 도청장치를 몸에 지녔는가의 여부는 문제되지 않는다. 목표하는 자가 정보원이 존재한다는 사실을 안 이상, 그 자가 정보원이 사실상 비밀정보원 혹은 정보제공자(예컨대, 피의자의 편이라는 것에 대립하는 의미로서의)라는 것을 알지 못하였다는 사실이 수정 제4조상의 수색 혹은 체포에 있어서의 임무를 변경시키지는 못한다.

Ⅱ. 도청장치된 정보원

따라서 대법원은 몇몇 판례에서 도청장치된 정보원 — 전자적 감시 장치를 몸에 지닌 정보원 — 은 도청이 아니라고 하거나, 또는 수정 제4조를 위반하지 않는다고 판시하였다.[18]

[예] 정보제공자가 그가 들은 대화 혹은 대화의 일부분을 마약수사관에게 전달하기 위하여 도청용 마이크를 몸에 지니고 식당, 피의자의 집 그리고 정보제공자의 차 안에서 피의자와 대화를 나누었다. 이렇게 전달된 대화 테입은 피의자의 형사재판에 제출되었다. 판례에 의하면, 제4차 수정헌법상의 권리는 침해되지 않았다고 할 수 있다. 신뢰와 달리 정보제공자에게 유죄의 진술을 하였을 때, 그는 침해된 사적 자유의 어떠한 정당한 기대도 가질 수 없다. 자유의사에 기하여, 자신의 범죄사실을 폭로하지 않을 것이라는, 범죄자의 잘못된 신뢰에 대하여는 제4차 수정헌법상의 보호는 받을 수 없다. 이것은 도청장치를 지녔는지의 여부에 상관없이 타당하다.[19]

Ⅲ. 도청장치되지 않은 정보원

도청장치를 지닌 정보원의 사용이 수정 제4조와 관련이 없기 때문에, 도청장치를 지니지 않은 정보원이 동 수정헌법에 위반되지 않는다는 것은 당연한 것이다.

[예] 조직원으로 변장한 정보제공자가 Jimmy Hoffa의 호텔방을 방문하여 배심원들을 매수하고자 하는 Hoffa의 계획과 관련된 대화를 청취하였다. 정보

---

18 On Lee v. United States, 343 U.S. 747 (1952). 정보원이 무선 연결되었고 정브원과 피고인 사이의 대화가 피고인의 집안에서 이루어졌는데 그 대화 내용이 무선으르 마약수사관에게 전송되었다. 그 후 수사관은 재판절차에서 대화의 내용에 대하여 증언을 하였다. 법원은 이 증언이 증거능력이 있다고 판시하였다; United States v. White, 401 U.S. 745 (1971). 정보원이 피고인의 차, 집, 레스토랑에서 일어난 피고인과의 대화를 마약수사관에게 전송하기 위하여 도청장치를 소지하였다. 수사관이 재판절차에서 그 대화내용에 대하여 증언하였다.

19 United States v. White, supra

제공자는 그 후 Hoffa에게 매수된 배심원들에 의한 재판에서 그 대화내용에 관한 증언을 하였다.

판례에 따르면, Hoffa의 수정 제4조상의 권리는 이 증언에 의하여 침해는 고사하고 관련조차 없다고 하고, Hoffa의 잘못된 신뢰는 그 자신의 잘못(책임)이고, 또한 호텔방으로 정보제공자가 출입할 수 있도록 한 그의 승낙은 무효로 되지 않는다고 하였다.[20]

변호인의 조력을 받을 권리에 관한 보충설명은 다음과 같다. 이미 기소된 피의자에 대하여 도청장치를 지닌, 또는 지니지 않은 정보제공자의 사용은 다음에 논의될 수정 제6조상의 권리인 변호인의 조력을 받을 권리를 침해할 수 있다. 일단 피의자가 기소되고 변호인을 선임하게 되면, 그것은 비밀정보원이 변호인 부재의 상태에서 피의자로부터 유죄의 진술을 의도적으로 이끌어 낸 것이기 때문에, 그리고 기소에 영향을 주기 위하여 이것을 기소자 측에 넘기는 것은 변호인의 조력을 받을 권리에 대한 중대한 침해이다. 예컨대, Hoffa사건에서 만일 정보제공자가 Hoffa의 호텔방에 왔을 때에 이미 Hoffa가 기소된 상태라면 그의 증언은 당해 재판에서 Hoffa에 대항하여 사용될 수 없다.

Ⅳ. 함정수사

가끔 비밀정보원은 적극적으로 그 임무가 피의자를 함정수사에 빠뜨리게 하는 경우가 있을 수 있다. 모든 사법적 영역에서 만일 법집행관 혹은 그에 협력하는 자가, 달리 범죄의 의사가 없는 피고인에게 범죄를 범하도록 유인

---

20 Hoffa v. United States, 385 U.S. 293 (1966). 조직원으로 변신한 정보원이 피고인의 호텔방에 정기적으로 방문하여 배심원들에게 뇌물을 주려는 피고인의 계획에 관련된 대화를 엿들었다. 법원은 피고인의 진술이 전적으로 자발적이라고 판시하였다. 수정 제4조 소정의 수색이나 압수가 있었던 것이 아니고, 피고인의 신뢰는 전적으로 피고인의 과실이고 정보원이 호텔방에 출입하는 것에 대한 그의 동의를 해한 것은 아니라고 판시하였다.

한다면 함정수사의 문제가 제기된다.

> [예] 비밀정보원인 X는 피고인에게 왜 우리가 7-11지역을 털지 않았지? 라고 몇 달 동안 계속해서 말하였고, 피고인은 그때마다 별다른 영향을 받지 않았지만, 마침내 피고인은 차를 운전하기로 동의하고, X가 강도행위를 마칠 때까지 기다리기로 하였다. 그러나 그들이 7-11지역에 도착하였을 때, 경찰은 피고인을 체포하였고, 강도미수로 그를 기소하였다. 피고인은 강도행위를 할 의사가 없었음을 입증할 수도 있겠지만, 만일 오직 X의 유인에 의한 것이라면, 피고인은 함정수사의 항변을 할 수 있다.

1. 헌법에 근거하지 않는 항변

대법원은 결코 함정수사의 항변에 대한 어떠한 헌법적 기초도 인정하지 않았다. 따라서 함정수사의 항변을 어떠한 요건하에서 인정할 것인지의 결정은 각 주의회에 위임되어 있다(그리고 연방에서는 연방법원조직에서 법집행의 감독자적 지위에 있는 대법원에게, 그 감독권의 실행이라는 차원에서, 위임되어 있다).

제5장

자백과 경찰심문

제1절 서 언

Ⅰ. 자백을 위한 두 가지 요건

피의자에 대한 경찰의 심문, 그 심문에 의하여 얻은 자백을 증거로 사용하는 것은 오랫동안 논쟁의 대상이 되어왔다. 이는 강압적이고 야만적인 경찰의 책략에 대한 개인 보호의 필요성과 경찰의 범죄투쟁을 무력화시키지 않을 효율적인 경찰체제의 필요성 사이에서 정책적 고려가 필요한 영역이다.

연방 사건에서 강요된 자백은 20세기 이전부터 금지되었지만, 연방대법원은 1939년에 이르러 주 재판에서 자백의 사용을 제한하기에 이르렀다.

만약 자백이 다음 두 가지 요건을 충족시킬 수 있다면, 주법정과 연방법정에서 자백은 자백을 행한 사람에 불리하게 증거로 채택될 수 있다.

1. 자발성 (임의성)

자백은 반드시 자발적으로 행해져야 한다. 다시 말하면 경찰의 강요에 의한 것이 아니어야 한다 . 미란다 원칙의 충족은 필요조건이지 자백의 증거능력 인정을 위한 충분조건이 아니다. 따라서 자백의 임의성이 없는 경우에는 미란다 원칙에 반하지 않는다고 하더라도 증거능력이 없다.

2. 미란다 원칙의 고지

자백은 반드시 미란다 원칙의 결정사항과 부합하여 행해져야 한다. 만약 피의자가 구금 중이거나 관계당국에 의해 심문 중일 때 자백을 한다면 피의자는 묵비권이 있음을 고지받아야 하고, 그가 말하는 어느 것이나 자신에게 불리하게 적용될 수 있으며, 또한 변호사를 선임할 수 있는 권리가 있음을 고지받아야 한다.

제 2 절 자발적 진술

Ⅰ. 자발적 진술의 개요

피의자에게 미란다 원칙의 고지 여부와 관계없이 피의자의 자백은 그가 자발적으로 하였을 경우에는 그에게 불리한 증거로 사용될 수 있다.

1. 경찰의 강요가 있어야 함

그러나 자백의 자발성(임의성)을 결정하는 방법은 요건을 충족시키기가 쉽다. 외관상 자발적 진술을 막는 유일한 요소는 경찰의 강요이다. 그러므로 정부와 관련이 없는 개인에 의한 강요나 피의자의 심각한 정신이상 또한 이 질문과는 관련이 없다. 자백을 하지 않으면 배우자를 구속시키겠다고 하거나, 자백을 하면 관용을 베풀겠다고 한 경우, 속임수를 사용한 경우 등에는 그 자체만으로는 피의자의 자백에 자발성이 없다고 할 수 없으나, 여러 가지 사유가 중첩적인 경우에는 자발성이 부정될 수도 있다.

[예 1] 피해자가 피의자에게 당신이 나를 총으로 쏘았으므로 만약 당신이 경찰에 출두하여 자백하지 않으면 나는 당신의 여동생을 쏘겠다라고 말하여 피의자가 경찰서에 출두하여 자백하였다. 이 경우 자백은 자발적인 것으

로 간주되고, 범죄 공판에서 피의자에게 불리하게 증거로 채택된다. 피의자의 범죄공판에서, 비록 피해자의 강요가 있었지만 경찰에 의한 강요가 존재하지 않는 한 자발적 진술을 의심할 여지는 없다.

[예 2] 피의자가 정신분열증이다. 그가 신의 계시에 의해 범죄를 저질렀다고 자백을 했다. 이 자백은 경찰이나 다른 정부기관의 부당한 행위가 없었으므로 피의자에 불리하게 증거로 채택되며 유효하다.[1]

2. 부가적인 이용

자백이 경찰의 강요에 의해 얻어진 경우(물론 비자발적이다) 그 자백은 제외되며, 검사의 기소뿐만 아니라 피고인의 증언을 탄핵하는 데 이용할 수 없다(이러한 점에서 비자발적인 진술이 미란다 원칙을 위반한 상태에서 행해진 진술과 큰 차이를 가진다. 후자는 일반적으로 증언대에서 피고인의 증언을 탄핵하는 데 이용될 수 있다).

제 3 절 미란다 원칙의 개요

Ⅰ. 미란다 원칙

주법정과 연방법정에서 증언에 관련된 주된 법률은 Miranda v. Arizona[2]에 기인한다. 일반적으로 미란다 원칙은 구금상태에 있는 피의자가 경찰에 의해 심문받을 때 적용되는데, 피의자가 미란다 원칙을 고지받았을 경우에만 그의 자백은 그에게 불리하게 증거로 채택될 수 있다.

미란다 판결은 1960년대에 선고된 판결 중 가장 중요한 사건이라 할 것

1 Colorado v. Connelly, 479 U.S. 157 (1986). 피의자의 자백이 대부분 그의 정신병, 정신분열증에 기인하고 피의자는 신이 자백하라는 소리를 듣고 자백하였다는 것이다. 그러나 이는 자백의 증거능력과는 관계가 없다. 즉 그러한 자백은 경찰이나 다른 수사기관 등에 의한 위법행위가 없었기 때문에 증거능력이 있다.

2 Miranda v. Arizona, 384 U.S. 436 (1966).

이고 현재까지도 매우 중요한 의미를 갖는다. 다만, 최근에는 미란다 판결의 적용범위를 축소시키려는 경향이 있다.

Ⅱ. 적용을 위한 요건

미란다 원칙의 적용 전에 반드시 다음의 요건을 충족해야만 한다.

1. 구 금[3]

미란다 원칙의 고지는 피의자가 구금되거나 다른 방법에 의하여 자유를 박탈당한 채로 심문을 받는 경우에서만 필요하다(그러므로 경찰이 길에서 만난 사람을 공식적으로 억류하지 않고 질문하는 경우 미란다 원칙을 고지할 필요는 없다).

2. 심 문

미란다 원칙은 자백이 심문의 결과로 이루어졌을 경우에만 적용된다(그러므로 피의자가 진정으로 자발적인 진술을 했을 경우에는 적용되지 아니한다).

3. 관계당국

미란다 원칙은 경찰이나 여타 법집행기관에 의한 심문과 구금의 경우에만 적용이 된다(그러므로 어떤 개별 시민이 법률집행기관의 독자적인 행동과 마찬가지로 피의자를 억류하고 심문했을 경우, 그것에 기인하는 어떠한 자백에도 적용되지 않는다).

---

3 "경찰 구금상태하에서의 심문은 그 성격 자체에 의하여 개인을 격리시키고 압력을 가하기 때문에 심지어 잔혹행위, 고문 그 밖의 … 구체적인 전략들을 사용하지 않는 경우에서조차도 구금심문은 개인의 자유 위에 무거운 희생을 요구하고 개인들의 약점을 이용한다." Dickerson v. United States, 530 U.S. 428 (2000) 판결에서 Rehnquist 재판장의 법정 의견 중.

Ⅲ. 고지에 요구되는 것들

피의자가 구금되거나 자유가 박탈되어 심문을 받았을 때에는 자기부죄특권이 위태롭게 되었다고 본다. 미란다 원칙에 적용할 때 전적으로 요구되는 다음의 네 가지 고지사항이 있다. 즉 피의자는 심문에 앞서서 다음의 사항을 고지받아야 한다.

① 피의자는 묵비권을 행사할 권리를 가진다.
② 피의자가 하는 어떠한 말도 법정에서 피의자에게 불리하게 사용될 수 있다.
③ 피의자는 변호인을 선임할 권리를 가진다.
④ 피의자가 변호인을 선임할 만한 여유가 없을 경우, 피의자가 원한다면 심문이 개시되기 전에 국선변호인을 선정할 수 있다.

Ⅳ. 증거능력의 부정

비록 진술이 자발적으로 행해졌을지라도 미란다 원칙을 위배하여 이루어진 진술은 어떠한 진술도 증거능력이 없다.

1. 탄핵증거로의 사용

그러나 피고인의 자백이 미란다 원칙에 위배되어 얻어진 것이므로 공소사실을 입증하는 자료로 사용될 수 없다고 하더라도 피고인이 행한 다른 증언을 탄핵할 목적으로 사용될 수는 있다. 미란다 원칙에 있어서의 이러한 탄핵의 예외는 후에 논하고자 한다.

Ⅴ. 권리는 어느 때나 행사할 수 있다.

피의자는 심문이 행해지는 동안에는 어느 때나 묵비권 또는 변호인의 조력을 받을 권리를 행사할 수 있다. 그러므로 처음에는 피의자가 묵비권과 변호인에 대한 권리를 포기하는 의사를 표시했다고 하더라도 그가 마음을 바꾸었다면 심문은 중지되어야 한다.

Ⅵ. 권리의 포기

피의자는 묵비권과 변호인을 선임할 권리를 포기할 수 있다. 그러나 이러한 포기는 피의자가 권리를 충분히 인식하고 이성적으로 결정한 경우에만 유효하다. 피의자의 침묵이 포기의사로 간주되어서는 안 된다.

1. 피의자의 권리에 대한 충분한 인지

경찰은 피의자가 권리를 충분히 인식하고 있다고 믿을 만한 이유가 있는 경우에도 미란다 원칙을 그에게 고지해야만 한다.

Ⅶ. 변호인을 선임할 권리

1. 변호인을 선임할 권리는 심문이 진행될 경우에만 적용된다.

피의자가 변호인을 선임한 경우 또는 변호인을 선임할 여유가 없어 국선변호인을 원할 경우, 경찰이 변호인 또는 국선변호인을 선임해 줄 절대적인 의무가 있는 것은 아니다. 법률은 경찰이 변호인이 참석할 때까지 피의자에게 심문을 중단할 것을 규정할 뿐이다. 그러므로 경찰은 단지 피의자에 대한 심문을 중단함으로써 변호인을 선임해야 하는 부담에서 벗어날 수 있다.

2. 가난한 것으로 추정

피의자가 자신의 변호인을 선임할 자력이 있거나 이미 선임한 것을 경찰이 알고 있는 경우에는 경찰이 피의자에게 변호인 선임권을 고지할 필요가 없다. 그러나 이러한 사정이 명백하지 아니한 경우에는 사후에 피의자의 경제력을 조사하는 것보다는 변호인 선임권에 관하여 사전에 고지하는 것이 바람직하다.

3. 심문이 진행되는 동안 변호인이 참석할 권한

미란다 원칙에 의해 변호인에게 부여되는 권한은 심문 시작 전에 피의자와 상의할 권한뿐만 아니라 심문이 진행되는 동안 참석할 권한을 말한다.

Ⅷ. 수정 제5조의 근거

미란다 원칙의 기초는 수정 제6조 변호인의 조력을 받을 권리가 아니라 자신에게 불리한 진술을 거부하는 수정 제5조의 면책조항이다. 구금상태에서의 심문은 그 자체로 강압적이고, 그러한 내재적 강압성으로 인하여 구금상태에 있는 피고인으로부터 얻어낸 진술은 그의 자유선택의 산물일 수 없다. 기본 사상은 피의자가 구금 중인 상태에서 심문을 받을 때 이러한 심문이 수정 제5조를 위배하여 자백을 유도할 수 있다는 것이다.

의회 또는 주의회는 이 원칙을 무효로 할 수 없다. 왜냐하면 미란다 원칙은 헌법에 대한 법률적 해석에 바탕을 두므로 의회와 주의회는 미란다 원칙에 의하지 않은 자백들을 실제적으로 용인하는 차별적인 법률을 제정할 수 없다.

[예] 미란다 원칙의 확정 얼마 후, 의회는 비록 미란다 원칙이 고지되지 않았을지라도, 모든 상황하에서 자발적으로 행해진 어떠한 자백도 피고인에게 불리하게 증거로 채택될 수 있다는 연방기소에 관한 법령을 통과시켰다. 미

> 란다 원칙이 헌법에 따른 법률이므로 이 조항은 헌법에 위배된 것으로 평가되었다. 그리고 의회는 헌법이 보장하는 권한을 변경시킬 수는 없다.[4]

결국 연방대법원은, 미란다 원칙을 융통성 없이 엄격하게 적용할 경우에 발생할 수 있는 법집행에 있어서의 위험을 회피하기 위하여 미란다 원칙에 대한 예외들을 만들고 적용해 나갈 의회의 권한은 그대로 계속 유보하면서 입법이라는 수단을 통하여 미란다 원칙을 전면적으로 수정하거나 폐기하려는 시도는 허용될 수 없음을 명시하였다.

제 4 절 구금상태의 심문이란 무엇인가

Ⅰ. 구금은 요구된다.

미란다 원칙의 고지는 구금상태하의 피의자에게 심문이 행해질 경우에 행해져야 한다. 미란다 판결 이후에 구금상태에 있는 것이 언제인지를 결정함에 있어 수많은 문제점을 야기하였다.

1. 조사의 초점은 관련이 없다 (조사의 초점 기준 폐지).

피의자가 구금상태인지 아닌지를 결정하는 경우에 있어, 그 피의자가 경찰 조사의 초점인지 아닌지 여부는 관련이 없다.

2. 객관적으로 합리적인 피의자 기준

어떤 피의자가 어떤 특정한 순간 구금상태인지 아닌지를 판단하는 것은 객관적으로 합리적인 피의자 기준에 의하여 결정할 수 있다. 문제는 피의자의 신분에 있는 분별 있는 사람이 그 순간 자신이 구금상태로 생각하느냐, 구금상태가 아닌 것으로 생각하느냐이다.

---

4 Dickerson v. United States, 530 U.S. 428 (2000).

(1) 경관이 표현하지 않는 의도와는 관련이 없다.

이러한 객관적으로 합리적인 피의자 기준은 심문하는 경관이 피의자를 억류할 것인지 여부처럼 표현하지 않는 의도와는 무관하다는 것을 의미한다. 자유롭게 구금상태에서 이탈할 수 있는지 여부에 관한 피의자의 주관적인 신념은 그 신념이 합리적인 보통 사람에 의하여 공유될 만한 것이 아니라는 의미에서 관련이 없다.

[예] 자동차 운전자인 피고인은 경관에 의해 차를 정지하고 차 밖으로 나오기를 요청받았다. 경관은 질문을 하였고 피고인은 죄가 있는 것처럼 반응을 보였다. 그때 경찰은 질문을 하였으며, 경관은 질문하는 순간 피고인을 체포하기로 마음을 먹었지만 아직 체포의 사실은 말하지 않은 상태이다.

판례에 의하면 피고인이 차 밖으로 나오기를 요청받은 순간부터 구속상태인 것은 아니다 — 논점은 피의자의 신분에서 분별 있는 사람이 자신의 상황을 어떻게 받아들이냐는 것이다. 그리고 분별 있는 개인은 이러한 사실들을 바탕으로 자신은 곧 자유롭게 될 것으로 믿은 것으로 평가된다.[5]

3. 비밀경찰

합리적인 피의자 기준의 하나의 결과는, 만약 피고인이 비밀경찰 또는 정부의 정보제공자와 이야기를 나누는데 자신이 법률집행인과 이야기를 하고 있다는 것을 모르는 경우, 구금상태에서의 심문이 이루어진 것은 아니라는 것이다. 만약 피고인이 감옥에 있는 상태에서 이러한 일이 생겼어도 동일하다.[6]

[예] 그러나 비밀경찰을 이용할 경우 비록 미란다 원칙을 위배하지 않았을지라도 수정 제6조의 피의자가 변호인을 선임할 권리에 위배될 수 있다 — 일단 피의자가 기소되거나 다른 방식으로 고발된다면 그것은 비밀경찰에 의해 변호인이 없는 가운데 피의자로부터 유죄를 인정하는 진술을 고의적으로 얻게 되어 피의자의 변호인을 선임할 권리에 위배되는 것이다.

5 Berkemer v. McCarty, 468 U.S. 420 (1984).
6 Illinois v. Perkins, 496 U.S. 292 (1990).

Ⅱ. 심문의 장소

심문이 발생하는 장소는 구금이 존재하는지의 여부와 밀접한 관련이 있다. 문제는 항상 피의자의 위치에 있는 분별 있는 사람이 자신이 석방될 것을 믿는지의 여부에 따르고 이러한 문제는 장소에 부분적으로 의존한다.

1. 경찰서

심문이 경찰서에서 행해질 때 다른 장소 말하자면 피의자의 집보다는 구금상태일 경우가 많다.

(1) 체 포

만약 피의자가 체포되었다는 말을 듣고 경찰서로 호송되었다면 그것이 실질적으로 방향을 결정한다. 피고인은 명백히 구금상태이다. 왜냐하면 체포된 사람은 최소한 법정심문과 같은 다른 조치가 취해지기 전까지는 석방될 수 없기 때문이다.

(2) 순찰차인 경우

유사하게 만약 피의자가 체포된 상태로 순찰차 안에 있을 경우에도 명백히 구금상태이다.

(3) 자발적인 경찰서 심문

자발적으로 경찰서에 찾아와서 경찰의 심문에 응한 경우 일반적인 구금상태는 아니다. 그러므로 미란다 원칙을 고지받을 권리는 없다.[7]

① **공식적인 체포가 아닌 경우 방향이 결정되지 않는다:** 어쨌든 공식적인 구금이 아니라는 단순한 사실이 그 자체로서 구금상태하에서의 경찰서 심문을 막는 요건을 충족시키는 것은 아니다. 만약 주위 상황이 피의자의 위치에 있는 분별 있는 사람에게 그가 경찰서에서 석방될 수 없음을 나타낸다면, 비록 피의자가 처음에는 자발적인 의사로 경찰서에 왔을지라도 심문은 구금

7 Oregon v. Mathiason, 429 U.S. 492 (1977).

상태하에서 이루어지는 것이다.

[예] 자발적인 심문이 행해지는 동안에 경찰이 피의자에게 그를 사건의 유력한 용의자로 간주하고 있음을 알려주었다. 이 경우 피의자의 위치에 있는 분별 있는 사람은 경찰이 그를 체포하리라는 확신을 갖기에 충분하다. 만약 그러하다면 피의자는 이미 구금상태인 것이다.

2. 거리에서의 조우

피의자가 구금상태인지의 여부는 피의자를 길에서 우연히 만난 경우에 가끔 발생한다. 피의자의 위치에 있는 사람에게 경찰이 중죄혐의를 심각하게 의심하고 있다면 피의자는 아마 구금 중일 것이다. 그러나 경찰의 의심이 사소하거나 피의자에게 심문되는 범죄가 체포가 필요하지 않은 사소한 것이라면 피의자는 구금 중이 아니다.

(1) 범행현장에서의 심문

경찰은 미란다 원칙의 고지 없이 범행현장 근처에서 사람들에게 일반적인 질문을 할 수 있다.

① 피의자의 경우: 그러나 경찰이 범행현장에서 도망치는 특정 피의자를 잡았을 경우, 미란다 원칙을 당연히 고지하여야 한다.

(2) 피고가 의심스런 행동을 할 때

경관은 가끔 어떤 특정 범죄에 관한 조사의 일부로서가 아닌, 단지 의심스런 행동을 한 경우 억류할 수 있다(예 : 간략히 불심검문을 위한 억류). 그러한 조우는 경관의 안전을 위해 피의자가 몸수색을 당할지라도 일반적인 구금이 아니다.

3. 차량검문 (도로상 정지)

사소한 교통위반으로 운전자를 정지시킬 경우 일반적인 구금이 아니다. 이 경우에도 다른 조항에서와 마찬가지로 운전자의 위치에 있는 개인이 자신이 곧 출발할 수 있는지의 여부를 믿는가, 믿지 않는가로 시험할 수 있다. 일반적으로 이러한 상황에 처한 운전자는 자신이 범칙금 고지서를 발부받은 후 떠날 수 있을 것이라고 합리적으로 판단한다.

(1) 체 포

물론 경관이 운전자에게 체포 중임을 통지했을 경우 그 즉시 그는 구금상태로 간주된다.

4. 가택탐문

피의자의 집에서 조우했을 경우, 체포 중인 상태가 아니면 구금상태가 아닌 것으로 간주된다. 피의자의 집이나 직장에서의 심문과 관련된 사건에서 법원은 심문이 이루어지고 있는 친근한 분위기, 외부세계와 차단된 상태의 부족, 미란다 원칙이 필요한 경찰지배적인 분위기의 부재를 강조하고 있다.

5. 공항에서의 밀수관련 심문

공항에서 의심을 받고 있는 용의자를 정지시키는 것은 특별한 상황에서 구금이라고 판단될 수 있다. 그러한 상황에서 정지시키는 것은 범죄 현장에서의 심문의 양상과 유사하다고 할 수 있는데, 보통은 구금이 아닐 수 있다. 그러나 피의자가 떠날 자유가 없거나 많은 경찰관들이 있어서 강제적인 분위기가 형성된 것이 분명하다면 구금이라고 판단될 수 있다. 밀수업자가 수색을 당하게 되면 구금이 있었다고 판단할 가능성이 높다.

6. 심문의 목적

미란다 원칙은 구금의 목적이 심문의 목적과 관련이 있지 않을 때에도 적용된다.

제 5 절 경미한(사소한) 범죄

Ⅰ. 경미한(사소한) 범죄도 예외일 수는 없다.

어떠한 사소한 범죄도 미란다 원칙의 요건에 예외일 수는 없다. 즉, 심문은 미란다 원칙의 기본 요건을 모두 충족해야 하고(특히 피의자가 구금 중인 상태인 경우), 이러한 통고는 아무리 사소한 범죄일지라도 행해져야 하며, 구속의 형을 선고받지 않은 사실에 관계없이 행해져야 한다.[8]

경범죄에 대하여도 미란다 원칙의 예외를 인정하지 않는 것은 원칙적으로 미란다 원칙의 명료성이 훼손될 수 있기 때문이다. 경찰이 피의자를 어떻게 심문해야 하는지 결정하기 전에 범죄자의 행위의 성질에 관하여 추측하기를 바라는 것은 비합리적이다. 또한 외관상 작은 위반에 대한 심문은 점차 더 심각한 문제들에 대한 심문으로 확대된다. 그리고 작은 범죄의 예외는 경찰과 법원에 미란다 고지가 필요한 단계적 확대의 시점에 관한 결정을 하는데 어려움을 야기한다. 반대로 미란다 원칙이 필요한 예정된 위험(경찰은 혐의자가 스스로 죄를 인정하도록 강요할 것이다)은 작은 범죄에서의 신문에서도 확실히 나타날 수 있다.

1. 차량검문(도로상 정지)

이것은 피의자가 사소한 교통위반을 하였음을 의미하나, 구금이 되어 있는 것으로 간주되므로 미란다 원칙의 고지가 있어야 한다.

---

8 Berkemer v. McCarty, 468 U.S. 420 (1984) .

제 6 절 법률에 따른 심문은 무엇인가

Ⅰ. 자발적인 진술

진술이 자발적인 경우에는 미란다 원칙이 적용되지 않는다. 즉, 어떤 피의자가 심문에 의하지 않고 자발적으로 유죄를 인정하는 진술을 하였을 경우, 미란다 원칙의 고지 여부와 관계없이 그 진술은 그에게 불리하게 증거로 채택될 수 있다.

미란다 판결에서 법원은 "어떤 종류의 자발적 진술도 수정 제5조에 의해 금지되지 않는데, 그것의 허용성도 오늘 우리의 판결에 의해 영향을 받지 않는다"라고 판시한 바 있다.

1. 자발적인 구금상태하의 진술

이것은 비록 진술이 구금상태하의 피의자로부터 이루어졌을지라도 진실로 인정된다. 진술이 경찰의 유도심문에 의한 것이 아닌 한, 피의자가 구금상태에 있다는 사실이 미란다 원칙의 발동요건을 충족시키는 것은 아니다.

Ⅱ. 간접적인 질문

그러나 미란다 원칙에 따른 심문이란 경찰에 의한 직접적인 질문 이상의 의미를 내포한다. 심문은 구금상태하의 어떤 개인이 질문을 받거나, 경찰이 반드시 알아야 할 내용을 피의자로부터 유죄를 인정하는 진술로 합리적으로 유도하는 경찰의 역할에 바탕을 둔 말이나 행동이 취해질 때 심문은 시작된 것으로 간주된다.[9]

---

9 Rhode Island v. Innis, 446 U.S. 291 (1980).

1. 심문이 아닌 경우

반드시 알아야만 하는 것이 유죄를 인정하는 반응으로 합리적으로 유도된다는 것의 적용시험은 간혹 경찰의 말이 직접적으로 피의자가 유죄를 인정하는 결과를 유도했을지라도 심문과는 무관한 것이 된다.

[예] 피의자는 총신이 짧은 엽총에 의한 살인죄로 체포되었으나, 그 총은 아직 발견되지 않았다. 피의자가 범죄현장 근처에서 호송되는 도중에 경관이 피의자를 앞에 두고 자신의 동료에게 근처에 장애아동학교가 있다고 말을 했다. 그리고 하나님은 장애아동 중의 한 명이 탄약이 있는 총을 발견해서 장애아동들이 다칠 수도 있다는 것을 용납하지 않을 것이다라고 했다. 피의자는 바로 경관에게 총이 있는 장소를 알렸고 총을 찾을 수 있었다. 경관의 말은 법률적인 심문이 아니었으므로 미란다 원칙의 고지는 필요하지 아니하다.[10]

Ⅲ. 경찰이 상황이 전개되는 것을 용인했을 경우

심문의 요건은 비록 경찰이 피의자가 유죄를 인정하는 진술을 유도하는 상황이 전개되는 것을 용인했을 경우일지라도, 만약 경찰이 피의자와 직접적인 접촉이 없었다면 미란다 원칙의 고지는 필요치 않다는 것을 의미한다.

예를 들어, 경찰이 피의자가 자신의 유죄를 인정할 것 같은, 피의자와 피의자의 배우자 사이의 만남을 은밀한 감시하에 허용한다면, 필경 심문이 이루어진 것은 아니다.[11]

1. 경찰이 설정한 상황

그러나 경찰이 피의자의 자백을 유도할 목적으로 타협하는 상황을 고의

---

10 Rhode Island v. Innis, supra.

11 Arizona v. Mauro, 481 U.S. 520 (1987). 경찰은 피의자가 단순히 그가 죄를 인정할 것이라고 기대하면서 심문을 하지 않았다.

적으로 설정하였다면 심문이 명백하다.

Ⅳ. 신분확인을 위한 질문

피의자의 신분확인만을 위한 정형화된 질문을 하는 경우에는 미란다 원칙의 고지가 필요하지 아니하다.

[예] 피의자의 신상을 기록하기 위한 피의자의 성명, 주소, 신장 등과 같이 정형화된 질문은 미란다 원칙의 통고 없이 이루어진다.

Ⅴ. 경찰이 아닌 자에 의한 질문

미란다 판결에서 법원은 그것의 구속력을 '법집행 공무원에 의한 질문'에 한정시켰다.

경찰이 아닌 자에 의한 질문이 행해질 때, 법률집행관에 의한 경우에만 미란다 원칙의 통고가 요구된다.

1. 탐정 또는 희생자

질문이 사설탐정 또는 범죄의 피해자에 의해 피의자에게 행해질 때 미란다 원칙은 적용되지 않는다.

2. 정부관리

그러나, 보호관찰관 또는 세무조사업무를 수행 중인 국세청 직원, 형 집행을 위해 피의자의 정신상태를 감정하는 법원이 위임한 정신과 의사에 의한 질문의 경우에는 모두 미란다 원칙이 적용되어야만 한다.

제 7 절 공공안전을 위한 미란다 원칙의 배제

Ⅰ. 공공안전을 위한 배제의 개요

미란다 원칙의 고지는 "공공안전에 대한 염려로 합리적으로 유발되는" 심문의 경우에는 필요하지 않다. 더구나 그러한 공공안전에 대한 상당한 염려의 존재는 경찰관의 주관적인 동기를 조사함으로써가 아니라 객관적으로 결정된다.[12]

[예] 경찰과 세 명의 동료가 채소가게 안에서 강간 피의자인 피고인에게 다가가서 말을 걸었다. 경찰을 보자 피의자는 가게 뒷문으로 도망치다 붙잡히고 수갑이 채워졌다. 경찰은 미란다 원칙의 통고 없이 피의자에게 총기를 지녔는지 그리고 어디에 두었는지 질문했다. 피의자는 빈 종이상자 쪽으로 고개를 끄덕이면서 권총은 저쪽에 있다고 말을 하였다. 그곳에서 권총이 발견되었고, 권총의 발견 이후 미란다 고지를 받았다. 피의자의 진술(총기를 포함한)은 범행에 있어 그에게 불리하게 증거로 처택된다.

판례에 따르면, 비록 피의자가 구금상태하에 있었고 그가 진술이 행해질 때 심문이 진행되었다고 하더라도, 그가 미란다 원칙의 고지를 받지 못한 것은 당연하다. 왜냐하면 경찰의 질문은 공공의 안전을 보호하기 위한 필요에 의하여 이루어졌기 때문이다.[13]

---

12 New York v. Quarles, 467 U.S. 649 (1984). 본건은 미란다 판결에서 선언된 예방적 규칙의 문언에 집착하는 것보다는 공공의 안전에 대한 염려가 우위에 있다는 상황을 보여주고 있다. 권총이 상점 내에 은닉되어 있음으로 인하여 공범이 이를 사용할 수 있고, 손님 또는 종업원이 이를 가지고 갈 우려도 있는 상황이었다. 따라서 피의자를 심문하는 것이 미란다 원칙에 따라 금지된다면 공공의 안전에 미치는 위험과 비용은 단지 범인을 유죄로 판결하는 데 도움을 주는 증거를 취득하지 못하게 되는 위험이나 비용보다 컸을 것이다. 그러므로 공공장소에서의 권총의 은닉으로부터 공중에 대한 장래의 위험이 발생하지 않도록 보장하기 위하여 그 질문에 대하여 답변이 요구되는 것이다.

13 New York v. Quarles, supra.

1. 객관적인 기준

공공의 안전을 위협하는 위험이 존재한다는 것은 주관적인 기준이 아닌 객관적인 기준에 의해 결정된다. 즉, 질문하는 경관의 공공안전에 중대한 위협이 존재한다거나 존재하지 않는다는 주관적인 믿음은 관련이 없다. 그리고 그 기준은 그 위치에 있는 합리적인 경찰관이 그러한 위험이 있는 것으로 결론을 내리는지 여부에 달려 있다.

공공안전을 위한 미란다 원칙의 배제에도 불구하고, 피의자는 언제든지 자신의 자백이 강요에 의한 것임을 나타내는 의사표시를 할 수 있고 또한 그러한 자백은 배제된다. – 이는 경관이 미란다 원칙을 통고하지 않아서가 아니라 자발성의 결여 때문이다.

제 8 절 미란다 원칙의 권리 포기

Ⅰ. 권리의 포기 개요

피의자는 미란다 원칙에 관한 고지를 받은 후, 변호인을 선임할 권리나 묵비권을 행사할 권리를 포기할 수 있다. 그러나 법원은 포기의 유효성을 판단함에 있어 사안마다 매우 엄격한 태도를 보이고 있다.

포기는 의사표현에 의하거나 또는 은연중에 내포하여 나타낼 수 있다.

Ⅱ. 포기의 의사표시

법원은 미란다 판결을 선고함에 있어 미란다 권리의 명시적인 포기 가능성을 인정하고 있다. 일반적으로 포기의 의사표시는 피의자에 의해 자신이 변호인을 선임할 권리나 묵비권을 행사할 권리를 포기하였음을 진술하고 서명한 서류형태를 취한다. 피의자가 강요나 계략에 의하지 아니하고 서면으로 포기의 의사를 표시한 경우에는 그러한 포기는 충분한 것이 된다.

Ⅲ. 은연중에 내포된 포기

미란다 원칙의 권리 포기는 명시적인 의사표시가 아니라 피의자의 말이나 행동에 의하여 추론될 수도 있다. 이러한 경우 법원은 피의자의 포기 의사표시가 명백한지 여부를 엄격하게 판단한다.

1. 입증책임

기소자측은 은연중에 내포된 포기가 피의자가 알고 있는 것이며, 최소한 피의자가 미란다 원칙의 권리들을 인지하고 있었고 그 권리들을 포기하지 않을 권리가 있음을 인지하였다는 정도까지는 입증할 책임이 있다.

2. 침 묵

미란다 원칙의 고지를 받은 후 피고인의 침묵이 그 자체로 권리의 포기를 입증하는 요건으로는 충분하지 않다. 유효한 포기는 고지가 주어진 후에 피고인의 침묵으로부터나 자백이 사실상 결국 얻어졌다는 사실로부터 단순히 추정되는 것은 아니다.

[예] 구금 중인 피의자가 미란다 원칙 통고를 읽었다. 그는 아무런 반응을 보이지 않았다. 그 다음 경관이 피의자에게 질문을 하였고 피의자는 유죄를 인정하는 자백을 하였다. 이 경우 피의자가 자신의 권리를 포기하였다고 보기는 어렵다. 왜냐하면 그의 유일한 반응은 침묵이었고 그 후 질문에 대한 그의 답변이 있었다. 이 경우 피의자가 자신의 권리를 인식하고 있었으며 자발적으로 권리를 포기하기로 결정하였음을 나타내는 보다 상세한 표시가 요구된다.

3. 포기의사표시 양식에 서명을 거부하는 경우

포기의사표시 양식에 피의자가 서명을 거부하는 것이 자동적으로 그가 미란다 원칙의 권리 포기를 부정하였음을 나타내는 것은 아니다.[14]

4. 변호인 없이 행한 진술에 서명을 거부하는 경우

마찬가지로, 피의자가 구두진술을 하였으나 진술 사본에 서명을 거부하는 경우도 동일하게, 자동적으로 그가 미란다 원칙의 권리 포기를 부정하였음을 나타내는 것은 아니다.[15]

5. 고용된 변호인과 상의가 없었던 경우

피의자의 가족들이 변호인을 선임하였고, 피의자가 미란다 원칙의 권리를 포기한 것은 (그리고 그 결과 피의자는 변호인과 접견할 수 없었다) 비록 경찰이 변호인이 이미 선임되었음을 피의자에게 말하지 않은 경우일지라도, 또한 비록 경찰이 변호인이 피의자를 접견하는 것을 방해했을지라도 계속적으로 유효하다.[16]

6. 피의자의 혐의에 대한 무지

경찰은 피의자에게 혐의 내용 또는 심문에 부속하는 제반 사항들에 대해 정확하게 알릴 의무는 없다. 비록 피의자가 자신이 사소한 사건으로 심문을

---

14 North Carolina v. Butler, 441 U.S. 369 (1979). 피의자는 "나는 당신에게 진술을 하겠지만, 어떠한 양식에도 서명하지 않을 것이다"라는 진술을 하면서, FBI의 표준양식에 서명하는 것을 거부하였다. 피의자는 변호인의 조력을 받을 권리를 고지받았음에도 아무런 말을 하지 않았다. 법원은 미란다 권리의 명백한 포기는 필수적인 것이 아니고, 포기는 어떠한 상황에서도 신문받고 있는 사람의 행동이나 말로부터 추론될 수 있다고 판시하였다. 법정의견에 대한 반대의견은 미란다 권리는 명백한 포기를 요구할 정도로 해석되어져야 한다고 주장하였다. 그렇지 않은 경우 본건과 같이 모호한 상황에서는 피의자의 말이나 행동에서 분명치 않게 되는 사례가 발생할 것이라는 취지이다.

15 Connecticut v. Barrett, 479 U.S. 523 (1987).

16 Moran v. Burbine, 475 U.S. 412 (1986).

받게 될 것이라고 믿는 상태에서 중대 사건에 대한 심문이 행해질지라도 권리의 포기는 여전히 유효하다.[17] 심문의 내용에 대한 경찰의 단순한 침묵은 피의자의 미란다 권리의 포기를 무효화시킬 만큼의 기망적인 수단은 아니다. 피의자의 미란다 권리의 포기가 유효한 요건은 단지 피의자가 헌법상의 권리(즉 묵비권)가 있다는 사실을 알고 있으면 되는 것이지 피의자가 묵비권을 행사할 것인지 여부를 결정할 모든 유익한 정보를 알아야 하는 것은 아니다.

[예] 위의 결과에 따라 경찰이 앞으로 행할 심문의 본질에 대해 피의자에게 허위로 설명할 수도 있다고 단정적으로 말하기는 어렵다.

7. 정신병이 있는 피의자

피의자의 권리포기를 결정하는 데 그의 정신병이 주요 부분을 차지했어도, 이 사실은 그가 권리포기를 하는 데 있어 경찰의 강요에 의한 것이 아닌 한 아무런 문제가 되지 않고, 포기의 유효성을 손상시키지는 않는다.[18]

Ⅳ. 복수의 심문

피의자가 한 번 이상 여러 번 심문을 받을 경우에는 주의를 요한다.

1. 처음 심문에는 묵비권으로 호소

처음 심문에는 피의자가 묵비권으로 자신의 권리를 호소한다고 가정한

17 Colorado v. Spring, 479 U.S. 564 (1987). 피고인은 연방무기법위반으로 체포되어 처음에는 무기거래혐의에 대하여만 조사를 받았다. 이에 따라 피고인은 미란다 권리를 포기하였다. 피고인이 무기거래혐의에 대하여 자백을 하자 수사관은 살인사건에 대하여 조사를 전환하였고, 피고인은 그 조사에서 살인을 자백하였다.

18 Colorado v. Connelly, 479 U.S. 157 (1986). 피고인은 만성적인 정신분열증 환자였고 최소한 그가 경찰서에 출석하여 그의 미란다 권리를 포기하고 자백하기 전날 정신이상 상태에 있었고, 또한 자백할 때 자신은 하나님의 계시를 따르고 있다고 생각했다는 것을 밝혀주는 여러 가지 증거가 있었다. 그러나 피고인에게 미란다 경고를 알리고 자백을 받은 경찰관이 피고인의 정신이상 상태를 알고 있었다거나 어떤 강요수단을 사용하였다는 증거는 없었다.

다. 경찰은 몇 시간 혹은 며칠을 기다린 후 심문을 재개할 수 있는 것인가?

(1) 다른 범죄

두 번째 심문이 다른 범죄에 대해 행해지고, 심문에 행해지기 전에 새로운 고지가 경찰에 의해 이루어졌다면 처음 심문 동안 묵비권을 행사했음에도 불구하고, 피의자에 의한 권리의 포기는 필경 유효하다.[19]

(2) 동일 범죄

처음 심문과 동일한 범죄에 대해 두 번째 심문이 행해질 경우 대법원은 처음 심문에서의 피의자의 권리에 대한 그의 주장을 취소할 것인지 아닌지, 어떻게 할 것인지에 대해 결정을 내리지 않았다. 필경, 피의자가 처음 심문에서 미란다 원칙에 따른 자신의 권리를 호소할 때 신속히 심문을 중지하는 한, 심문을 재개하기 전에 몇 시간을 기다린 후 새로운 통고를 하고, 경찰은 동일 범죄에 대해 새로운 심문을 할 수 있다.

2. 처음 심문에서 변호인을 요청할 때

피의자가 처음 심문에서 자신이 변호인을 원함을 호소했을 경우, 기소하는 측이 피의자가 그 후 이 요구를 포기했음을 증명하는 것은 매우 어렵다. 법정은 피의자는 경찰과 관련된 그의 요구를 변호인만을 통하여 표현할 수 있고, 피고인 자신이 먼저 시작한 경우를 제외하고는 변호인이 참석하기 전까지는 심문을 진행할 수 없다는 명확한 기준(bright line) 규칙을 부과한다.[20]

(1) 질문에 대한 응답

그 후에 경찰의 질문에 응답했다는 단순한 사실이 피고인이 이전에 변호인을 요청한 것을 포기하는 것을 의미하는 것은 아니다.

[예] 경찰이 피의자를 체포하였고 그에게 미란다 원칙에 관한 고지를 하였다. 피의자는 나는 변호인을 원한다라고 말했다. 경찰은 피의자에게 변호인을

19 Michigan v. Mosley, 423 U.S. 96 (1975).
20 Edwards v. Arizona, 451 U.S. 477 (1981).

제공하지 않았다. 이틀 후 경찰은 피의자에게 범죄에 관해 질문했고 피의자는 진술했다. 이러한 진술은 그가 이미 변호인을 선임할 권리를 요구하였으므로 피고인에게 불리하게 증거로 채택될 수 없고, 이러한 권리의 호소는 피의자가 시작한 진술이 아닌 다른 어떤 것에 의해서도 포기되는 것은 아니다. 단지 경찰관에 의해 시작된 질문에 대한 응답일 뿐이므로 요건을 충족시키지 못한다.[21]

(2) 다른 범죄에 대한 질문

이러한 bright line 규칙은 경찰이 다른 범죄에 관하여 연속적으로 질문하기를 원할 경우, 피의자에게 피의자가 처음 변호인을 요청했을 경우 그에게 이루어진 질문에 대한 bright line 규칙과 대등하게 적용된다.[22] 피의자가 특정 범죄에 대하여 미란다 원칙을 주장하는 경우에는 그 범죄 또는 이와 무관한 별건에 대하여 더 이상 신문을 받아서는 안 된다.

(3) 요청은 애매하지 않아야 한다

bright line 규칙은 피의자가 구금상태하의 심문이 진행되는 동안 변호인이 참석하기 원한다는 그의 권리를 명백하게 요구하였을 경우에만 적용된다. 만약 피의자가 애매한 요청 — 분별 있는 관찰자가 그가 변호인을 요구하는지 아닌지를 구분할 수 없는 — 을 하였다면 질문을 중지할 필요는 없다. 사실, 경찰이 피의자가 진실로 변호사를 원하는지를 결정하기 위해 그 사실을 명백히 하기 위한 질문까지 해야만 하는 것은 아니다(비록 경찰이 할 수 있을지라도).[23]

(4) 변호인은 반드시 참석해야만 한다

만약 피의자가 변호인을 요청하고 변호인과 상담을 하였을 경우, 변호인

---

21 Edwards v. Arizona, supra.

22 Arizona v. Roberson, 480 U.S. 675 (1988). 피의자가 미란다 고지를 받은 후 변호인을 요구하여 경찰의 신문이 중단된 상태에 있었다. 피의자가 계속 구금되어 있던 중에 다른 경찰이 피의자가 이미 변호인의 조력을 받을 권리를 주장하였다는 사실을 알지 못하고 별건에 대하여 신문하여 피의자가 자백한 사건이다.

23 Davis v. United States, 512 U.S. 452 (1994).

이 잠시 자리를 비운 사이에 계속해서 질문이 진행되었다면 이 질문들은 bright line 규칙을 위반한 것이다. 즉, 변호인은 연속적인 질문이 진행되는 동안 참석해야만 하고 질문 전에 피의자에게 간단한 자문을 해 줄 수 있으므로 이러한 변호인의 역할을 대신할 수 있는 것은 없다.[24]

3. 처음 심문을 할 때 피의자가 모든 권리를 포기한 경우

만약 처음 심문을 할 때 피의자가 미란다 원칙의 모든 권리를 포기한 경우, 경찰은 연속되는 다음 번 심문에 미란다 원칙에 관한 고지를 반복할 필요는 없다.

제 9 절 미란다 원칙의 다른 논점들

Ⅰ. 대배심

대배심으로의 출두 소환장을 받은 목격자는 미란다 원칙에 관련된 고지를 받을 필요는 없다.

Ⅱ. 탄 핵

미란다 원칙에 위배하여 획득된 자백은 공소사실을 인정하는 증거로 사용될 수 없다. 그러나 이러한 경우에 피의자의 경찰에서의 진술을 그의 신빙성을 탄핵하는 증거로는 사용할 수 있다.[25]

---

24 Minnick v. Mississippi, 498 U.S. 146 (1990).

25 Harris v. New York, 401 U.S. 222 (1971). 증거능력 없는 증거는 그 신빙성이 법적 기준을 충족하는 경우 비록 미란다 원칙에 의하여 공소사실을 입증하는 증거로 사용될 수는 없다고 하더라도 어떤 목적을 위해서도 전부 금지된다는 것이 아니다. 모든 형사피고인은 그 자신의 방어를 위하여 증언하거나 또는 그렇게 하기를 거부할 특권이 있으나 그 특권은 위증을 저지를 권리를 포함하는 것이 아니다. 미란다 원칙에 의하여 제

[예] 피의자는 두 가지 사건에 있어 마약판매 혐의를 받고 있었다. 범죄 공판에 있어서, 그는 두 번 중 한 번의 판매는 부인하는 입장을 취하고 있었다. 그 후 검사는 미란다 원칙에 위배하여 진술을 받아냈다. 비록 미란다 원칙의 고지를 받지 아니하고 진술을 얻었더라도, 그것은 피의자의 범죄공판에서 증언을 고발하는 데 이용될 수 있다고 평가된다.[26]

1. 강 요

비록 피고인의 진술이 미란다 원칙에 위배하여 획득되었다고 하더라도 피고인의 진술에 대한 탄핵을 위하여 사용될 수 있다. 그러나 그 진술이 강요에 의한 자백이거나, 또는 다른 어떤 이유에 의해 비자발적으로 행해진 경우에는 탄핵목적을 위해서조차 사용될 수 없다.[27]

Ⅲ. 피의자의 침묵을 이용

1. 일반적으로 용인되지 않는다.

검사는 피의자가 경찰이 심문하는 동안 침묵을 지켰음을 법정에서 제기할 수는 없다. 다시 말하면, 피의자가 미란다 원칙에 따른 권리에 호소했다는 사실을 판사 앞에서 피의자의 사건을 약화시키기 위해 이용할 수는 없

공되는 방패는 이전의 모순되는 발언들과 대면의 위험으로부터 면제된 변명의 수법에 의하여 위증을 행할 수 있는 면허장으로 악용될 수는 없다.

26 Harris v. New York, supra.

27 Mincey v. Arizona, 437 U.S. 385 (1978). 피고인은 중환자실에서 총상, 일부 마비증세로 목과 코에 관을 꽂고 방광에 도뇨관을 연결한 상태로 여러 가지 약품을 신체에 투입하는 도중에 경찰 조사를 받게 되었다. 피고인은 변호사를 선임할 때까지 신문을 중단하여 달라고 계속 요구하였으나, 경찰은 서면으로 답변을 하라고 하면서 신문을 계속하였다. 조사를 받으면서 피고인은 계속하여 고통이 참을 수 없는 상태라고 소리를 질렀다. 피고인의 대답은 그 자체로 피고인이 혼란상태에 있었음을 나타낸다. 이에 대한 법원의 판단은 다음과 같다. 피고인의 자백은 이성적인 상태에서 자유의사에 의한 것이 아니고, 심한 고통으로 의식을 잃을 정도의 부상을 당한 사람으로부터 얻은 것이며, 피고인의 의사는 단지 짓눌린 상태에 있었던 것이다. 따라서 자백은 임의성이 없는 것이고, 탄핵목적을 위해서조차 허용될 수 없는 것이다.

다.[28] 즉 검사는 법정에서 피고인에게 "당신은 왜 경찰에서 그러한 이야기를 하지 않았나요?"라고 하거나, 피고인이 묵비권을 행사하였다는 사실을 이끌어내는 방법으로 피고인의 알리바이를 탄핵해서는 안 된다.

[예] 공판에서, 피의자는 범행시각에 자신은 다른 도시에 있었다는 알리바이에 대한 방어를 제시할 수 있다. 검사는 구금하에서 심문이 진행될 때 그가 자신의 알리바이를 입증하지 못하였고, 그 알리바이가 사실이라면 누구나 그가 알리바이를 입증하지 못할 것으로 생각지는 않을 것이라는 것을 보임으로써 이러한 알리바이를 탄핵할 수 있다. 검사는 이러한 방식으로 피의자를 탄핵할 수는 없다.

2. 체포 전 침묵

그러나 이 규칙은 피의자가 체포되고 미란다 원칙이 고지된 후에만 적용된다. — 피의자에 의한 체포 전 침묵에는 적용되지는 않는다.

[예] 피의자가 살인 공판에서 정당방위를 주장했다. 검사는 살인사건 2주 후에 이러한 주장을 하고, 피의자는 자수를 하지 않았고 또한 자신의 살인이 정당방위였음을 설명하지 않았음을 지적하여 탄핵한다. 판례에 따르면 피의자의 침묵에 대한 이러한 기소는 적절하다. 왜냐하면 피의자의 침묵이 구금상태하에서 발생한 것이 아니기 때문이다.[29]

---

28 Doyle v. Ohio, 426 U.S. 610 (1976). 체포된 사람의 침묵을 그 후에 재판에서 피고인의 변명을 탄핵하는 데 사용하는 것을 허용하는 것은 원칙적으로 부당하고 적법절차의 위반이다.

29 Jenkins v. Anderson, 447 U.S. 231 (1980). 피고인은 살인사건에 대한 재판에서 정당방위를 주장하였다. 검사는 피고인이 살인사건 후 2주간이나 자수하거나 정당방위 상황을 설명하기 위하여 경찰서에 가지 않은 점을 지적하면서 피고인의 주장을 탄핵하였다. 법원은 본건에 대하여 Doyle 판결을 적용할 수 없다고 판시하면서, 피고인이 체포되기 전에 침묵하도록 유인한 어떠한 공권력의 행사도 없었고, 그동안 피고인이 구금되어 있지 않았다고 판시하여 Doyle 판결과 구별을 하였다.

Ⅳ. 미란다 원칙의 고지가 필요하지 않은 경우[30]

어떠한 경우에 미란다 권리에 대한 고지가 필요하지 않은가 하는 문제를 살펴볼 때 가장 전형적인 경우는 구금적 신문이 없는 경우이다. 법원은 미란다 판결 이후에 미란다 권리의 고지가 필요하지 아니한 경우를 다음과 같이 판시하고 있다.

- 경찰이 아무런 질문을 하지 아니한 경우
- 범죄현장에서의 범죄정보 수집을 위한 질문
- 진술이 자발적인 경우
- 일반적인 동일인 확인 절차
- 용의자가 아닌 증인에 대한 질문
- 정지 및 외피검사의 경우
- 용의열, 출두, 사진 확인절차
- 사인에 대한 진술
- 대배심에서의 진술
- 공공에 대한 안전에 위협이 있는 경우
- 비밀요원이 수용자로 행동하면서 질문을 하는 경우

30 Rolando V. del Carmen, *Criminal Procedure* (9th ed), Wadsworth, 2014, 365면.

제6장

대질확인, 그 밖의 재판 전 동일인 확인절차

제 1 절 동일인 확인절차 개요

Ⅰ. 다양한 절차들

경찰이 용의자와 특정한 범죄를 연결시키는 물리적인 식별방법은 다양하다. 즉 대질확인(용의열), 지문, 혈액, 음성문, 사진의 이용 등이 그것이다.

Ⅱ. 가능한 헌법상의 문제들

피의자에 대하여 이들 절차 중 한 가지를 사용할 경우에는 헌법과 관련하여 다음의 문제들이 야기될 수 있다.

① 피의자의 자기부죄에 대한 특권을 침해할 수 있다는 것
② 수정 제4조를 위반하는 불합리한 수색 혹은 체포를 구성할 수 있다는 것
③ 만일 그것이 변호인 부재의 상태에서 이루어진다고 한다면, 그의 수정 제6조상의 변호인의 조력을 받을 권리를 침해하는 절차의 사용이라는 것
④ 피의자의 수정 제5조, 제14조상의 적법절차에 의할 권리의 침해를 유발할 소지가 크다는 것

Ⅲ. 주요한 방어수단으로서의 변호인의 조력을 받을 권리

권리침해의 유형으로 분류하여 보자면 변호인의 조력을 받을 권리를 침해하여 피의자에게 변호인이 없는 상황에서 이들 절차 중의 하나(특히 대질확인 혹은 면대면 대질확인)가 실시되기도 한다. 또 다른 유형으로 그 절차가(대질확인, 면대면 대질확인, 사진제시) 적법절차를 침해하기도 한다. 자기부죄의 주장은 권리침해의 유형으로 입증이 어렵기 때문에 재판에서 피고인의 주장이 받아들여지지 않는 경우가 많다. 또한 수색과 체포에 있어서의 권리침해 주장은 경찰이 영장을 발부받지 않은 경우이거나 상당한 이유가 없는 경우에 효과적인 주장이 된다.

이와 같은 이의에 대하여 가장 구제를 많이 받는 경우는 변호인의 조력을 받을 권리가 침해되었다는 주장이다.

제 2 절 자기부죄에 대한 권리

Ⅰ. 자기부죄금지특권의 한계

수정 제5조는 진술의 강제만을 금지하고 있으므로 강제채혈은 수정 제5조를 위반한 것이 아니다.[1] 즉 자기부죄금지특권은 진술강요를 금지할 뿐 피의자나 피고인을 물적 증거방법으로 사용하는 것을 금지하는 것이 아니다. 다만, 진술 증거와 물적 증거의 구분이 항상 명확한 것은 아니다(예, 거짓말 탐지기가 실제로는 본질적인 진술에 해당하는 대답을 알아낼 수 있다).

1 Schmerber v. California, 384 U.S. 757 (1966). 피고인은 음주운전으로 체포되었는데, 피고인의 반대에도 불구하고 경찰은 의사로 하여금 강제적으로 피고인의 혈액을 채취하도록 하였다. 5:4로 판결이 선고되었는데, 다수의견은 수정 제5조는 용의자 또는 피고인을 강제적인 진술로부터 보호하는 것일 뿐 그들 자신이 직접 물리적인 증거방법이 되도록 하는 것에 있는 것이 아니라는 취지로 판시하였다.

1. 확대 적용

Schmerber 판결은 물리적인 확인절차가 자기부죄금지특권과 관련이 없다는 이론적 근거가 되었다. 또한 자기부죄금지특권은 ① 피고인이 용의열에서는 것과 ② 확인을 위하여 말을 하도록 강제되는 경우에는 적용되지 않는다.[2]

2. 기타 절차

더구나 자기부죄금지특권은 지문, 사진, 신체감정, 둘리적인 움직임, 필적감정, 심지어 자외선에 의한 검사 등에도 적용되지 않는다.

Ⅱ. 비 협 력

1. 참여거부

동일성 확인절차는 자기부죄금지특권과 관계가 없으므로, 용의자는 동일성 확인절차를 거부할 권리가 없다.

2. 비협력의 결과

① 만일 피의자가 신체적 동일성 확인을 위한 절차에 협력하지 않는다면 법원은 이에 응하도록 명령할 수 있다. 만일 피의자가 끝까지 거절한다면 당해 법원은 그를 법정모독죄로 구금시킬 수 있다. 그러나 이에 대하여는 피의자가 범인으로 자신을 인식시키는 절차에 참여하지 않았을 뿐이므로 그러한 제재를 하는 것은 적절하지 않다는 반대의견이 있다.

또한 피의자가 이를 거부한다면 도주나 허위의 알리바이 제시와 같은 유죄의 정황증거로 사용될 수 있다. 그러나 성문분석을 위하여 말을 하도록 하

2 United States v. Wade, 388 U.S. 218 (1967).

는 것과 미란다 원칙에 의한 진술거부권과의 차이가 모호해질 우려가 있다는 비판이 있다.

② 신원확인절차와 자기부죄금지특권은 관계가 없기 때문에 검사가 피고인의 진술거부를 언급해서는 안 된다는 법리가 적용되지 않는다. 따라서 검사는 피고인이 신원확인절차에 협력하지 않았다는 것을 재판절차에서 언급할 수 있다.

③ 경찰은 피의자의 반대에도 불구하고 피의자에 대한 동일성 식별절차를 진행할 수 있다.

제 3 절 재판 전 변호인의 조력을 받을 권리

Ⅰ. 원 칙

형사절차에서 피의자는 재판 전 법정에서 변호인을 선임할 수 있는 절대적인 권리를 가진다. 이러한 권리는 대질신문과 면대면 대질확인시에도 동일한 권리를 가진다.[3]

[예] 피의자는 강도혐의로 체포되었고, 경찰서로 연행되었다. 그는 닮은 외모의 다른 사람들과 함께 세워졌다. 강도피해자는 범인을 확인하라는 요청을 받고, 서 있는 사람 중 피의자를 지적하였다. 만일 대질확인에서 변호인을 선임할 기회를 피의자에게 부여하지 않았다면, 대질확인의 결과들은 피의자의 형사재판에서 피의자에 대한 증거로 받아들여질 수 없다.

3 United States v. Wade, 388 U.S. 218 (1967). 두 명의 증인이 경찰서 복도에서 FBI 요원에 의해 둘러싸인 채로 서 있는 피고인을 본 후 피고인을 범인으로 지목하였다; Gilbert v. California, 388 U.S. 263 (1967). 강당에서 100여 명의 증인이 모두 있는 자리에서 한 사람씩 피고인의 몇 가지 범행에 대하여 (암시의 위험을 내포한) 용의열의 확인절차를 실시하였다.

1. 동일성 확인의 법원에서의 효력

대질이 변호인의 조력을 받을 권리침해로 행하여졌다면, 피의자의 대질 확인된 사실이 재판에서 받아들여지지 않는 것은 물론이고, 심지어 동일성을 확인해 준 증인이 법정에서 피고인석에 앉아 있는 사람이 범죄현장에서 본 사람이라는 증언조차도 받아들여지지 않을 것이다. 일단 대질확인이 합당하지 않은 것으로 밝혀지면 기소자는 그 법정에서 동일성 확인이 독과수(즉, 합당하지 않은 대질확인에 의한 동일성 확인의 결과물)가 아니라는 명확하고 설득력 있는 증거를 제시하여야만 한다.

Ⅱ. 권리의 포기

재판 전 소송에 맞설 변호인을 선임할 권리는 포기할 수 있다. 그러나 권리 포기자는 판단력이 있는 자이어야 한다. 일반적으로 경찰은 변호인의 조력을 받을 권리가 있음을 피의자에게 고지하여야 하고, 피의자는 그 권리를 이해할 수 있는 상태에서 자유의지에 기하여 포기하였어야 한다.

Ⅲ. 권리에 대한 예외

1. 피의자에 대한 정식소송 전

재판 전 변호인을 선임할 권리는 피의자에 대한 정식소송제도 밖에서 야기되는 대면에서만 적용된다.[4] 이 권리는 공식적인 고발이 있거나, 예비신문을 행하거나, 기소되거나, 공소사실이 심리되거나, 혹은 그 밖의 공식적인 사법상 절차의 대상이 되었다는 사실에 기하여 발생한다. 대체로 이 권리는 체포영장이 발부되면 발생하는 것이지만, 만일 피의자가 영장 없이 체포되었

4 Kirby v. Illinois, 406 U.S. 682 (1972).

고, 그리고 대질확인절차 또는 면대면 대질확인절차의 대상이 되었다는 사실만으로는 발생하지 않는다. 이 권리는 심지어 경찰이 피의자를 아직 체포하지 않은 상태이지만, 대질확인절차에 자유의지로 참가할 것을 그에게 요청하였고, 피의자가 동의한 경우에는, 발생하지 않을 것이 틀림없다.

2. 사진에 의한 동일성 확인 (photo I. D.)

변호인의 조력을 받을 권리는, 동일성 확인을 목적으로 하는 사진 혹은 동영상을 증인이 보는 경우에는 적용되지 않는다.

[예] 피의자 부재의 상태에서 경찰이 피해자에게, 죄 없는 사람의 사진과 함께 피의자의 사진을 보여주고는 그중 범죄자의 사진을 고르도록 피해자에게 요청하였다. 피의자는 비대면의 상황에서는 수정 제6조상의 변호인의 조력을 받을 권리를 가지지 못하기 때문에 피의자가 이 절차 동안 변호인이 출석하지 않았다는 사실은 문제되지 않는다.[5]

3. 과학적 방법에 의한 동일성 확인절차 (scientific I. D. procedures)

증인의 눈을 통한 동일성 확인과는 반대로 과학적 방법을 이용하여 피의자를 범인으로 확인하는 경우 수정 제6조상의 변호인의 조력을 받을 권리가 주어지지 않는다. 따라서 만일 경찰이 피의자의 지문, 혈액, 옷, 음성, 필적 등을 채취 또는 분석하는 경우, 피의자는 그 채취 혹은 분석하는 동안에 변호인을 선임할 권리를 가지지 못한다.

5 United States v. Ash, 413 U.S. 300 (1973).

제 4 절 동일성 확인절차에 대한 적법절차의 제한

Ⅰ. 암시적 절차

변호인의 조력을 받을 권리가 동일성 확인절차에 의하여 발생하지 않는 경우(혹은 발생한 경우), 피의자는 자신의 적법절차에 관한 권리를 침해하였다는 이유로 동일성 확인의 결과를 배척할 수도 있다.

[예] 피고인은 강도피의자이다. 피고인은 자신보다 키가 작은 몇몇의 사람과 함께 대질확인절차에 참가하였다. 피고인만이 강도가 입고 있었다는 유사한 자켓을 입고 있었다. 피해자가 확실하게 누구를 지목할 수 없게 되자 그 후 경찰은 피고인의 면대면 대질확인을 이용하였다. 피해자가 여전히 불확실해 하자 경찰은 며칠 후 두 번째 대질확인절차를 시도하였는데, 여기에서 피고인은 앞의 대질확인절차에서 유일하게 반복된 사람이었다.

판례에 의하면 이 사건에서 범인으로서의 피고인의 동일성 확인은 필연적이라 할 만큼 암시적이다. 따라서 피해자가 두 번째 대질확인절차에서 피고인을 지목했다는 사실은 그의 적법절차에 대한 권리가 침해되었으며, 이를 재판에서 사용할 수 없도록 하여야 한다고 보았다(이는 피고인이 변호인을 선임할 권리를 가지고 있는지 또는 그 권리를 사용했는지의 여부에 관계없다).[6]

Ⅱ. 신뢰할 만하다고 판단된 암시적 절차

만일 법원이, 어느 정도는 암시적이라 하더라도, 신뢰할 만하다고(즉, 잘못된 동기가 없다고) 판단하게 되면, 동일성 확인절차는 적법절차를 침해하는 것이 아니다.

[예] 만일 피해자가 바로 옆 적당한 불빛 아래에서 범죄실행 동안 범인을 볼 수

6 Foster v. California, 394 U.S. 440 (1969).

있는 시간을 오래도록 가졌다면, 이 사실은 동일성 확인절차의 결과가, 비록 그 절차 자체에 어떤 암시성이 있다고 하더라도, 피의자에게는 아주 공정한 것이라고 하기 쉬울 것이다. 같은 이유에서 피해자가 동일성확인을 확신한다거나, 또는 동일성 확인 전 범인에 관한 매우 정확한 설명을 하였다는 사실은, 법원이 그것을 받아들이는 것을 더욱 더 용이하게 할 것이다.[7]

Ⅲ. 사진에 의한 동일성 확인절차

증인이 사진을 통하여 피의자를 확인한 경우, 피의자의 적법절차에 의할 권리가 침해되었는지의 여부를 결정하는 데에는 전체적 상황검사가 필요하다. 즉, 이 테스트는 대질확인 또는 면대면 대질확인 상황에서 이용된다.[8]

[예] 사진에 의한 동일성 확인절차는 만일 경찰이 피해자에게 한 장의 사진을 보이고, 이 자입니까?라고 물을 때보다는 다수의 사람의 사진을 어떠한 힌트 없이 피해자에게 보이는 경우에 받아들여질 가능성이 크다고 할 것이다.

1. 잘못될 가능성이 커야 함

대질확인과 면대면 대질확인과 함께 적법절차의 침해는 사진에 의한 동일성 확인이 잘못된 결과를 가져올 가능성이 큰 경우에만 인정될 수 있다. 그것이 어느 정도 암시적일 것은 요하지 않는다. 따라서 만일 피해자가 범인을 볼 수 있는 대체적으로 좋은 기회를 가졌다거나, 범인확인에 있어서 대체적으로 경험을 가지고 있다면 이것은 아마도 절차에 있어서의 어떤 암시성(예컨대 1장의 사진이용)을 극복할 수 있을 것이다.[9]

---

7 Neil v. Biggers, 409 U.S. 188 (1972).

8 Simmons v. United States, 390 U.S. 377 (1968); Manson v. Brathwaite, 432 U.S. 98 (1977). 비밀마약수사요원이 어느 아파트에서 마약이 판매되고 있다는 첩보를 입수하고서 정보원과 함께 그 건물에 가서 마약을 구입하였다. 실은 그가 구입한 장소는 동일한 건물이었지만 호수가 틀린 것이었다. 그는 경찰서로 돌아와서 그의 동료에게 판매자는 흑인이고 대략 키가 5피트 11인치이며 육중한 체구를 가졌다고 말하였다. 동료요원은 그가 묘사한 자가 전에도 마약을 판매한 자와 동일하다고 생각하여 그 자의 사진을 보여주었다. 그 비밀수사요원은 그 판매자가 사진 속의 인물과 동일하다고 하였다.

9 Manson v. Brathwaite, supra 참조.

제 7 장

위법수집증거 배제의 원칙(The Exclusionary Rule)

제 1 절 개　요

Ⅰ. 원　칙

'배제원칙'은 헌법상 권리를 침해해서 얻어진 증거는 피고인에 대한 유죄의 증거로 사용될 수 없다는 것을 의미한다. 최소한 피고인의 유죄를 직접 증명하기 위한 목적으로서는 제시되지 않는다.

[예] 피고인이 운전하는 차를 경찰이 정당한 이유 없이 무작위로 정지시켰다. 경찰은 피고인을 차에서 내리도록 요구하였고 차를 수색하였다. 차 트렁크에서 경찰은 헤로인을 발견했다. 이 경우 헤로인 소지로 인한 피고인의 재판에서 헤로인을 증거로 제시하는 것은 허락되지 않는다(또는 피고인의 차에서 헤로인을 발견했다는 사실도). 그 이유는 헤로인의 발견과 압수는 불법적인 정지와 수색으로 얻어진 직접적인 결과이고 피고인의 헌법상 권리 위반에 의해 직접적으로 얻어진 어떠한 증거도 피고인에 대한 재판에서 배제원칙에 의해 제시될 수 없다.

Ⅱ. 판례규칙 (judge-made rule)

배제원칙은 법령도 아니고 규칙도 아니고 판례이다. 몇 년간 그 원칙은 대법원에 의해 형성되었다. 또한 이 규칙은 주법원, 연방법원을 구속하고 있다.

1. 이 규칙은 헌법상 요구되는 것은 아니다. 즉, 대법원에서 채택하고 있는 배제원칙이 헌법상의 권리로 규정되어 나온 것은 아니다.[1] 그 규칙은 수정 제4조, 제5조 또는 다른 수정조항에 위반하는 것을 저지하는 수단으로 만들어졌다.

2. 피고인의 헌법상의 권리를 침해하여 얻은 증거를 배척하는 이유는 ① 위법수집증거 배제의 원칙은 헌법에 대한 침해를 억제하고(억제력), ② 사법의 염결성은 법원이 정부의 불법적인 방법으로 얻은 증거를 사용하는 것을 용인함으로써 시민의 헌법상의 권리침해를 옹호하는 편이 되어서는 안 된다는 것을 요구한다(공정성)는 것이다.

Ⅲ. 적용의 축소 및 비판

그러나 일반적으로 위법수집증거 배제원칙의 범위는 Burger대법관과 Renquist대법관의 재직기간 동안 상당히 축소되었다.

① 법집행기관의 불법행위를 억제한다는 경험적 근거가 없는 상황에서 배제원칙은 근거 없는 이상에 지나지 않고, ② 배제원칙에 따라 증거능력을 인정받지 못하는 것으로 인하여 많은 범죄자들이 석방되고 있는데, 배제원칙을 적용하기 위하여는 그만한 고비용의 대가를 지급하여야 하며, ③ 배제원칙은 형사소추로 귀결되지 않는 광범위한 경찰의 행위영역에는 아무런 영향을 미치지 못한다는 비판이 있다.

1 United States v. Leon, 468 U.S. 897 (1984). 위법수집증거 배제의 원칙은 헌법에서 유래하는 것이 아니고, 단시 수정 제4조 등에서 보장되는 권리를 보호하기 위한 일련의 판례에서 유래한 것이다.

제 2 절 배제원칙의 고수

일반적으로 피고인은 자신의 헌법상 권리침해로 얻어진 증거를 배제하는 것에만 배제원칙을 주장한다. 즉, 피고인은 자신의 권리침해는 아니지만 X의 권리를 침해한 경찰의 행위를 통해서 얻은 증거는 배척하지 않는다.

[예] 경찰이 피고인 1과 X 사이의 대화를 불법으로 도청했다(둘 다 모르게). 이 대화로 만들어진 진술이 피고인 2의 재판에 쓰였었다. 피고인 2는 피고인 1의 헌법상 권리를 위반해서 얻은 증거라고 주장하였고, 그 증거는 피고인 2를 포함해서 어느 누구에게도 쓸 수 없다고 하나, 기소에는 효력이 있다. 제4차 수정헌법이나 다른 어떤 헌법상 양식을 위반해서 얻어진 증거라도 오로지 당사자의 권리가 침해되었을 때에만 배제된다.[2]

Ⅰ. 자백의 경우

불법으로 얻어진 자백의 경우, 자백을 한 사람만이 배제원칙에 의해 재판에서 배제된다.

[예] 피의자 A는 미란다 원칙의 고지가 주어지지 않고 진술했다. 그의 진술에 B는 A와 연관되었다. 그 진술서는 B에 대한 증거로 제시될 수 있다(A에 대해서가 아니라). 왜냐하면 B의 헌법상 권리가 자백으로 침해되지 않았기 때문이다.

2 Alderman v. United States, 394 U.S. 165 (1969). 수정 제4조를 침해하여 얻은 증거물의 사용금지는 이러한 증거의 채택으로 인하여 피해를 입는 자들이 아닌, 수색 그 자체에 의하여 권리를 침해당한 자들만이 주장할 수 있다. 공범들과 공동피고인들은 특별한 권한을 부여받은 것이 아니다.

Ⅱ. 수색과 압수의 경우

수색과 압수의 경우 피고인은 자기 자신의 프라이버시의 합법적 기대성이 수색에 의해 침해되었을 경우에만, 수색과 압수로 인해 얻어진 증거를 배제하려고 노력할 것이다.[3]

1. 압수물의 점유적 이익

원래 압수된 물건의 소유권이 있는 경우에는 그 자체만으로 압수의 적법성을 다투는 충분한 근거가 된다. 그러나 Rawlings 판결[4]에서 연방대법원은 압수된 물건의 점유적 이익이 있는 경우에도 수정 제4조의 주장에 대한 다른 기준처럼 평가되어야 한다고 판시하였다. 따라서 압수된 물건은 프라이버시에 대한 합법적 기대가 있는 경우에만 관련이 있다는 것이다.

피고인과 그의 친구 콕스는 경찰에게 조사를 받았다. 경찰은 콕스의 핸드백에서 1,800알 정도의 LSD와 다른 마약을 발견하였다. 피고인은 이 약들이 자신의 것이라고 주장하였다. 그리고 자신의 약임을 증명했다. 수색과 압수는 정당성이 없었고, 피고인은 그의 마약 재판에서 약을 소유했음을 감추려고 했다. 판례에 의하면 비록 피고인의 약이지만 피고인의 권리는 콕스의 핸드백을 수색함에 의해서 침해되지 않았다. 왜냐하면 피고인은 콕스의 핸드백에 약을 넣었고 그는 더 이상 그 약들에 대해 개인의 프라이버시의 합법적 기대가 없기 때문이다.

2. 수색현장의 존재

1978년 Rakas 판결 이전에는, 수색이 이루어진 장소에 합법적으로 있었던 사람은 자동적으로 수색에 이의를 제기할 적격이 있었다.[5]

---

3 Rakas v. Illinois, 439 U.S. 128 (1978). 피고인이 갖는 합리적인 프라이버시에 대한 기대가 침해되었을 경우에만 피고인은 수색이나 압수로부터 얻어진 증거를 배제할 수 있다.
4 Rawlings v. Kentucky, 448 U.S. 98 (1980).
5 Jones v. United States, 362 U.S. 257 (1978). 피고인은 부재 중인 친구의 아파트에서

그러나 연방대법원은 수색장소에의 합법적인 현존 그 자체만으로는 수색에 대한 헌법상의 이의제기를 인용하기에 자동적으로 충분하다는 주장을 배척하였다. 이 기준이 지나치게 광범위하다는 우려 때문이었다. 예를 들어 타인의 집 지하실을 본 적도 없고 출입을 허가받지도 않은 우연한 방문객이 만일 수색 당시에 부엌에 있었다면 지하실의 수색에 이의를 제기할 수 있다는 것이다. 그 대신 법원은, 피고인이 사용하고 있는 장소에 그가 합리적이고 정당한 프라이버시의 기대를 가지고 있는가를 기준으로 판단하여야 한다고 판시하였다.

[예] 피고인이 손님으로 타고 있던 차가 경찰에 의해 불법적으로 수색을 받게 되었다. 그 경찰은 피고인이 앉은 자리 아래에서 총을 발견하였다. 판례에 의하면 피고인이 조사현장에 있었다는 단순한 사실은 그에게 배제원칙을 계속 주장하도록 하지는 못한다. 왜냐하면 피고인은 그가 앉은 자리에 대한 합법적 프라이버시 기대감을 갖고 있지 못하므로 그는 배제원칙을 주장하지 못하며 그 총은 그에 대하여 증거로 채택될 수 있다.[6]

3. 공동 공모자

공모자 중 한 명이 정지되거나 수색을 받는 경우에 공모에 가담한 다른 공범들에게 이 정지 또는 수색에 이의를 제기할 수 있는 권한(자격)이 자동적으로 부여되는 것은 아니다. 즉 공모를 한 것은 권한의 부여에 어떠한 영향도 미치지 않고, 공범들은 정지 또는 수색에 의해 간섭을 받은 프라이버시의 기대나 재산권적 이익이 있다는 것을 개별적으로 입증하여야 한다.[7]

[예] 피고인 1이 약 밀매로 차를 몰아 피고인 2가 있는 곳으로 가고 있었고, 그 차는 경찰에 의해 멈춰져 조사를 받았다. 피고인 2는 그와 피고인 1의 음

체포되었는데, 그 아파트에서 마약이 발견되었다. 피고인은 자신이 아파트 주인의 허가를 받고 그곳에 있었으며 주인은 그에게 사실상 열쇠를 주었다고 주장하였다. 법원은 수색이 이루어지는 동안 피고인이 합법적으로 수색의 장소에 있었다는 사실만으로는 피고인이 수색에 이의를 제기할 권한(적격)을 갖지 못한다고 판시하였다.

6 Rakas v. Illinois, supra.

7 United States v. Padilla, 508 U.S. 77 (1993).

모에 그 차가 사용되어졌고 음모에 가담하였기 때문에 수색당해져야 할 어떠한 근거도 없다. 피고인 2는 음모가 없는 것처럼 그 차와 그 내용물이 개인적 이익에 사용되었다는 것을 보여주어야 한다.

4. 사회적 손님 (social guest)

Rakas 판결에 의하면 수색 당시에 현장에 있었다고 하여 이의를 제기할 권한을 부여받는 것이 아니지만, 사회적 손님은 자신이 방문한 곳에 대한 이의를 제기할 권한을 가지게 된다.

하룻밤 손님은 자신이 머물고 있는 장소에 대한 경찰의 영장 없는 무단진입에 대하여 이의를 제기할 권한을 갖는다.[8] 그러나 손님과 주인 간의 개인적인 관계가 없는 사업상 방문의 경우에는 그 방문이 짧은 것이라면, 사업상 방문객은 해당 장소에 대한 수색에 대하여 이의를 제기할 권한을 갖지 못한다.[9] 다만, 사회적 손님은 비록 잠시 머무른다고 하더라도 주인집에 대한 합리적인 프라이버시의 기대를 가지게 되므로, 단기적 사회적 손님은 주인집에 대한 수색에 이의를 제기할 권한을 가진다.

제 3 절 파생적 증거

Ⅰ. 일반적으로 얻어진 증거

배제원칙은 피고인의 권리를 침해하여 얻은 직접적인 결과인 증거에 분명하게 적용된다(불법수색을 하는 동안 피고인의 주거지에서 압수된 증거). 그러나 배제원칙에 따르면 '얻어진 증거', 즉 그 증거는 피고인의 권리의 침해로 얻어진 간접적인 증거이다. 일반적으로 불법행위를 한 경찰이 비교적 짧고, 온전한 일련의 증거를 이끌어낸다면, 비록 그 증거가 직접, 불법성의 즉각

8 Minnesota v. Olson, 495 U.S. 91 (1990).

9 Minnesota v. Carter, 525 U.S. 83 (1998).

결과가 아니라도, 그 증거는 배제원칙에 의해 재판에 사용될 수 없다. 이 내용은 '독과수 이론'으로서 자주 등장한다. 어떤 기본 증거에서 '나구'가 불법이라고 보여지면 모든 증거는 독이든 나무의 과일로 사용되지 못하는 것과 같다.

[예] 합리적 이유 없이 연방수사관(federal agents)은 TOY 아파트문을 부수고 들어가 수갑을 채웠다. TOY는 YEE가 마약판매하는 것을 진술했고, 그 수사관은 YEE한테 가서 마약을 압수하였다. 판례에 따르면 YEE로부터 압수한 마약은 '독과수 이론'이 적용된다. 즉, 수사관이 TOY아파트 불법침입의 직접적인 결과로 압수가 되었기 때문이다. 그러므로 YEE의 약은 배제원칙에 의해 TOY에 대해 제시될 수 없다.[10]

Ⅱ. 독립 배제근거

'독과수 이론' 학설에서 두 가지 중요한 예외가 있다. 하나는 알려진 독자적 요소의 예외이다.

1. 독립한 권원에 의한 예외이론

경찰이 정당하게 보장된 수색으로 얻어진 증거는 확실하고 대신에 경찰이 불법수색으로 증거 획득시에는 적정절차에 의한 영장을 발부받아야 한다. 법은 경찰이 합법적으로 영장을 얻을 수 있다고 보고 있고, 그것들은 증거를 위해 독립근거가 있어야 한다. 그래서 증거는 불법적으로 얻어졌더라도 배제원칙에 의해 증거로 배제되지 않는다.

(1) 범 위

다음의 3가지 요건이 충족되면 '독립한 권원에 의한 예외이론'에 다라 증거의 사용이 인정된다.

10 Wong Sun v. United States, 371 U.S. 471 (1963).

(가) 주거지에서의 불법성

첫째로, 경찰은 해당 증거나 밀매품을 발견하기 위해서 불법적으로 건물 내에 있을 경우, 이는 수정 제4조 위반이 될 수 있다(예 : 영장이 요구되는 경우에 영장 없는 가택수색).

(나) 수색영장에 대한 상당한 근거(이유)

둘째로, 경찰이 수색영장을 가지고 있지 않았지만 침입할 순간에 그들이 수색영장을 취득할 권리를 가졌다는 사실을 알아야 한다. 즉 그들은 범죄의 증거 혹은 금지물품이 그 주거지에서 발견될 것이라고 믿을 만한 상당한 이유가 있어야 한다(이러한 영장의 이론적 유용성은 비록 경찰이 증거를 압수할 때 불법적 행위를 하더라도 증거의 인정을 정당화하는 근거가 된다).

(다) 영장발부의 필요성

셋째로, 불법행위를 하지 아니하였다고 하더라도 궁극적으로 수색영장을 신청했었을 것이라는 것을 경찰은 입증하여야 한다.

[예] 경찰이 마약위반에 대한 정당한 근거를 가지고 있었고, 피고인을 체포했고, 정당한 수색으로 그의 집에서 증거를 찾았다. 경찰은 그의 집 밖에서 그를 체포했다. 그들은 수색영장이 없었고 그래서 영장 없이는 침입이 허락되지 않았더라도 그들은 그 뒤에 아파트에 들어갔고 아파트에서 마약을 보았다. 그들은 증거의 파괴를 막기 위해서 수사관을 보냈고, 20시간 이후에 영장을 발부받았다. 그들은 그때 수색을 실시했고 이전에 발견하지 못했던 마약이 나타났다. 판례에 의하면 압수된 마약은 독이든 나무의 과일이 아니며 그래서 피고인의 재판에 압수된 증거가 배제되지 않는다. 그 이유는 경찰은 마약을 발견하는 데 독립근거가 있었고, 불법침입 전에 경찰은 수색영장을 받을 권리가 주어졌다. 그들은 외부에서 아파트를 감시할 수 있었고 영장을 얻고 동일한 증거를 압수했다.[11]

---

11 Segura v. United States, 468 U.S. 796 (1984). 불법침입 전에 경찰은 수색영장을 발부받기 위하여 충분한 수사를 하였고, 그에 따라 경찰은 외부에서 아파트를 합법적으로 감시하고, 영장을 발부받고, 해당 증거를 압수할 수 있었다. 따라서 경찰은 이 증거에 대하여 '독립한 권원'을 가지고 있는 것이다.

2. 불가피한 발견

두 번째 예외는 불가피한 발견의 예외라고 불리는 '독립근거'의 예외와 관련된다. 만약 증거가 애초에 불법적인 발견에 의하여 얻어진 것이 아닌 다른 수사방법에 의하여 '불가피하게' 발견된 경우에는 그 증거의 사용이 허용된다는 것이다. 증거가 불가피하게 발견되었을 것이라는 점에 대한 입증책임은 검찰이 부담한다.[12]

(1) 무기 또는 신체발견

불가피한 발견 규칙은 불법적으로 획득된 증거가 무기 또는 신체인 경우에 종종 적용된다.

[예] 미란다 규칙을 위반하여 경찰은 피고인에게 살해한 희생자의 사체가 놓여져 있는 곳을 밝히도록 했다. 그 뒤 경찰은 사체를 찾았고, 그 사체 근처에 죽음과 관련된 증거가 있었다. 그것은 미란다 권리의 침해로 얻어진 증거이므로 피고인은 재판에서 이 증거를 탄핵하려 한다. 판례에 의하면 피고인의 진술 없이도 경찰은 어떻게든 결국 사체가 있는 장소를 찾아내기 때문에 그 증거는 배제될 필요가 없다.[13]

Ⅲ. 순화된 오염(누명벗기) 제외

독과수 이론원칙에서 두 번째로 중요한 예외는 '누명벗기' 예외이다. 처음 불법으로 알게 된 증거와 종국적으로 발견된 증거 사이에 충분한 추가적인 요소가 개입되었다면 위법수집증거 배제원칙의 근거인 '수사기관의 불법

---

12 따라서 시체의 상태에 관한 증거를 제시하려 할 경우에 시체가 결국은 발견되었을 것이라는 점만을 검찰이 입증하는 것으로는 충분하지 않다. 검찰에서는 특정한 법의학적인 소견이 있다면 채택되어야 한다는 것을 입증하여야 한다. 사건이 여름에 발생하여 실제 사건이 발생하였던 12월보다 상대적으로 시체가 빨리 부패되었더라면 검찰에서는 시체가 발견되었을 마지막 시간을 증명해야 하는 부담과 죽음의 방법과 시간에 대하여 모든 증거가 여전히 손상되지 않았다는 점도 증명해야 하는 추가적 부담을 지게 된다.

13 Nix v. Williams, 467 U.S. 431 (1984).

행위 억지' 또는 '사법적 공정성' 원리가 적용되지 않는다는 것이다. 따라서 증거가 불법적인 방법이 아니라면 발견되지 아니하였을 것이라는 사실에도 불구하고 유죄의 증거로 사용될 수 있다. 소송에 제시할 만한 사실들은 경찰의 불법적 행동에 대한 오명을 깨끗이 하기에 충분하다.

[예] Wong Sun이 정당한 이유 없이 체포되어 심리를 받고 풀려났다. 며칠 뒤에 그는 경찰서로 자진 출두하여 미란다 원칙을 고지받고 죄가 성립되는 진술을 했다.

판례에 의하면 Wong Sun의 진술은 재판에서 불리하게 사용될 수 있다. Wong Sun의 진술은 처음 긴급체포 때 얻어진 것이 사실이지만 Wong Sun이 풀려난 후 진술하기 위하여 자발적으로 경찰에 자진 출두한 것은 체포와 진술 사이에 있던 불법의 흔적이 제거되었다고 할 수 있다.[14]

1. 불법성은 피의자의 특별한 행위에 의하여 불법성이 제거될 경우도 있다. 경찰의 불법성(불법조사, 감금, 대질 등)이 피의자의 특별한 행위로 인해 재판에서 사라질 수 있다.

2. 경찰이 어떤 범죄를 조사하는 과정에서 행한 불법행위로 인해 다른 범죄의 증거를 발견한 경우가 논의될 수 있다.

[예] 피고인은 빈 집에서 강도짓을 한 혐의로 체포되었지만 체포과정이 불법이었다. 체포된 후 사진을 찍어 증인에게 사진을 보여주었고 그 증인은 최근에 낮에 발생한 은행털이범 세 명 중 한 명이라고 확인해 주었다. 그 증인의 확인과정이 최초 불법적으로 체포된 행위로 인해 증거능력이 상실되지는 않는다고 본다.

3. 경찰의 불법행위로 인하여 체포된 자의 증언에 의해 다른 공범이나 진범의 존재가 적발될 경우가 있다. 피고인은 증인의 증언이 불법이 아니면 발견될 수 없기 때문에 증명력을 약화해야 한다는 주장을 할 수는 있지만 이를 법원에서 채택하지는 않는다.[15]

---

14 Wong Sun v. United States, 371 U.S. 471(1963).
15 United States v. Ceccolini, 435 U.S. 268 (1978).

[예] 경찰이 합리적 근거 없이 어떤 집에서 강도를 한 두 남자 중 한 사람을 의심하여 체포하였다. 경찰은 미란다 고지 없이 피고인을 심문했다. 피고인은 강도에 참가한 다른 사람으로 X를 가리켰다. 그전에 X를 의심하지 않았던 경찰은 X에게 말을 걸고, 피고인에 대한 상황증거(state's evidence)를 밝혀냈다. X의 상황증거는 피고인의 유죄입증에 충분했다. 비록 최초 불법체포의 결과로 피고인을 심문하였지만 X의 증거는 피고인에 대하여 사용될 수 있다. 법원은 독과수 이론을 증인의 실제증언이 이루어지게 하는 결과에 적용하는 것에 대해 신중한 입장이었지만 유죄입증에 사용하였다.

4. 자백 또한 오염된 결과로 얻어질 수 있다. 이는 자백을 한 피의자의 불법체포에서 자백을 얻은 경우가 그러하다. 일반적으로 자백이 체포와 수반된 즉각적 구금에서 나오는 경우에 법원은 그 자백이 오염된 결과이므로 재판에서 그 자백을 배제한다.

[예] 정당한 이유 없이 경찰은 피고인을 강도 피의자로 체포했다. 피고인이 구금되어 있는 동안 경찰은 그에게 미란다 원칙을 고지해주었고 그는 그의 권리를 포기한 다음 자백을 하였다. 법원은 피고인의 자백이 불법체포의 결과로서 배제되어야 된다는 점을 인정하였다.

(1) 피고인의 미란다 원칙

피고인의 미란다 원칙 고지가 충분하지 않으며 자백 전에 미란다 원칙을 고지받은 피고인이 이전의 불법성의 흔적을 제거하는 데 충분치 않은 것은 명확한 사실이다.[16]

(2) 다른 요소들

경찰이 미란다 고지를 하였다는 사실은 법원이 고려할 요소이다. 그리고 다른 사실에 대해서도 그 자백이 초기 불법성과 명백히 구별되는 요소인지 여부를 법원은 또한 결정한다. 또 법원이 고려하는 또 다른 요소는 다음과 같다.

① 시간의 경과: 불법행위와 자백 사이에 얼마나 시간이 경과했는가(시간

16 Brown v. Illinois, 422 U.S. 590 (1975).

이 길어질수록, 더욱 흔적(오염, 오명)이 지워질 것이다).

② **경찰의 의도:** 불법체포나 기타 불법행동을 행한 경찰의 의도(경찰이 알면서 피고인을 불법으로 심문할 목적으로 체포하였다면 오염은 거의 없어지지 않을 것이다).

③ **제3의 요소에 제시될 사실들:** 제3자의 요소에 제시될 사실이 불법행위와 자백 사이에 인과관계를 악화시키는가 여부이다.

[예] 만약 피고인이 불법으로 체포되어 며칠간 구금되었다가 풀려난 후, 그동안 그가 친구 및 친척들과 상담하였다면, 피고인의 자발적 자백은 결코 석방된 적이 없거나 그리고 누구와도 상담하지 않고 자백한 것보다 덜 오염되었다고 볼 수 있다.

(3) 영장은 필요 없지만 정당한 이유가 있어야 하는 체포

영장 없이 정당한 이유로 체포한 것보다 정당한 이유 없이 체포한 것이 더 불법성이 강하다. 즉 정당한 이유의 부족이 영장이 없는 것보다 더 불법성이 강하다.[17]

(4) 이전 자백의 결과로서의 두 번째 자백

피고인이 용인될 수 없는 자백을 하고 곧 이후에 두 번째 자백을 했다고 가정하면 달리 용인될 수 있는 자백이다. 첫 번째 자백에 둘러싸인 불법성이 두 번째 자백을 오염(훼손)시키는가? 피고인들은 종종 Cat Out Of Bag이론[18]

17 New York v. Harris, 495 U.S. 14 (1990). 경찰은 살인죄로 피고인을 체포할 상당한 이유를 가지고 있었다. 경찰은 처음에는 영장을 발부받지 아니하고 그를 체포하기 위하여 그의 아파트로 갔다. 그러나 경찰이 즉시 영장을 발부받을 수 있는 상황이었고 긴급한 상황이 아니었다. 경찰은 피고인을 집에서 체포하였고 미란다 원칙을 고지하였다. 긴급한 상황이 아니라면 경찰이 개인의 집에서 영장 없이 체포를 할 수 없다는 Payton 판결에 의하면 이 체포는 위법한 것이었다. 경찰은 피고인을 경찰서로 데리고 와서 다시 미란다 원칙을 고지하였다. 그는 경찰서에서 서면으로 자백을 한 후 서명을 하였다. 재판 과정에서 피고인은 자신이 경찰서에서 한 자백은 불법체포로 인한 것이므로 배제시켜야 할 오염된 열매라고 주장하였다.

18 Cat Out Of Bag 이론: 피의자가 미란다 고지 없이 자백했을 때 그는 가방 밖으로 고양이를 풀어 놓았기 때문에 두 번째에 침묵을 유지함으로써 얻을 수 있는 게 거의 없다고 느끼는 것을 말한다(무심코 한 비밀누설 이론)

때문에 yes가 된다고 종종 주장한다. 법원은 Cat Out Of Bag이론을 부인한다. 만약 두 번째 자백이 알고서 자발적으로 행해졌다면, 단지 첫 번째 불법으로 획득한 자백이 동일한 상황을 가졌기 때문이라는 단순한 이유만으로 무효가 되지는 않을 것이다.[19]

5. 독과수 이론으로서의 자백

많은 경우에 경찰이 불법으로 자백을 얻고, 이 자백을 근거로 하여 물적 증거(예, 장물, 살인 도구) 및 인적 증거(예, 목격자)와 같은 추가증거를 경찰이 확보하게 된다. 이와 같은 추가증거가 어느 정도까지 불법으로 얻은 자백의 산물인가에 관하여 상당한 견해의 대립이 있다. 법원은 적어도 상당한 이유가 없는 체포이기보다는 오히려 미란다 원칙의 결여 때문에 그 자백이 불법으로 획득되었으므로 증거로 사용할 수 없다고 한다.

[예] 피고인이 살인죄로 체포되었고 그때 미란다 원칙 고지 없이 심문을 받았다. 그는 사체가 어디 있는지 경찰에 진술함으로써 스스로 유죄의 자백을 하였다. 경찰은 시체를 발굴하고 검사는 사체 위치와 상태를 피고인에 대한 사건에서 이용하려고 할 것이다(피고인이 시체가 어디에 위치하는지 알았는지 여부의 사실이 아니라). 비록 법원이 이 문제에 대해 아직 언급이 없지만 이러한 증거는 아마 채택될 것이다.

제 4 절 부차적으로 사용되는 예외

Ⅰ. 부차적 예외

위에서 언급한 모든 내용은 피고인에 대한 재판절차에서 검사가 유죄의

19 Oregon v. Elstad, 470 U.S. 298 (1985). 자백에 의하여 발생한 심리적 취약점과 협조하기로 한 그의 최종결정 사이의 인과관계는 잘 해봐야 추정에 의한 것이고 희박하다. 어떠한 동기에 기하여 피의자가 말을 하기로 하였는지 확실하게 언급하는 것은 어렵다.

입증을 위하여 위법하게 수집된 증거를 사용하는 것과 관련되어 있다. 그러나 위법하게 수집된 증거라고 하더라도 그 증거사용이 허용되는 다른 영역이 존재한다.

다음에서 제시되는 요소의 경우에는 증거배제 원칙의 예외로서 인정된다.

Ⅱ. 재판에서의 탄핵

불법으로 얻은 증거는 그것이 검사의 직접적인 소송사건에서는 사용되지 못하더라도 피고인의 공판진술을 탄핵하기 위해서는 사용할 수 있다.[20] 탄핵증거의 예외이론은 비용편익분석을 전제로 하는데, 이에 의하면 탄핵용도의 증거에서 배제함으로써 얻는 위법행위억제 이익보다는 피고인에게 검찰의 효과적인 견제 없이 위증하도록 허용함으로써 발생하는 비용이 더 크다는 것이다.

1. 직접적인 증언으로 만들어진 진술

미란다 원칙을 위반하여 얻은 피고인의 자백은 공소사실을 입증하는 증거로 사용할 수는 없지만, 피고인의 법정진술을 탄핵하기 위하여 사용될 수 있다. 결국 일반적으로 위법수집증거 배제의 원칙은 위법하게 수집된 자백을 탄핵증거로 사용할 때에는 적용되지 않는다.

[예] 피고인은 어떤 주거를 침입하여 강도를 한 혐의로 체포되었다. 경찰은 그에게 미란다 원칙을 고지하지 않고 피고인에게 그날 저녁 어디에 있었냐고 물었다. 그는 그때 여자친구 집에 있었다고 했다. 재판에서 증언대에서 피고인의 직접적인 증언에서 피고인은 동일한 질문에 그 시간에 집에 있었다고 했다. 검사는 대질심문에서 피고인이 미란다 원칙 고지 없이 한 자백에서 다른 얘기를 했다는 사실을 끌어내어도 된다.

---

20 New York v. Harris, 495 U.S. 14 (1990).

2. 대질심문 동안 행한 진술

불법으로 얻어진 증거는 대질심문에서 행한 진술조차도 탄핵하기 위하여 검사에 의해 사용될 수 있다. 따라서 검사는 대질신문을 하는 동안 피고인으로부터 얻은 진술을 피고인의 다른 진술을 탄핵하기 위하여 사용할 수 있다.

3. 피고인 측 증인의 탄핵

그러나 불법으로 획득된 증거가 피고인 그 자신의 진술이 아닌 피고인측 증인의 증언을 탄핵하는 데 이용될 수는 없다.

[예] 피고인이 강도행위로 체포되고 그 당시 미란다 경고를 받지 못한 상태이다. 그 후 피고인은 조사받을 때 그 시간에 집에 있었다고 진술했다. 재판에서 그의 여자친구 W를 증인으로 내세워, 그 질문에 W집에 W와 함께 있었다고 했다. 검사는 미란다 원칙 고지가 되지 않는 상태에서의 피고인의 모순된 진술을 제시함으로써, W의 증언을 탄핵할 수는 없다.[21]

Ⅲ. 대배심 절차에서의 탄핵

대배심 증인은 신문이 위법하게 수집된 증거에 기초하였다는 것을 이유로 하여 그 신문에 대한 증언을 거부할 수 없다.[22]

Ⅳ. 기타 영역

대부분의 법원에서는 유죄가 입증된 피고인에 대한 양형의 목적으로 위

21 James v. Illinois, 493 U.S. 307 (1990). 살인죄로 조사를 받던 피고인은 미란다 원칙을 고지받지 못한 상태에서 경찰관에게 살인사건이 있던 날 그의 머리는 붉은 갈색있고 매끄럽게 뒤로 넘긴 상태였고 그 다음날 머리를 검은색으로 염색하고 곱슬거리게 만들었다고 진술하였다. 법정에서 피고인의 친한 친구가 증인으르 증언을 하였다. 증인은 사건 당일 피고인의 머리는 검은 색이었다고 증언하였다.

22 United States v. Calandra, 414 U.S. 338 (1974).

법수집증거를 고려할 때는 배제원칙이 적용되지 않는다고 한다. 그러나 그 증거가 중형선고의 가능성을 높이기 위한 목적에서 특수한 수사에 의하여 수집된 것이라면 배제원칙이 적용될 수 있다. 배제원칙은 가석방취소청문절차에서 사용되는 증거에 대해서는 적용되지 않는다. 대부분의 하급심 법원에서는 교정시설의 수감으로 연결될 가능성이 있는 소년범절차에서는 배제원칙을 적용하고 있다. 배제원칙은 외국인추방절차[23]에서 위법수집증거가 신청되는 경우에는 적용되지 않는다.

제 5 절 선의의 예외 (The 'Good Faith' Exception)

Ⅰ. 예외의 일반원칙

증거가 피고인의 권리를 침해하여 수집된 것이라면 그 증거는 어떠한 경우에도 유죄입증의 증거로 법정에 제출될 수 없다는 배제원칙은 많은 영역(대배심절차, 형사재판에서 피고인 진술의 탄핵, 순화된 오염 등)에서 제한을 받아왔다.

그러나 상당한 이유를 결여한 수색영장이라 하더라도 독립적이고 중립적인 치안판사에 의하여 발부된 영장을 신뢰하고 그에 따른 경찰의 수사활동에 의하여 수집된 증거를 유죄입증의 증거로 사용하는 것은 금지되지 않는다는 선의의 예외이론[24]에 의하여 배제원칙은 수정을 받게 되었다. 증거를 배제한

23 Deportation Proceedings: 이민법상의 일정한 사유에 의하여 외국인에 대한 추방을 명하는 제도를 말한다.

24 United States v. Leon, 468 U.S. 897 (1984). 법정의견을 작성한 White 대법관은 다음과 같이 판시하였다. "우리는 위반 경찰관이 자신의 행위가 수정 제4조를 위반하지 않는다는 객관적으로 합리적인 믿음에 근거한 경우 위법수집증거배제 원칙이 과연 위법수사 억제효과를 갖는지 자주 의문을 표시하였다. 위법수집증거배제 원칙 찬성론자이건 반대론자이건 어떠한 경험적 연구도 위 원칙이 위법수사에 대한 억제효과를 갖는지 확실하게 입증하지 못하였다. 그러나 위 원칙이 경찰의 위법행위를 억제시키고 수사기관이 전적으로 수정 제4조에 따라 행위하도록 유도하고 있다고 전제하더라도, 객관적

다고 하더라도 경찰의 불법행위를 저지하는 효과가 발생하지 않는 경우에는 증거능력을 인정하려는 태도라 할 수 있다. 향후 위법행위를 억제할 것이라는 최소한의 가능성보다는 증거를 배제함으로써 부담하게 되는 실질적인 비용, 즉 재판부의 진실발견 작용을 방해하고 유죄혐의가 있는 자를 석방하게 되는 점이 더 크다는 것이다.

경찰관은 법률가가 아니고 상당한 부담하에서 신속한 판단을 하여야 할 경우가 많은데, 영장의 합법성에 대하여 합리적으로 착오를 일으킨 경우에는 입증목적의 증거가 배제되어서는 안 된다는 취지이다. 경찰관 자신의 잘못이나 오류가 아닌 치안판사의 과오를 이유로 경찰관의 행위로 인한 결과에 제한을 가하는 것은 논리적으로 수정 제4조 위반행위의 억제에 기여할 수 없다.

[예] 경찰은 자체조사뿐만 아니라 정보원의 정보를 믿고 적절한 유효한 수색영장을 발부받았다. 그들은 영장에 제시된 몇몇 주거지를 수색하여 마약법 위반의 증거를 얻었다. 그 후에 판사는 치안판사에 의해 제시된 정보가 수색을 위한 상당한 이유가 없다고 문제를 제기하였다. 여기서 과연 그 증거가 불법으로 압수한 증거로서 피고인에 대해 어떻게 적용될 것인가 여부가 문제된다.

판례에 따르면 그 증거는 피고인에게 증거로서 적용될 수 있다고 한다. 그 논거는 경찰이 상당한 이유가 있다고 믿었으며, 영장이 합리적 절차에 의해 발부되었다라는 선의와 객관적·합리적 믿음을 가지고 행한 경우 배제원칙이 적용되지 않으므로 그 증거는 피고인에게 증거로 적용될 수 있다. 이와 같은 선의의 예외원칙은 압수물건을 잘못 기재한 영장에 대하여도 적용됨으로써 보다 확대되었다.[25] 그러나 영장의 압수대상 물건을 전혀 기재하지 않고

인 합리성을 가진 경찰의 행위를 억제한다고 예상되지 않고 위법수집증거배제 원칙을 적용하여서는 아니된다."

25 Massachusetts v. Sheppard, 468 U.S. 981 (1984). 살인사건을 수사 중인 경찰은 피고인이 그의 여자 친구에 대한 살해와 관련이 있다는 증거를 발견하기 위하여 피고인에 대한 수색영장을 신청하였다. 당시 일요일이었기 때문에 경찰이 찾은 신청서 양식은 마약수색용 양식뿐이었다. 경찰은 진술서에서 압수물품으로 기재한 것은 살해 무기와

공란으로 남겨 둔 경우에는 선의의 예외원칙에 의한 주장을 하지 못한다.[26]

1. 소지하지 않은 체포영장에 대한 신뢰

'선의의 예외'는 또 하나의 부가적 상황까지 확대된다. 만약 경찰이 피고인의 체포를 위한 명백한 영장이 있다고 믿고, 체포시 수색을 하였다면 비록 체포영장이 실제로 없더라도 그 결과는 인정될 수 있다(경찰의 실수보다 법원의 실수로 혼란의 결과가 생기는 곳에서는 적어도 그러하다).[27]

2. 수정 제4조에 의한 위반

'선의의 예외'의 원칙은 수정 제4조 위반에 의해 얻어진 증거에만 적용된다(수색·압수, 체포)(수정 제5조 또는 제6조는 각각 미란다 원칙의 고지 없이 이루어지는 신문에 의해 각각 위반되는 경우에 적용된다).

3. 경찰은 객관적·합리성을 가지고 행동하여야 한다

배타적 원칙은 경찰이 선의로, 객관적으로 정당한 절차로 행동했을 때에만 적용된다. 특히 만약 수색영장 발부를 위하여 진술서를 준비하는 경찰이 진술서 내의 그 정보가 거짓이고 부주의하게 그 진실 혹은 허위를 경시한 것

피해자를 묶기 위해 사용한 밧줄이었다. 판사는 이 물건들이 압수되도록 마약수색용 영장의 해당부분을 고쳐주기로 약속하였으나, 그렇게 하지 않아 영장에는 대상물건으로 마약이 기재되어 있었다.

26 Groh v. Ramirez, 540 U.S. 551 (2004).

27 Arizona v. Evans, 514 U.S. 1 (1995). 경찰관은 피고인이 일방통행로에서 길을 잘못 들어 운전하는 것을 발견하고 정지시켰다. 그리고 자신의 순찰차에 장착된 컴퓨터 데이터 터미널에 피고인의 이름을 입력하였는데, 피고인이 경범죄혐의로 미집행의 체포영장이 발부되어 있다는 사실을 확인하였다. 그 후 경찰관은 피고인을 체포하고 수갑을 채우는데 그동안 피고인이 마리화나를 떨어뜨리는 것을 목격하였다. 그 후 피고인의 차를 수색하여 역시 그곳에서 마리화나를 발견하였다. 그런데 나중에 위 체포영장은 몇 주 전에 이미 판사에 의하여 취소되었는데 법원 직원이 경찰의 컴퓨터 담당자에게 법원의 조치를 통지하지 않았던 사실이 드러났다. 피고인은 자신이 수정 제4조를 위배한 체포을 당하였고, 체포의 과실이라 할 수 있는 마리화나는 자신에 대한 사건에서 증거로 사용될 수 없다고 주장을 하였다.

을 알고 있었다면, 배타적 원칙은 적용되지 않는다. 또한 그 진술서는 유효하고, 합리적 이유에 근거한 사실에 바탕을 두어야 한다. 이를 요약하면 다음과 같다. ① 경찰이 고의적으로 또는 부주의하게 영장신청시 치안판사를 오도한 경우, ② 영장이 명백하게 무효이어서 어떠한 경찰이라도 이를 따르는 것이 합리적이지 않은 경우, ③ 영장을 발부하는 치안판사가 중립적이고 공평한 태도를 포기한 경우.

제8장

변호인의 조력을 받을 권리(The Right to Counsel)

제 1 절 무자력자를 위한 변호인의 조력을 받을 권리

I. 서 문

수정 제6조는 "모든 형사소송절차에서 피고인은 자신의 변호를 위하여 변호인의 조력을 받을 권리를 가진다"라고 규정하고 있다. 따라서 수정 제6조에 의하여 모든 형사소추에서 피고인에게 방어를 위하여 변호인 조력을 받을 권리(the Assistance of Counsel)를 인정하여야 한다. 즉 정부는 피고인이 자신을 위하여 업무를 담당할 사선변호인을 선임하는 것을 방해할 수 없고, 사선변호인을 선임할 능력이 되지 않는 피고인을 위해서는 국가에서 변호인을 선정해 주어야 한다.

이와 같이 변호인의 조력을 받을 권리가 필요한 것은 "아무리 지적이고 교육을 받은 사람이라고 하더라도 법률지식이 부족하거나 법률에 대하여 잘 모르는 경우가 많은데, 일반인이 변호인의 조력을 받지 않는다면 적절한 고발이 아닌 경우에도 재판을 받게 되고, 사건의 내용과 관련이 없거나 증거능력이 없는 증거에 의하여 유죄판결을 선고받을 수 있으며, 변호인이 존재하지 않는다면 피고인이 가사 죄가 없다고 하더라도 무죄를 입증하지 못하여 유죄판결을 선고받을 위험에 놓이게"[1] 될 가능성이 있기 때문이다.

1 Powell v. Alabama, 287 U.S. 45 (1932). 사형에 해당하는 범죄를 저지른 흑인 청년에

1. 교도소에서의 권리

수정 제6조상의 권리가 의미하는 것은 무자력 피고인이 교도소로 보내질 수 있는 형사소추에서 정부가 변호인의 조력을 받을 권리를 갖도록 변호인을 지정해 준다. 즉, 중죄 소송과 교도소에 수감될 어떠한 경범죄 소송에서 가난한 사람은 변호인을 지정받을 권리를 갖는다.

2. 변호사를 고용할 권리

수정 제6조는 또한 정부가 무자력 피고인에게 개인 변호사를 고용할 권리를 실제로 간섭할 수 없다는 것을 의미한다.

Ⅱ. 변호인을 지정받는 권리

1. 주에 대한 적용

국선변호인은 원래 연방사건에 대하여만 인정되었으나, Gideon 사건에 이르러 주(洲) 사건에 대하여도 인정되기에 이르렀다.[2]

2. 여러 단계

조력을 받을 권리는 피의자들이 재판에서 변호인을 지정받을 권리를 가지고 있다는 것만을 단순히 의미하는 것은 아니다.

대한 판결에서, Suther 대법판이 판시한 내용이다.

2 Gideon v. Wainwright, 372 U.S 335 (1963). 범죄를 저질렀다고 하여 기소된 사람에게 변호인의 조력을 받을 권리는 공정한 재판을 받음에 있어 몇몇의 나라와는 달리 우리나라에서는 본질적이거나 필수적인 것이다. 처음부터 우리의 주와 연방의 헌법 및 법률은 모든 피고인이 법 앞에 평등한 입장으로 공평한 법정에서 공정한 재판을 보장받도록 구상된 실체적 및 절차적 보호장치에 큰 의미를 두어왔다. 만일 범죄혐의로 기소된 가난한 피고인이 자신을 도와줄 변호사가 없이 소추관과 맞서야 한다면 이러한 고결한 이상은 실현될 수 없는 것이다.

3. 효과적인 도움을 위한 권리

조력을 받을 권리는 효과적인 도움을 받을 권리를 포함한다. 그래서 만약 지정된 변호가 권한의 최소기준에 미치지 못한다면 수정 제6조에 위배되는 것이다. 이 점에 관해서는 또한 아래에서 논의된다.

Ⅲ. 권리가 적용되는 과정

1. 중죄인

변호인의 조력을 받을 권리는 피고인이 중죄[3]로 기소되는 경우에 인정된다. 기소된 이후에만 적용되는 것이 아니라 기소되기 전의 수사절차에서도 중요한 단계에 이르면 변호인의 조력을 받을 권리가 인정된다. 중요한 단계란 피의자가 장차 자신에게 불리하게 작용할 수 있는 결정을 내리도록 강제당하는 상황에 이르는 경우를 말한다.

2. 자유형 선고가 예상되는 경범죄인

추가적으로 만약 피고인이 단기 자유형 선고를 받을 것 같더라도 그 권리가 경범죄 기소에 적용된다.[4]

(1) 자유형은 가능하나 부과되지 않는다

그러나 가난한 피고인에게 징역형 선고가 되지 않는다면 비록 그 범죄가 구금으로 처벌될 가능성이 있는 것이라도, 그를 위해 변호인의 조력을 받도

3 1년 이상의 징역에 해당하는 범죄에 권한이 주어진다.

4 Argersinger v. Hamlin, 407 U.S. 25, 37, 40 (1972). 인식있고 분별있는 권리의 포기가 없는 한, 정식재판에서 변호인에 의하여 조력을 받지 아니한 채로 어느 누구도 어떠한 범죄라도 – 그 범죄가 경범죄, 경죄 또는 중죄의 어느 것으로 분류되는지 여부와 상관없이 – 구금되어서는 아니된다. … 개인의 자유가 실제적으로 박탈되는 경죄들의 경우에 피고인들은 그들의 자유가 위험에 처하였을 경우에 그토록 필요한 '변호인의 인도하는 손'의 이익을 향유하게 될 것이다.

록 주에게 요구할 수는 없다.[5]

(2) 경범죄에 대한 유죄는 비록 피고인이 처음 절차단계에서는 변호인의 조력을 요청받지 않았다 하더라도 이후 유죄에 대한 구금판결을 증대시키는 데 사용될 것이다.[6]

3. 청소년 비행재판절차

변호인의 조력을 받을 권리는 청소년 피의자가 공공시설(교도소보다는 재능기관이나 교정학교)로 위탁된다면 청소년 비행재판 절차에도 적용된다.

Ⅳ. 변호인의 조력을 받을 권리가 적용되는 단계

재판절차 그 자체와 부가적으로 변호인의 조력을 받을 권리는 재판과정에서 여러 단계에 적용된다.

1. 경찰심문

피의자는 경찰이 심문하는 동안 수시로 변호인의 조력을 받을 권리가 있다는 사실을 고지받는다. 그러나 이는 수정 제6조상의 권리가 아니라 자기부

5 Scott v. Illinois, 440 U.S. 367 (1979). 스콧은 150달러 상당의 물건을 들치기한 행위로 인하여 50달러의 벌금형이 선고되었다. 스콧은 위 행위에 대한 법정형은 500달러 이하의 벌금 또는 1년 이하의 징역형이 규정되어 있고, 병과형 중의 한가지가 징역형이므로 자신에게 변호인이 선임되었어야 한다고 주장하였다. 이에 대하여 법원은 피고인의 행위에 대하여 법정형으로 징역형이 선택 가능하지만, 징역형이 부과되지 아니하였으므로 피고인에게 변호인을 선임할 필요가 없다고 판시하였다. 연방 수정 제6조와 수정 제14조가 요구하는 것은 주가 가난한 형사피고인에게 그의 방어를 위하여 지정 변호인의 조력을 받을 권리를 제공하지 않은 채로 그에게 징역형이 선고되어서는 안 된다는 것뿐이라는 의미이다.

6 Nichols v. United States, 511 U.S. 738 (1994). 피고인은 1983년에 음주운전으로 인한 경범죄 기소에 의하여 유죄판결을 받았다. 그는 변호인 선정을 받지 못하여 유죄판결을 받아 250달러의 벌금형을 선고받았다. 그 후 1990년에 마약혐의로 기소되었고 연방법원에서 유죄판결을 선고받았다. 연방의 양형기준에 의하여 피고인의 음주운전 경범죄 판결이 참작되어, 그의 범죄경력 단계를 한 단계 상승시키게 되었다. 결과적으로 판사는 피고인의 선고에 25개월을 추가하였다.

죄진술 강요금지의 원칙을 규정한 수정 제5조상의 권리이다

[예] 구금되어 있는 사람일지라도 경찰의 심문 전에 미란다 원칙에 의해 변호사를 선임받을 권리가 있으며 이 권리는 수정 제6조가 아닌 수정 제5조에 기인한 것이다.

2. 기소인부절차

(1) 최초출두

최초출두, 예비청문 그리고 기소인부절차에서는 변호인 선임권리가 인정되지 않는다.

(2) 재판 후 단계

재판 후에 일어나는 단계에서는 변호인선임권리가 인정된다. 예를 들어, 판결선고를 연기하여 달라는 심문 역시 변호인의 조력권을 필요로 하는 중요한 단계이다. 항소재판 선고는 보통 변호인의 동행을 필요로 한다.[7] 만일 검사가 피고인이 여전히 위험하므로 사형을 선고받아야 한다는 사실을 확증하는 데 정신분석적 검사를 사용한다면, 이는 수정 제6조상의 효과적인 변론을 받을 권리가 적용되는 중요한 단계가 된다.[8] 마찬가지로 법원은 정신의학 검사를 해서 살인범이 사형의 선고를 받을 가치가 있는지 여부를 결정하는 곳에서는 검사 시작 전에 변호인의 조력을 받을 권리가 주어진다.

1) 보호관찰의 취소절차에서는 변호인의 조력을 받을 권리가 없다.[9]

---

7 Mempa v. Rhay, 389 U.S. 128 (1967). 피고인은 난폭운전으로 기소되어 2년간의 보호관찰에 처해졌다. 4개월 후 피고인은 변호인의 조력 없이 절도행위에 가담하였다는 이유로 판사에 의하여 보호관찰이 파기되었다. 즉 피고인은 판사에 의하여 난폭운전으로 인한 범죄행위에 대하여 선고를 받은 것이었다.

8 Estelle v. Smith, 451 U.S. 454 (1981). 법원은, 피고인을 위한 변호인이 이미 선정되었기 때문에 수정 제6조에 따라 변호인은 ① 정신분석 검사의 실시가 법원에 의하여 명하여졌고, ② 이 검사의 결과가 피고인의 장래 위험성에 관한 심리에 사용될 수 있다는 사실을 알려야 할 필요성이 있다고 판시하였다.

9 Gagnon v. Scarpelli, 411 U.S. 778 (1973). 보호관찰절차는 형사절차의 일부가 아니다.

(3) 항 소

항소기간 중 유죄 선고된 피고인이 변호인의 조력을 받을 권리가 있는지 여부는 항소심의 속성에 달려 있다. 피고인은 자신의 첫번째 항변의 권리로 변호인을 선임받을 권리를 가진다. 즉 항변은 유죄를 받는 모든 피고인에게 적용될 수 있다.[10]

(가) 재량적 심사

피고인이 재량적 심사(discretionary review)를 받을 경우 국선변호인의 조력을 받을 권리는 없다. 즉, 일단 피고인의 유죄선고가 첫 항소법원에서 확정되고 정부가 두 번째 재량적 심사를 하게 될 경우(주대법원 재량적 심사, 연방 대법원으로의 사건이송 청원) 피고인은 자기 책임하에 조사를 받아야 한다.[11]

(4) 인신보호영장

피고인은 연방 인신보호영장을 위하여는 변호인의 조력을 받을 권리를 가지고 있지는 않다. 그러나 피고인은 법률자문을 얻기 위하여 제한된 수정 제6조상의 권리를 가지고 있다. 교도소당국은 인신보호영장서류를 작성하는데 수용자를 돕도록 요구된다. 도움의 형태는 다음과 같다. 1) 적절한 법률 도서관, 2) 법률보조원으로서의 수용자 교육, 3) 수용자가 아닌 법률보조원과 법대 학생의 이용, 4) 시간제 자원봉사자에 기반을 둔 법률가 이용 등이다.[12]

---

10 Douglas v. California, 372 U.S. 353 (1963).

11 Ross v. Moffitt, 417 U.S. 600 (1974). 가난한 피고인이 주 대법원의 재량적 심사를 청구하거나 연방대법원으로의 사건 이송을 청구할 경우에는 국선대리인 선정권을 가지지 않는다.

12 Bounds v. Smith, 430 U.S. 817 (1977).

제 2 절 변호인의 조력을 받을 권리의 포기

Ⅰ. 국선변호인과 사선변호인

국선변호와 사선변호의 양자에서 피고인은 수정 제6조상의 변호인의 조력을 받을 권리를 포기할 수 있다.

Ⅱ. 권리의 포기를 알고 포기하려는 것의 기준

피고인은 변호인의 조력을 받을 권리를 포기하는 것을 알면서 의도적으로 행하여야 효과가 인정된다. 유효한 포기 여부를 결정함에 있어, 주장된 포기가 발생한 배경, 피고인의 나이, 신체적 및 정신적 상태, 그리고 교육 정도와 경험 등 각 사건의 사실과 상황에 의존한다. 그러나 재판에서 피고인이 그 권리를 포기하였다는 것을 증명하여야 한다.

1. 경찰에 의한 강요

피고인이 변호인 선임권을 포기한 것이 자유롭고 이성적인 정신상태에서 이루어진 것인지 여부에 관한 의심이 있다고 하더라도 경찰에 의한 강요가 없다면 포기는 유효하다.

2. 미란다 경고의 충족

만약 피고인이 미란다 원칙 고지를 받고도 변호인의 조력을 받을 권리를 요청하지 않았다면 수정 제6조상 변호인의 조력을 받을 권리를 포기한 것으로 본다. 미란다 원칙이 수정 제5조상의 자기부죄특권을 보호하기 위하여 고안된 것이기는 하나, 미란다 원칙은 피고인이 심문을 받는 도중에 변호인이 현존하여야 한다는 권리를 의미하는 것이다. 만약 피고인이 그러한 도움을 거부한다면 경찰은 이를 포기로 간주하고 피고인을 심문하게 된다.

Ⅲ. 유죄인정

변호인의 조력을 받을 권리의 포기는 유죄인정시 엄격히 판단되어야 한다. 피고인은 유죄인정을 하기 전에 자신의 죄를 인식하고 변호인의 조력을 받을 것을 포기하는 자신의 결정의 중요성을 충분히 이해하고 있다는 것을 보여 주어야 한다.[13]

Ⅳ. 스스로 변호할 권리

수정 제6조는 피고인에게 변호인 없이 스스로 변호할 수 있도록 보장해 준다.[14] 수정 제6조에 의하여 보장되는 권리들은 피고인의 변호인이 아니라 피고인 자신에게 속하는 것이다. 만약 피고인이 변호인의 결정을 받아들이지 않는다면 제공된 방어방법은 진정한 의미에서 피고인의 방어라 할 수 없는 것이다. 자신에 대한 변호를 스스로 하는 피고인은 변호인 선임권을 알면서 고의로 포기해야 한다. 스스로 변호하기로 하는 선택은 법정이나 실체법 및 절차법에 대한 경시를 위한 허가는 아니다. 피고인이 의도적으로 자신을 변호하기로 결정하였다면, 그 자신의 변호가 비효과적인 방어로 귀결되었다고 불평할 수 없다.

한편 판사들은 피고인이 스스로 변호를 하는 경우에 문제가 야기될 것을 우려하여 그 적합성을 엄격하게 결정하는 경향이 있다.

13 Von Moltke v. Gillies, 332 U.S. 708 (1948). 변호인의 조력을 받을 헌법상 권리를 포기하는 것은 심리를 받는 피의자에게만큼 유죄에 대한 답변을 할지 여부를 결정하는 피의자에게 중요하다. 따라서 심리를 하는 판사에게는 유죄답변에 앞서 효과적인 포기가 이루어졌는지를 결정할 심각하고 무거운 책임이 부과된다.

14 Faretta v. California, 422 U.S. 806 (1975).

제3절 변호인의 조력을 받을 권리의 부여

Ⅰ. 효과적 변호를 받을 권리

수정 제6조는 피고인에게 변호사를 선임하는 것뿐만 아니라 효과적으로 도움이 되는 변호를 받을 권리를 부여한다. 변호인이 충분한 법적 조력을 제공하지 못하는 경우에는 피고인에게서 효과적인 조력이 박탈당할 수 있다. 무의미한 조력에 관한 주장을 판단하기 위한 기준은 변호인의 행위가 대립당사자주의 절차의 정당한 기능의 토대를 너무나 침식한 나머지 그 재판에서의 심리가 정당한 결과를 산출해 낸 것으로 의존될 수 있는지 여부라 할 것이다. 다수의 변호사가 존재한다고 하더라도 형사분야에 익숙하지 않은 경우가 적지 아니하고, 변호사의 부주의로 인하여 피고인이 효과적으로 변호를 받지 못하는 경우에는 헌법상 보장된 변호인의 조력을 받을 권리가 형해화될 수 있다.

1. 기 준

피고인의 재판에서 변호사가 실질적으로 관여하였으나 '효과적 도움'을 받지 못했다는 것을 입증해야 할 부담을 가지고 있다. 피고인은 (1) 변호사가 유능하지 않아서 변호의 능력이 불충분했고, (2) 그 불충분한 변호로 피고인이 피해를 입었다는 점, 즉 변호인의 실수가 없었더라면 소송의 결과가 달라질 수 있다는 가능성을 입증하여야 한다.[15] 1993년에 이르러 연방대법원

15 Strickland v. Washington, 466 U.S. 668 (1984). 피고인은 변호인이 제공한 조력이 무의미한 것이었다고 주장하였다. ① 양형 심문절차의 준비를 위한 연기 속행을 신청하지 아니한 점, ② 정신의학적 보고서를 요청하지 아니한 점, ③ 성격증인들을 조사하지도 제출하지도 아니한 점, ④ 판결선고 전 조사보고서를 추구하지 아니한 점, ⑤ 의미있는 주장들을 양형심리 판사에게 제기하지 아니한 점, ⑥ 의학적 조사관의 보고서들을 조사하지도 의학적 전문가들을 반대신문하지도 아니한 점 등을 들어 변호인의 조력이 무의미하였다고 주장한 것이다.

은 단순히 변호인의 행위로 결과가 달라졌을 것이라는 사유만으로는 부족하고, 변호인의 과실이 너무 심대하여 피고인으로부터 정당하고 신뢰할 수 있는 재판 결과를 빼앗아 간 것이라는 점을 입증하여야 한다고 더 엄격한 기준을 제시하고 있다.[16]

2. 효과 없는 다른 이유

재판에서 변호사에 의해 생긴 대실수와 달리 효과적 도움을 받지 못한 경우를 들 수 있다. (1) 새롭게 지정된 변호사가 재판준비를 위한 적절한 시간을 갖도록 재판연기신청을 재판부가 거부한 경우, (2) 재판 전이나 재판 동안 변호사에게 의뢰인에 대한 접견권이 주어지지 않은 경우, (3) 그 변호사가 이해관계가 상충되는 다수의 피고인을 동시에 대리하고 있었기 때문에 그 피고인들의 이익이 피고인의 손해와 충돌할 경우 등이다.

Ⅱ. 수정 제6조의 다른 측면

1. 전문가의 도움

피고인은 자신을 위해 고용된 전문가에 대하여 주(州)가 비용을 지불하도록 하는 수정 제6조상의 권리를 가지고 있다. 예를 들면, 피고인이 정신이상이라는 변론을 제기한다면, 자신을 진찰할 정신과 의사에 대한 진료비를 주정부가 지불하도록 할 권리와 정신과 의사로 하여금 피고인의 증상을 증언하도록 할 권리가 주어진다.

2. 수수료와 사본(등본)

피고인은 효과적인 항변과 그와 관계된 수수료를 주기 위해 필요한 사본과 기록들에 대하여 주정부가 비용을 지불할 수 있다는 권리를 주장할 수 있다.

16 Lockhart v. Fretwell, 506 U.S. 364 (1993).

Ⅲ. 비밀정보원

피의자가 기소되고 변호사가 선임되었을 때, 비밀정보원이 고의로 변호사가 없는 상태에서 피고인으로부터 유죄를 증명할 진술을 확보하여 이것을 검찰에 넘기는 것은 변호인의 조력을 받을 권리를 위반한 것이다.[17]

1. 고의로 유도되었다.

비밀정보원에 대한 이러한 금지령은 유죄를 입증할 증거를 고의로 유도한 상황에서 적용되며, 대리인이 적극적으로 고의가 결여된 상태에서 수동적으로 듣고만 있는 상황에서는 적용되지 않는다.[18]

(1) 기소 이전 상황을 보호해주지 않는다.

비밀정보원이 신뢰를 이용하여 고의로 진술을 유도하는 것을 금지한다. 이 금지는 단지 피고인에 대해서 시작된 공식적인 절차 후(기소)에 적용된다. 그러므로 기소 이전 단계의 조사에서 경찰이나 정보원이 피고인에게 정식 변호사를 선임하였다는 사실을 알고 있고, 심지어 정보원이 경찰과 검사에 대해 신뢰를 통과했다고 하더라도 경찰은 피고인을 함정에 빠뜨리기 위해 비밀

17 Massiah v. United States, 377 U.S. 201 (1964). 피고인은 마약법 위반으로 기소된 후 보석으로 석방되었다. 공범으로 역시 보석 석방 중이던 제스 콜슨은 정부요원의 스파이가 되기로 동의를 한 후 피고인을 불러내어 자신의 차 안에서 그 사건을 논의하였다. 그는 피고인 몰래 라디오 송신기를 자신의 차 안에 숨겨 놓았다. 피고인과 콜슨 사이의 대화가 연방요원에게 송신되는 가운데 피고인은 자신의 유죄를 뒷받침하는 몇 가지 진술을 하였다. 이러한 진술이 피고인의 유죄를 입증하는 증거로 사용되었다. 이와 같은 다수의견에 대하여 유력한 반대의견이 있다(피고인의 대화는 자유스러운 분위기 속에서 진행되었고, 어떠한 강제성이 없었다. 본건에서 누구도 변호인과의 상의 및 접견을 방해한 일이 없다).

18 Kuhlmann v. Wilson, 477 U.S. 436 (1986). 교도소 정보원이 피고인과 같은 수용시설에 배치되었는데, 피고인에게는 어떠한 질문도 하지 않는 대신 정보에 관하여 귀를 열어놓으라는 명령을 받았다. 정보원은 피고인에게 그의 최초 알리바이가 그다지 좋지 않게 들린다고 말을 하기는 하였으나 피고인이 하는 범죄에 대하여 들었다. 피고인은 마침내 경찰이 활용하기 유용한 정보를 발설하였다. 법원은 피고인의 변호인 조력권이 침해되지 않았고, 위 정보는 피고인에게 불리하게 사용될 수 있다고 판시하였다.

정보원을 사용할 수 있다.

2. 변호인과 의뢰인과의 협의에 참석

변호사와 의뢰인과의 협의에 비밀정보원이 참가하여 그 협의에서 나온 자료를 검사의 기소에 사용하거나, 적어도 그 정보원이 스파이목적(자기 자신의 위장을 유리하게 할 목적으로 참석하는 것과 반대로)으로 참가하였다면 피의자의 변호인의 조력을 받을 권리를 침해한 것이다.

제9장

정식소송절차(Formal Proceedings)

제 1 절 대배심절차

Ⅰ. 대배심 기소

연방 중범죄로 기소된 피고인과 일부 주 법원 차원의 피고인은 대배심의 기소절차를 받을 자격이 있다. 보통법상 대배심은 '방패와 칼'의 모두를 구성하는 것으로 이해되고 있다.[1] 즉 대배심에 의한 기소는 정부의 부당한 소추에 대한 견제기능을 함과 동시에 수사기능을 통하여 범죄의 진압을 위한 기능을 하고 있다.

우선 정부와 개인 사이에서는 대배심이 기소를 할 것인지 여부를 결정함으로써 정부의 증거활동 및 기소에 관한 검사의 결정을 심사하게 되어 '방패'의 역할을 담당한다. 이와 같은 기능을 통하여 압제적이고 근거없는 정부의 기소로부터 개인을 보호하게 된다.

한편 대배심은 조사기관으로 활동함으로써 '칼'로서의 역할을 담당하게 된다. 대배심은 조사권한을 활용하여 검사가 이전에 사용하지 못하였던 증거를 밝혀내고, 이로써 정부로 하여금 다른 방식으로는 얻지 못할 가능성이 있는, 유죄를 이끌어낼 수 있는 칼을 정부에 주는 것이다.

1 Wayne R. LaFave, Jerold H. Israel, Nancy J. King, *Criminal Procedure*, Thomson West, 2004, 406면.

1. 연방 소송절차

수정 제5조는 "누구든지 대배심의 고발 또는 기소 없이는 사형에 처하거나 파렴치한 범죄로 재판을 받지 아니한다"라고 규정하고 있다. 이는 통상 징역 1년 이상에 해당하는 중죄에 적용되는 것으로 해석한다. 다만, 대배심을 통하여 공소를 제기하는 것은 피고인의 권리에 해당할 뿐 의무라 할 수 없으므로 사형 등에 해당하는 범죄가 아닌 경우에는 피고인이 이를 포기하면 검사의 기소에 의하여 재판이 진행될 수 있다.

2. 주 법원

수정 제5조에 의하여 대배심 기소에 부여하는 권리는 '권리장전'상의 두 가지 보장 가운데 하나이지만, 이는 수정 제14조에 의해 각 주에는 구속력이 없다. 즉, 각 주는 대배심 기소제도를 적용할 것인가에 대해 스스로 결정할 수 있다. 오늘날 대배심 기소제도가 모든 중죄에 대해 적용되고 있는 주는 모두 19개 주이며, 나머지 주에서는 몇몇 중죄들에 대해서는 이 제도를 적용하지 않은 채 심리를 진행하고 있다.

Ⅱ. 내 용

1. 절 차

대배심의 기능은 재판절차로의 이행을 정당화할 만한 충분한 증거가 있는지 여부를 확정하는 것이다. 대배심은 오로지 검사가 제출한 증거만을 심리한다. 절차는 비공개로 진행되는데, 검사, 증인들 및 대배심원들만 참석한다.

대배심 심리의 대상이 되는 자는 전체 절차에 걸쳐 참여할 권리가 없다. 실제로 연방차원 또는 주차원에서 심리의 대상이 된 자는 대배심의 심리에 참여하여 증거를 제출할 수 있는 법적 강제가 가능한 권리가 없다. 그러나 일부 주(뉴욕주)에서는 잠재적 피고인에게 참여권을 부여하고 있다.

절대다수의 사건에서 대배심은 기소를 결정한다. 대배심에서 기소를 거부한다면 소추는 기각되어야 한다.

2. 증 거

대배심은 검찰측이 신청한 증인을 심리하고 증거서류나 그 외의 물적증거도 심리한다.

대배심은 증인과 물적증거에 대하여 소환할 권리가 있다. 어떤 형태의 소환이라 하더라도 이에 응하지 않는 증인은 법정모욕으로 재판을 받을 수 있다.

위법수집증거 배제원칙은 대배심절차에서 적용되지 않는다.

Ⅲ. 불리한 진술과 면책

수정 제5조가 특권으로 규정하는 '스스로에게 불리한 진술을 강요받지 않을 권리'는 보통 대배심에 의해 소환된 증인이 증언을 거부할 수 있는 권리로서 이해된다. 그러나 이러한 거절의 의사표시는 면책허가 결정에 의해 무효가 될 수 있다.

1. 스스로에게 불리한 진술을 강요받지 않을 권리

이 권리는 대배심절차에서 적용된다. 사법부가 대배심에 의한 심문 등을 행할 경우와 같은 형사재판에서 만일 증인이 심문에 대한 자신의 증언이 스스로 유죄를 인정할 우려가 있다면, 증인은 수정 제5조를 근거로 하여 증언을 거절할 수 있다.[2](수정 제5조는 증인의 출두에 대한 거절까지 허가하고 있는 것은 아니다. 증인은 반드시 소환에 응해 출두해야 하고, 그 다음 수정 제5조에서 규정

2 Counselman v. Hitchcock, 142 U.S. 547 (1892).

하는 위의 권리를 주장할 수 있다).

2. 면책허가 결정

대배심은 검사가 지시에 의한 증인에 대한 면책허가 결정으로써 상술한 바와 같은 수정 제5조에서 규정하는 권리에 대항할 수 있다. 면책에는 두 종류가 있다. 행위상 면책(증인이 한 증언과 관련된 모든 행위에서 증인을 보호함), 사용상 면책(이는 보다 좁은 의미의 보호로서, 오직 증언의 직·간접적인 사용으로 말미암은 기소에 대해서만 보호해준다).

(1) 사용상 면책

사용상 면책은 수정 제5조에서 규정하는 증인의 특권을 무효로 돌릴 수 있다.[3] 그러나 사용상 면책은 피고인에게 유리한 방향으로 해석될 여지가 다소 있다. 사용상 면책은 아직 증언을 하지 않았거나 대배심 재판의 증인선서를 하지 않은 증인에 대해서만 특권을 무효로 할 수 있다.

Ⅳ. 대배심의 장단점

1. 장 점

① 벌칙부 소환장(배심원을 소집하여 대배심을 구성하는 법원의 소환장 발부 권한을 이용할 수 있다), ② 면책권의 부여(법정증인이 행사할 수 있는 자기부죄금지특권을 사용하는 것을 방지하기 위하여 증인에게 증언을 하는 대신 장래의 소추를 면제해주는 법원의 명령이다), ③ 비밀준수의무, ④ 신뢰확보(시민의 사법참여라는 의미에서 시민들의 수사결과에 대한 신뢰를 확보할 수 있다).

실제로 식민지 시절에 정부의 부당한 법집행 압력에 반대를 하고, 공정하지 않은 기소를 거부하며 공무원의 부정을 고발해온 대배심의 활약은 시민들로부터 상당한 지지를 받았다.

---

3 Kastigar v. United States, 406 U.S. 441 (1972).

2. 단 점

이와 같이 피고인의 인권을 보호하기 위하여 대배심제드가 마련되었으나 ① 오히려 소추의 지연이 초래되고, ② 대배심 구성원들의 개인적인 편견과 반감에 좌우되는 경우도 많았고, ③ 전문성 부족이 드러나기도 하고, ④ 사안에 따라 비능률적이고 시간과 비용이 많이 소요되기도 하고, ⑤ 대배심이 독자적으로 증거를 검토하여 소추 여부를 결정하는 것이 아니라 대체로 검사가 바라는 대로 결론을 내리게 되어 고무인(rubber stamp)에 불과하다는 비판도 있는 등 단점이 드러나서 미국의 상당수 주에서는 대배심이 선택적이거나 또는 폐지되기도 하였다.

이에 따라 점차 전문적으로 소추를 담당하는 검사의 필요성에 무게가 실리게 되었고, 이러한 현실을 반영하여 일부 주에서는 대배심이 법원의 승인을 받아 특별검사를 임명하여 수사를 하기도 한다.

Ⅴ. 대배심의 절차

대배심 절차는 정부측이 제출한 증거를 검토하여 과연 피의자를 기소하기에 충분한 증거가 있는지 여부를 결정하는 절차, 즉 검사의 소추행위의 타당성을 검토하여 이를 견제하는 절차로서 대부분의 경우에 피의자가 체포된 이후에 진행하게 된다. 연방배심원의 자격 또는 구체적인 선정절차에 관하여는 '배심원의 선정 및 근무에 관한 법률'이 규정하고 있다.

대배심은 검사가 제출한 증거를 검토하여 단지 특정인을 소추하기에 필요한 근거가 있는지 여부만을 결정하기 위한 수사기관의 역할을 담당하는 것이기 때문에 그 절차는 비공개로 진행되고 의사결정과정도 공개되지 아니한다.

따라서 비록 대배심이 통상적으로 법원의 사법적 후원 아래 직무를 수행하고 있기는 하지만, 제도적인 관계에서는 사법기관과 멀리 떨어진 관계로 존재하고 있다.

제 2 절 보석과 예비구금(미결구금)

Ⅰ. 보 석

보석제도는 피고인의 재판 출석을 보장받기 위해 재판부가 행해 온 전통적인 방법이다. 피고인은 보석보증금이라고 하는 일정량의 금액을 공탁해야 한다. 만일 그가 재판에 출석하지 않으면, 그는 그 공탁금, 즉 보석 보증금을 몰취당한다.

용의자가 체포되어 기소된 경우 국가의 입장에서는 피고인이 법정에 출석하거나 재판 전에 더 이상의 범죄를 범하지 않는 것에 대하여 관심을 가지게 된다. 한편 피고인의 입장에서는 유죄확정 판결을 받은 것이 아니므로 불구속상태에서 재판을 받기를 희망하게 된다. 따라서 국가와 피고인의 입장에서는 각기 상이한 이익을 추구하게 되고 이러한 이익의 충돌이 발생하게 된다. 의회나 법원의 입장에서는 보석, 보석 이외의 석방절차 및 예방적 구금 등의 방법을 사용하여 이와 같이 상이한 이익의 충돌에 균형을 도모하고자 하는 것이다.

보석은 볼모제도(hostageship)에서 유래하여 속죄금(Wergeld)으로 변화하였다고 설명되고 있다.

1. 과도한 보석금의 금지 권리

수정 제8조(이는 주 법원 차원의 소송과 연방 법원 차원의 소송에 모두 적용된다)에 의하여 과도한(unduly high) 보석금 부과는 금지된다.[4] 과도한 보증금이란 단순히 피고인이 납입할 수 없는 보증금을 의미하는 것이 아니라 출석을

4 Stack v. Boyle, 342 U.S. 1 (1952).

담보함에 있어 필요 이상의 보증금을 의미하는 것이다.

그러나 보석금에 대한 이 규정은 피고인에게 모든 경우에 과도한 보석금을 물지 않을 권리를 부여하고 있는 것은 아니다. 그것은 단지 법원이 보석금을 책정할 때, 부당하게 과도한 금액을 책정해서는 안 된다는 점을 의미할 뿐이며, 보석금 책정은 범법행위의 경중과 피고인에 대한 증거의 충분 여부, 피고인의 재정적인 능력, 그리고 그의 개인적인 성격 등 제 요소들을 고려해서 정해져야 한다(예를 들면, 만일 강력범죄도 아닌 마리화나 소지로 인해 기소된 한 무자력자인 피고인에 대해 100만 달러의 보석금을 책정한다면, 이는 수정 제8조 위반으로서 지나친 보석금이라 할 수 있다). 일정한 경우에는 보석을 허가하지 않고 예방적 구금을 하는 경우도 있다.

(1) 개별적인 고려

적절한 보석금을 보장한다는 것은 판사가 보석금을 책정할 때 피고인의 개인적인 조건들을 반드시 고려해야 한다는 의미이다. 법원은 범죄행위의 경중만을 기준으로 해서 보석금 책정을 해서는 안 된다(피고인의 지불능력, 증거의 충분성, 성격 등이 모두 고려되어야 한다).

(2) 피고인의 지불능력

피고인이 어떤 특정한 사건에서 책정된 보석금을 지불할 능력이 없다는 사실이 반드시 자동적으로 과도한 보석금 책정으로 연결되는 것은 아니다. 피고인의 금전적인 재원은 보석금 책정시 고려되어야 하는 요소 중의 하나에 불과할 뿐이다.

Ⅱ. 예방적 구금(미결구금)

재판부는 판단에 의해 모든 범죄사건에서 보석제도를 시행할 필요는 없다. 따라서 주 정부나 연방 정부는 예방적 구금(미결구금)이라는 조항을 추가적으로 적용함으로써, 특정 경우 피고인들에게 보석 없이 재판 기일까지 구금되도록 결정할 수 있다. 그러나 이러한 예방적 구금(미결구금)이 피고인에게 추가범죄의 위험이 있다거나, 도주의 우려가 있기 때문에 석방되지 않고 구금되었다는 점이 검증되지 않은 채 행해진다면, 이는 수정 제8조에 위배된다.

연방보석개혁법(1984, 18 U.S.C. 3141)은 타인이나 공동체의 안전 보장이 보석결정에 있어서 고려되어야 할 사항이라고 규정하고 있다. 폭력범죄, 최고형량이 사형 또는 종신형인 범죄, 특정한 중요 마약범죄 또는 이상의 중범죄로 2회 이상의 유죄판결을 받은 경우 등에 대한 사건의 경우에는 특별한 구금심리가 개최되어야 한다. 판사 또는 치안판사가 석방과 관련하여 어떠한 조건을 부과하더라도(예, 특정인에 의한 보호, 보석 등) 피고인의 도주나 타인에 대한 위험성을 제거하지 못한다면, 피고인은 재판 개시 전에 구금되어 있어야 한다. 구금명령이 있는 경우에 피고인은 즉시 이를 다툴 수 있다.

이러한 연방의 제도에 대하여 법원은 합헌판결을 선고하였다.[5] 연방개혁보석법이 ① 적법절차에 위배된다는 주장, ② 수정 제8조상의 보석조항에 위배된다는 주장에 대하여, 법원은 보석조항의 어디에서도 허용되는 국가의 고려사항을 도주의 문제만으로 제한하고 있지 않고, 피고인이 추가적인 범죄를 범하거나 또한 타인에게 위험이 되지 않을 것을 보장하기 위한 국가의 재판전 이익은 강력한 이익이며 그러한 이익은 충분히 고려되어야 한다고 판시하였다.

법원은 피고인의 위험성이 보석의 허용결정뿐만 아니라 보석금을 산정함에 있어서도 고려되어야 한다는 입장을 보이고 있다.

1. 고려되어야 할 요소

재판부는 피고인에 대한 보석을 불허하는 요소로서 재판이 열리기 전의 도주 가능성을 고려할 수 있다. 그러나 재판부는 이와 마찬가지로 만일 피고인이 재판 기일 전에 석방된다면 추가범죄를 저지를 가능성이 있는가라는 다

5 United States v. Salerno, 481 U.S. 739 (1987). 6 : 3으로 합헌선고를 하였다.

른 요소를 역시 고려해야 한다.

2. 피고인의 개인적인 환경

예방적 구금(미결구금) 조항은 피고인에게 자신의 개인적인 환경(과거의 피고인의 범죄성향, 피고인의 사회관계, 전과 등)이 고려된다는 점을 고지받을 권리를 부여하고 있다(예를 들면, 살인죄 등으로 기소된 피고인에 대해 주 법원이 위와 같은 고지 없이 즉각적으로 보석을 불허한 채 예방적 구금(미결구금)을 명령한다면, 이 명령은 보석제도 조항에 전적으로 위배되는 것이다).

Ⅲ. 무죄추정

연방대법원은 Coffin 사건[6]에서 무죄추정의 원칙을 강조하기 시작하였다. 즉 무죄추정의 원칙이 수정 제5조 및 제14조의 적법절차조항을 구체화하는 절차의 공정성에 대한 권리의 본질적 내용이라는 것이다.

비록 무죄추정의 원칙이 헌법에 명시되어 있지는 않지만, 형사사법체계 하에서 공정한 절차의 기초적인 요소에 해당하는 것이다.[7]

무죄추정의 원칙이 자기부죄금지특권과 같이 피의자의 재판 전 단계의 권리목록에 해당되는지 여부에 관하여는 견해의 대립이 있었다. 연방대법원은 무죄추정의 원칙이 단지 재판절차에서 형사피고인의 입증책임에 관련을 가질 뿐, 재판 전 단계에서는 적용되지 않는다는 점을 명확하게 판시하였다.[8] 즉 무죄추정원칙은 구금조건에 적용되지 않기 때문에 구금생활의 엄격한 기준은 무죄추정원칙에서 요구되는 것이 아니라는 것이다.

---

6 Coffin v. United States, 156 U.S. 432 (1895).

7 Estelle v. Williams, 425 U.S. 501 (1976).

8 Bell v. Wolfish, 441 U.S. 520 (1979). 무죄추정이 형사사법체계에서 중요한 역할을 담당한다는 점에는 의심의 여지가 없다. 피고인에게 유리한 무죄추정의 원칙은 의심의 여지가 없는 법칙이고, 공리이자 핵심이며, 무죄추정원칙의 실현은 형사법운용의 초석이라 할 수 있다. 그러나 무죄추정의 원칙은 재판 전 단계에서 피구금자의 권리를 판단하는 데 적용되는 것이 아니다.

한편 1984년 연방보석개혁법은 예방적 구금을 구속사유로 신설하였다. 이에 따라 법원은 도주 또는 재범의 위험성이 심각한 경우에는 구속기간의 확정이 없는 보석을 불허하는 구속을 명할 수 있다.

예방적 구속을 규정한 연방보석개혁법은 범죄를 예방하고 사회의 안전을 보장하는 데 대한 정부의 이익이 개인의 자유라는 이익보다 크고, 적법절차의 본질적 내용을 침해하지 아니하였을 뿐만 아니라 예방적 구금은 형벌이 아니라 일종의 규제적 조치에 해당한다.[9]

제 3 절 유죄답변거래

Ⅰ. 유죄답변거래

대부분의 형사소추에서 재판보다는 유죄답변거래에 의해 해결되는 경우가 많다. 피고인으로 하여금 재판에서 무죄를 고집하기보다는 화해를 통해 문제를 해결하도록 하기 위한 요인을 제공하기 위해, 검사는 일반적으로 유죄가 확정될 경우에 피고인에게 구형될 형량보다 가벼운 형량을 제시하여 피고인을 유인한다. 유죄답변거래의 통상적인 세 가지의 유형은 이러하다. ① 비교적 가벼운 범죄사실로써 기소된 유형(예를 들면, 1급 강간에 대한 증거가 확보되었음에도 불구하고, 피고인은 2급 강간에 대해서만 변론한다), ② 피고인이 기소된 범죄에 대해 유죄를 인정함에도 불구하고, 검사가 판사에게 피고인의 형량을 감면해 줄 것을 권고하도록 하는 유형(그러나 통상적으로만 이러하다는 의미일 뿐, 판사가 반드시 그러한 형량감면 권고에 응해야 할 필요는 없다), ③ 피고인은 검사가 다른 범죄사실에 대한 공소취소의 대가로서 기소된 범죄에 대해 유죄를 인정한다.

9 United States v. Salerno, 481 U.S. 739 (1987).

1. 강제성

유죄답변거래는 일반적으로 강제성을 가지고 있다. 예를 들어, 만일 피고인이 유죄답변거래에 의해 기소된 범죄에 대해 유죄를 인정하고 그에 따른 판결이 내려진 이후 심경의 변화가 있다고 하더라도, 피고인은 거의 항상 유죄답변거래의 강제성에 구속된다.

2. 검사 측은 유죄답변거래를 거절할 수 있다

검사는 유죄답변거래에 응해야 할 의무가 없다. 비록 검사가 유형과 조건이 유사한 다른 사건에 대하여 통상적으로는 유죄답변거래를 한다고 하더라도, 검사가 특정한 사건에서 유죄답변거래를 하지 아니하고 재판을 선택할 권리가 있다.[10] (피고인에게 유죄답변거래요청의 헌법상의 권리는 없다).

Ⅱ. 검사가 약정

1. 검사의 강박

유죄답변거래의 협상과정 중에 검사는 광범위한 재량권을 갖기 때문에 다소의 강박이 이른바 위협의 권리로 인정된다. 예를 들면, 검사가 한 가지의 범죄에 대해서만 기소를 하면서 피고인에게 만일 당신이 이 범죄에 대해 유죄를 인정하지 않는다면, 더 무거운 다른 범죄사실들도 기소하겠다고 위협하는 것이다. 추가 기소의 위협을 받은 다른 범죄사실들이 충분한 증거들로써 뒷받침되는 한, 피고인은 자신의 유죄에 대해 항변하지 못할 뿐만 아니라 강박을 근거로 유죄답변거래를 파기하려 하지 못할 것이다. 이는 피고인에게 검사가 자신을 다른 유사 범죄들로 인해 기소된 피고인들과는 다르게 매우 거칠게 취급한다는 점을 입증한다고 해도 마찬가지이다.

---

10 Weatherford v. Bursey, 429 U.S. 545 (1977).

(1) 제3자에 대한 강박

검사가 제3자에 대한 너그러운 법 적용을 통해 피고인의 유죄 인정을 유도한다면(혹은 반대로 만일 피고인이 유죄를 인정하지 않는다면 제3자를 기소하겠다고 위협한다면), 그는 강박을 근거로 유죄답변거래의 주도권을 역전시킬 좋은 기회를 가지게 된다. 제3자가 그의 배우자, 형제자매, 혹은 자녀일 경우에 더욱 그러하다.

2. 약정의 파기

유죄답변거래는 본질적으로는 계약의 일종이므로 계약에 관한 법률이 적용된다. 따라서 검사가 거래 계약에 대한 급부를 제대로 이행하지 못한다면, 피고인은 계약을 파기(유죄답변거래 없이 재판을 진행시키는 것)하거나 계약의 이행을 독촉(본래 실행되기로 합의되었던 조건이 이행되기를 강력히 주장하는 것) 할 수 있다.

(1) 판사의 의견불일치

그러나 피고인은 검사가 제시한 조건을 받아들일 권리만을 가지고 있을 뿐이다. 예를 들어, 유죄답변거래가 형량감면에 대한 합의였다면, 검사측이 거래 계약의 급부를 이행하는 한 피고인의 헌법상의 권리가 침해되는 것은 아니나, 판사가 뜻밖에도 증가된 형량을 부과할 수도 있다는 의미이다. 그러나 대부분의 주와 연방에서는 이러한 경우 비록 헌법에 위배되는 행위라 할지라도 피고인으로 하여금 자신의 유죄 인정을 철회하고 재판을 진행할 수 있도록 허락해 주고 있다.

(2) 피고인의 약정 파기

만일 피고인이 유죄답변거래의 계약조건을 지킬 수 없게 되면, 검사 측은 계약을 파기할 권리와 함께 피고인에게 유죄답변거래 이전에 예정되었던 대로 기소할 권리를 가지게 된다. 이는 유죄답변거래를 바탕으로 하여 판결이 내려진 이후에 행해진다고 해도 마찬가지이다. 예를 들면, 피고인이 비교적 가벼운 범죄사실로써의 기소나 형량감면권고에 대한 대가로서 공범들에 대해 진술하기로 약정하였으나 그가 감면된 기소나 형량을 받은 이후, 진술을 거절하였다면 검사는 그 판결을 철회할 권리와 본래대로 피고인을 기소할 수 있는 권리를 가지게 된다.[11]

Ⅲ. 유죄답변의 수령

판사는 피고인을 보호하기 위한 요건들이 충족되었음을 확인하고 난 이후에야 비로소 그의 유죄답변을 받아들일 수 있다. 따라서 판사는 이러한 점들이 만족되었는가를 검토해야 한다 (1) 피고인이 유죄답변거래를 행할 수 있는 합당한 자격이 있는가, 그리고 그 유죄답변이 정말로 자발적인 것인가, (2) 피고인이 자신이 기소된 이유 및 내용 등을 숙지하고 있는가, (3) 피고인이 자신에게 선고될 최소한의 형량과 최대한의 형량과 같은 유죄답변으로 인해 초래될 결과들을 숙지하고 있는가 등이다.

1. 실질적인 근거

일부 주들과 연방의 소송제도는 판사로 하여금 유죄답변에 대한 실질적인 근거들에 대한 확신이 들기 전까지는 그 유죄답변을 수용하지 못하도록 하고 있다. 따라서 만일 피고인이 계속하여 자신의 무죄를 주장하든지 또는 판사 혹은 배심원들이 자신의 무죄 주장을 불신할 우려가 있어 어쩔 수 없이 자신의 유죄를 인정한다고 말한다면, 판사는 보통 그 유죄인정을 받아들이지 않는다. 이러한 상황에서는 판사가 유죄답변의 수령을 거부하는 것은 합헌이라 할 수 있다. 법원 측에는 유죄답변을 받아들여야만 하는 어떠한 절대적인 의무는 존재하지 않는다.[12]

11 Ricketts v. Adamson, 483 U.S. 1 (1987).
12 North Carolina v. Alford, 400 U.S. 25 (1970).

Ⅳ. 피고인의 유죄답변 취소

경우에 따라서는 피고인에게도 자신의 유죄답변을 취소할 권리가 있기도 하다.

1. 선고 이전

이러한 상황에서 피고인이 자신의 유죄답변을 취소하고자 한다면, 재판부는 대부분 그러한 피고인의 주장을 받아들인다.

2. 선고 이후

피고인은 자신의 유죄답변을 취소하기 힘들다. 법원은 대체적으로 피고인으로 하여금 사과를 두 번 먹어보게끔 하지는 않는다. 즉, 피고인이 일단 자신의 유죄를 인정하고 나서, 그에 따른 판결의 내용에 만족하지 못할 경우 유죄답변을 취소하는 행위는 인정되지 않는다.

(1) 판사가 형량감면권고를 받아들이지 않은 경우

이러한 경우에는 예외적으로 선고 이후에 제기된 피고인의 유죄답변 철회 주장이 받아들여진다. 검사가 유죄답변거래에 의해 형량의 감면을 판사에게 권고하였으나, 판사가 그러한 권고를 받아들이지 않고 무거운 형량의 판결을 내린다면, 재판부는 피고인의 유죄답변 취소를 허가함과 동시에 재판을 진행한다. 물론 그렇다고 해서 이러한 상황에서도 재판부의 유죄답변 취소 불허가 피고인의 헌법상의 권리를 침해하는 것은 아니다.

Ⅴ. 유죄답변에 의해 포기된 권리

일반적으로, 유죄답변거래에 의해 자신의 유죄를 인정하고 그에 따른 판결을 받아들인 피고인은, 헌법상의 권리를 포함하여 재판에서 주장할 수 있는 일체의 권리들을 포기하는 것으로 본다. 따라서 극소수의 예외를 제외하고는, 이러한 상황에서 피고인은 유죄판결 및 선고 내용에 대해 항소하지 못한다. 이는 피고인이 유죄답변을 행하기 이전에 모르고 있었던 자신의 헌법상의 권리들을 유죄답변 이후에 비로소 인식하여 뒤늦게 그것을 주장한다고 해도 마찬가지이다.[13]

다만, 유죄답변을 기초로 유죄판결을 받은 피고인은 만약 재판 전에 주장하였다면 주의 모든 노력에도 불구하고 주가 피고인에 대한 유효한 유죄판결을 얻어내는 것을 영원히 방지할 수 있었던 헌법적 근거를 주장하는 경우에는, 자신에 대한 유죄판결을 다툴 수 있다. 즉 유죄답변은 일단 주장되었다면 치유불가능하였을 사유의 항변 이외의 모든 항변을 박탈할 수 있는 것이다.[14] 그러나 피고인이 상소심에서 유죄답변을 다투어 성공하는 경우는 거의 없다.

제 4 절 검사의 소추 결정

당사자주의를 취하고 있는 체제 하에서 검사의 소추결정에 대한 이의는 큰 문제가 아니라고 볼 수도 있으나, 공소권남용과 관련하여 살펴보기로 한다.

1. 차별적 소추

수정 제14조는 모든 주로 하여금 누구에게라도 법의 등등한 보호를 부인하는 행위를 하지 못하도록 하고 있고, 수정 제5조는 연방정부로 하여금 법의 동등한 보호를 부인하지 못하도록 규정하고 있다.

13 McMann v. Richardson, 397 U.S. 759 (1970).

14 Peter Westen, "Away from Waiver: A Rational for the Forfeiture of Constitutional Rights in Criminal Procedure," 75 Mich. L. Rev. 1214, 1226 (1977).

검사로부터 차별적인 소추를 당하였다고 주장하는 피고인은 ① 검사의 소추가 인종 등을 근거로 한 차별적인 것이고, ② 고의적이거나 의도적인 것이며, ③ 자의적인 분류에 따른 것이라는 점을 입증하여야 한다.

피고인은 차별적 기소와 관련하여 명백한 반증을 제시하여야 한다. 또한 검사가 부적절한 동기를 가지고 있었다는 점을 입증한다고 하더라도 만일 그러한 사정이 없었더라면 피고인이 기소되지 않았으리라는 점을 입증하는 것은 극히 곤란하다.

2. 보복적 소추

경죄에 해당하는 행위로 유죄판결을 받은 피고인이 소송의 무효를 주장하면서 재심(trial de novo)을 청구하였다는 이유로 동일 사안에 대하여 중죄로 소추하는 것은 보복적인 소추에 해당하는 것이다.[15] 법원은 법률의 규정에 따른 재심청구권을 행사하는 사람이 국가가 원래의 기소내용을 보다 더 중한 죄로 변경하는 방법으로 보복할까 두려워하게 되어서는 안 된다고 판시하였다. 보복을 한다는 인상을 주는 것이야말로 권리의 행사를 위축(chill)시키기 때문이다.

그러나 Goodwin 사건[16]에서, 법원은 재판 전 단계에서는 '보복적 기소의 추정'을 적용하지 않는다고 판시하였다. 그 단계에서는 현실적인 보복적 기소의 가능성이 존재하지 않는다는 것이다. 그러나 법원은 "검사가 피고인이 법에 규정된 내용에 따라 허용된 권리를 행사하는 것을 응징하기 위하여 소추결정을 내렸다는 사실이 객관적으로 입증될 수 없다는 것을 의미하는 것은 아니"라고 판시하였다.

한편 소추결정이 피고인의 권리 행사를 막기 위하여 내려지는 경우가 있다는 것을 인정한 사례[17]도 있다.

---

15 Blackledge v. Perry, 417 U.S. 21 (1974).

16 United States v. Goodwin, 457 U.S. 368 (1982).

17 Dixon v. District of Columbia, 394 F. 2d 966 (D.C. Cir. 1968). 은퇴한 흑인 경사인 피고인이 교통법규를 위배하였다는 이유로 2명의 백인 경찰관에 의하여 정차를 당하였

3. 약속의 위반

Bethea 사건[18]에서, 검사는 피고인에게 지금이라도 징집에 응한다면 입영 대상자로 신고를 하지 아니한 행위에 대하여 기소를 하지 않겠다고 약속하였다. 피고인은 징집에 응하려고 하였으나 육군은 도덕적인 사유를 근거로 피고인을 받아들이지 않았다. 그 후 피고인은 입영 대상자로 신고하지 아니한 행위로 기소되었다. 피고인은 플리바기닝에 의한 약속은 검찰도 준수하여야 한다는 주장을 하였으나, 법원은 피고인의 주장을 배척하였다.

제 5절 신속한 재판(speedy trial)에 대한 권리

Ⅰ. 신속한 재판에 대한 권리

수정 제6조는 모든 형사소추에서 피고인은 신속한 재판을 받을 권리를 가진다고 규정하고 있다. 신속한 재판이란 불필요하고 원하지 않는 지체가 없는 재판을 의미한다. 이 권리는 대헌장에서 유래하는 것으로 연방뿐만 아니라 수정 제14조에 의하여 주 차원의 기소절차에도 적용된다.

1. 요 건

재판의 신속한 정도가 어느 정도인지를 정확하게 설명할 수 있는 법률상

다. 피고인이 경찰관의 행동에 대하여 경찰에 진정서를 제출하였고, 검사는 피고인이 진정 사건을 더 이상 진행하지 않는다면 검찰도 피고인을 교통법규 위반으로 기소하지 않겠다는 묵시적 동의를 하였다. 피고인은 Human Relations 위원회에 진정서를 제출하였고, 그 이후 교통법규 위반으로 기소를 당하여 유죄판결을 선고받았다. 이 사건에서 법원은 감독 권한을 근거로 유죄평결을 무효화하였지만, 헌법적 고려가 배경을 이루고 있다고 확인한 바 있다.

18 United States v. Bethea, 483 F. 2d 1024 (4th Cir. 1973). 검사의 약속으로 인하여 헌법상의 권리를 포기할 것을 요건으로 한 사건에 대하여, 피고인은 제한된 경우에만 약속에 따른 보호를 받을 수 있다는 것을 의미한다.

의 원칙은 없다. 이와 관련하여 연방대법원은 이익형량심사(balancing test), 즉 검사와 피고인의 행위를 모두 고려한 평가를 통하여 신속한 재판인지 여부를 판단하고 있다.

재판이 불합리하게 지연되었는지 여부를 판단함에 있어서는 다음의 4가지 요소를 고려한다.[19]

(1) 기간(지연의 기간)

허용될 수 있는 지연기간은 부분적으로 공소사실의 성질에 의하여 결정된다. 일반적인 거리범죄(street crime)에서 허용될 수 있는 기간은 중범죄이거나 복잡한 공모범죄보다는 짧다. 어느 정도의 기간이 불리한 것인가에 대한 판단은 일정하다고 볼 수 없다. 그러나 대개 5개월 이내의 지연인 경우에는 불리하지 않고, 8개월 이상의 지연이라면 불리한 것이라고 추정(presumptively prejudicial)된다.

(2) 이유(지연의 이유)

일반적으로 지연과 관련하여 정부측의 비난가능성이 크면 클수록 피고인의 신속한 재판에 대한 주장이 인용될 가능성이 높다. 정부가 고의로 재판을 지연시켰다는 것을 피고인측에서 입증할 수 있다면 지연의 시간이 단기간이라 하더라도 그러한 지연은 불이익한 것이라고 판단될 것이다. 법원의 업무과중으로 인한 지연은 비난할 것은 아니라고 하더라도, 용서될 수 있는 것은 아니다. 소재불명인 증인을 찾기 위하여 재판이 지연된 경우에는 신속한 재판을 받을 권리를 침해한 것이 아니다.

---

19 Barker v. Wingo, 407 U.S. 514 (1972). 피고인이 중년 여성에 대한 살인혐의로 체포되어 유죄확정판결을 받기까지 5년간의 재판 중 처음 4년간 재판의 지연에 대한 이의를 제기하지 아니한 사안이다. Powell 대법관은 법정의견에서 피고인이 수정 제6조상의 신속한 재판을 받을 권리를 침해당하였는지 여부는 ① 지연의 기간, ② 지연의 이유, ③ 피고인의 권리 주장, ④ 피고인의 불이익이라는 4가지 요소를 비교형량하여 개별적으로 결정하여야 한다고 판시하였다.

(3) 피고인의 권리 주장

피고인이 신속한 재판의 권리를 주장하였는지 여부 및 시기의 문제이다. 피고인이 재판을 받을 준비가 되었고, 즉시 재판이 개시되기를 요구하지 않았다면, 차후에 재판절차가 지연되었다는 피고인의 주장은 신속한 재판을 주장한 경우만큼 비중있게 고려되지 못할 것이다.

(4) 불이익

재판의 지연으로 피고인이 어떠한 손해를 입었는가의 문제이다. 재판의 지연으로 피고인이 입을 고통은 3가지 유형으로 설명할 수 있다. ⅰ) 강압적인 재판 전 구금, ⅱ) 재판을 기다리는 동안의 불안감, ⅲ) 방어권 침해. ⅰ)과 ⅱ)는 심각하게 고려되지 않고, 마지막 요소가 가장 심각하게 고려된다. 피고인에게 유리한 증인이 사망하였거나, 증인의 거주 이전으로 피고인이 용이하게 증인을 발견하지 못하게 된 경우 또는 증인의 기억상실의 발생 등의 사유라면 재판의 지연이 불이익하다고 판단될 수 있다.

한편 재판의 지체가 피고인의 악의적인 지연전술에 의한 것으로 인정되는 경우에는 피고인이 신속한 재판을 받을 권리를 포기한 것으로 본다. 신속한 재판을 받을 권리가 침해된 경우에는 법원에서 공소제기된 사건을 기각하고, 검사는 동일한 범죄를 다시 기소할 수 없다.

2. 대 상

신속한 재판을 받을 권리가 보장되는 것은 피고인에 대한 것이다. 정식으로 기소된 피고인이거나 체포 또는 구금된 자에게 이 권리가 인정된다. 단순히 수사기관의 수사대상이 되어 있는 사람은 이 권리의 보호대상에 포함되지 않는다. 일단 체포되었으나 보석이 된 자인 경우에는 신속한 재판을 받을 권리가 있다고 본다. 단순히 재판의 지체가 있었다고 하여 신속한 재판을 받을 권리가 침해되었다고 보기 어렵다.

3. 관련 이익

Smith v. Hooey 사건[20]에서 설명된 바와 같이 신속한 재판을 받을 권리는 적어도 3가지의 기본적인 요구를 보장하고 있다. ① 부당하고 강압적인 재판 이전의 구금 방지, ② 공적인 소추에 수반되는 불안과 근심의 최소화, ③ 장기간의 지연으로 인한 피고인의 자기방어능력 감소 가능성 억제.

4. 권리의 포기 또는 상실

신속한 재판을 받을 권리가 침해되었다는 피고인의 주장은 적시에(timely) 법원에 제기되어야 한다. 피고인이 이러한 신청을 하지 아니하고 유죄의 답변을 하거나 재판을 받게 되면 그는 항소심에서 처음으로 이 문제를 제기할 수 없다.

이 권리는 변호인이 아닌 피고인의 고유권이라고 보아야 할 것이므로, 변호인은 그의 고객인 피고인이 반대하는 경우 헌법상의 권리를 포기할 수 없다. 피고인의 변호인이 신속한 재판을 받을 권리를 침해받았다는 주장을 하지 않은 경우 피고인은 효과적인 변호인의 조력을 받은 것이라 할 수 없다.

5. 침해에 대한 구제방법

재판의 지연은 피고인에게 정서적 긴장을 줄 수 있고, 그 결과로 인하여 향후 사회복귀에 영향을 받을 수 있다. 따라서 신속한 재판을 받을 권리의 기초를 이루는 정책적 관점에서 기각만이 가능한 유일의 구제수단이라고 보아야 한다.[21]

---

20 Smith v. Hooey, 393 U.S. 374 (1969).

21 Strunk v. United States, 412 U.S. 434 (1973). 본건에 대한 원심에서는 다음과 같이 판시한 바 있다. "헌법상 권리의 침해에 대한 구제방법은 전통적으로 대배심기소의 기각 또는 형의 무효라고 할 수 있다. 피고인이 유죄임을 입증하는 증거들이 충분하다는 점에 대하여는 아무런 이의 제기가 없다. 이러한 사정하에서 형을 무효화하거나 대배심기소를 기각하는 것은 적절하지 않다. 따라서 피고인에 대하여 허용될 수 없는 지연기간에 상당하는 형의 감경을 선고함으로써 형의 일부를 복역할 수 있는 기회 상실에 대

6. 구금된 피고인

다수의 하급심에서 반대되는 판결을 선고하였음에도 불구하고, 연방대법원에서는 수용자들 또한 수정 제6조 소정의 신속한 재판을 받을 권리를 보유하고, 그 결과로 인하여 수용자의 요청이 있는 경우 책임있는 당국은 수용자가 법원에서 재판을 받는 데 있어서 근면하고 성실하게 노력하여야 할 헌법상 의무를 부담한다고 판시하였다.[22]

Ⅱ. 연방신속재판법

연방 차원의 기소절차에서 신속한 재판의 문제들은 연방신속재판법(Federal Speedy Trial Act)에서 다루어진다. 이 법에 의하면 기소와 재판의 개시 사이의 기간이 70일을 초과해서는 안 된다(그러나 70일 제한에 산입되지 않는 다양한 지연의 사유들이 인정되고 있는 것이 현실이다).

피고인의 권리 포기가 없는 상태에서 검찰이 법정시간을 준수하지 못한 경우에는 판사가 사건을 기각한다. 이때 판사는 이러한 기각결정이 재기소를 허용하는지 여부에 대하여도 함께 결정한다.

실무상 오히려 피고인이 시간제한을 포기하는 사례가 발생한다. 이는 ① 시간의 경과에 따라 피고인에게 불리한 증인이 사건에 대한 흥미를 상실하기도 하고, ② 중요한 증거가 산일될 수도 있으며, ③ 피고인이 방어방법을 찾는 데 상당한 시간이 소요되는 경우가 있기 때문이다.

하여 보상할 수 있을 것이다."

22 Smith v. Hooey, 393 U.S. 374 (1969).

제 6 절 재판 전 개시

Ⅰ. 피고인을 위한 개시

피고인은 당해 사건과 관련된 증거의 개시를 재판 전에 행할 수 있다.

1. 헌법상 검사의 개시의무

일반적으로 검사는 자신이 가진 증거를 피고인에게 증거개시를 해야 할 헌법상의 의무가 없다. 그러나 헌법이 재판 전 증거개시절차에서 중요한 기능을 하는 유일한 경우는 검사에게 피고인의 무죄 증명에 유효한 증거들이 있다면 이를 피고인에게 개시하도록 하고 있는 점에 있다.[23](피고인이 무죄 증명의 물증의 개시를 청구하는 행위를 가리켜 Brady 청구라고 한다.) 피고인에게 유리한 증거란 피고인의 무죄에 관한 자료뿐만 아니라 피고인의 양형상 참작이 될 만한 자료도 포함하는 의미이다.

(1) 선의의 무관함

검사가 피고인의 무죄 증명의 증거를 개시하지 않은 행위가 피고인을 곤경에 빠뜨리기 위해 행해진 것이 아니라, 과실 또는 증거 관리의 어떠한 사정에 의해 행해진 것이라 할지라도 적법절차에 위반한 것으로 본다(증거물이 분실 혹은 멸실되었기 때문에 검사가 그 무죄 증명의 증거물을 공개할 수 없다면, 피고인이 경찰 측의 악의를 증명하지 못하는 한 Brady 원칙은 적용되지 않는다).[24]

---

23 Brady v. Maryland, 373 U.S. 83 (1963). 피고인이 요청한 것으로서 피고인에게 유리한 증거를 검사가 은폐한 경우에 그 증거가 피고인의 유죄 또는 형사처벌에 큰 영향을 미치는 중요한 것일 경우에는 검사의 선의 또는 악의를 불문하고 적법절차에 위배된 것이다.

24 Arizona v. Youngblood, 488 U.S. 51 (1989). 10세 소년이 납치되어 성폭행을 당하였다. 의사는 피해자의 직장에서 정액을 채취하고 경찰은 피해자의 의복을 확보하였다. 그러나 경찰은 즉시 직장추출물에 대하여 검사도 하지 않고 그 의복을 냉동 보관을 하지 않았기 때문에 결국 어느 것에 대하여도 혈액형 검사가 불가능하게 되었다. 피고인

Brady 판결은 증거개시에 관한 선구적인 판결이라 할 것인데, 위 판결이 선고된 이후 검사는 피고인에게 유리한 증거로서 소송결과에 영향을 미칠 합리적인 가능성이 있는 증거는 피고인의 개시 요청이 없다고 하더라도 개시하여야 할 의무가 있다는 취지로 검사의 증거개시 의무가 확대되는 경향이 있다.

2. 실 무

헌법상의 요구사항들은 별도로 한 채, 대부분의 주 및 연방의 소송 시스템은 자세한 재판 전 개시 법령을 마련해 놓고 있다. 예를 들면 거의 모든 주들과 연방의 소송 시스템은 검사로 하여금 피고인의 신청이 있는 경우에 '사건에 관련이 있는' 피고인의 진술, 피고인에 대한 전과 조회 등을 피고인에게 제공하도록 요구하고 있다. 마찬가지로 다수의 주에서는 검사로 하여금 과학적 검사결과 및 신체검사의 사본들, 그리고 검사에게 소환될 예정인 증인들의 명단뿐만 아니라 다른 공동 피고인들의 진술 기록들을 피고인에 대해 개시하도록 하고 있다. 다만, 내부보고서, 메모 등에 대한 개시는 허용되지 아니한다. 한편 피고인이 검사에게 증거개시를 청구하는 경우에는 피고인도 검사의 요청에 따라 피고인이 보관 또는 소지하는 증거자료로서 법원에 제출할 예정인 시험 또는 결과보고서, 전문가 증언 등을 검사에게 개시하여야 한다.

Ⅱ. 검사를 위한 개시

대부분의 주 및 연방의 소송 시스템은 검사에게도 역시 재판 전 개시에 대한 권리를 다소 인정해주고 있다. 그러나 이는 보통 피고인에게 주어진 개

은 위의 범죄로 기소되었다. 경찰의 실수 때문에 피고인은 그의 혈액형이 그 의복이나 직장추출물에서 발견되었을 혈액의 혈액형과 다르다는 사실을 입증할 기회를 박탈당하였다. 피고인은 이러한 잘못은 적법절차를 부인하는 것이라고 주장하였다. 법원은 본건에 있어서 적법절차의 부인은 없다고 판시하였다.

시에 대한 권리에 비해서는 범위가 좁다.

1. 알리바이 공개(alibi disclosure)

대부분의 주와 연방에서는 피고인으로 하여금 현장부재항변(알리바이 주장)을 제기할 것이라는 의사를 검사에게 사전 통고하도록 하고 있다. 이러한 규정이 없는 경우 피고인 측에서 재판의 최종단계에 이르러 검찰이 반박하기 어려운 허위의 알리바이를 조작하여 주장할 위험성이 있기 때문이다.

2. 정신이상(insanity)

대부분의 주와 연방에서는 피고인에 대하여 그가 정신이상의 주장을 하거나, 피고인 자신에게 범죄에 필요한 정신능력의 결함이 있었다는 전문가의 진술서를 제시할 의사가 있는지 여부를 사전에 통지할 것을 요구하고 있다.

3. 상호의존성(reciprocity)

일부의 주에서는 피고인의 증거개시권 행사를 조건으로 검찰에게 상당히 광범위한 증거개시권을 부여하기도 한다. 이러한 규정에 의하여 피고인이 증거개시를 요구하지 않으면, 검찰도 증거개시권을 가지지 못한다.

4. 증인 명단과 증인의 진술

일부의 주에서는 피고인 측에 대하여 피고인이 신청하려는 증인들의 성명, 주소 및 그 증인들의 증언을 미리 공개할 것을 요구한다. 그러나 이러한 광범위한 규정들은 위에서 설명한 내용보다는 사례가 적다.

제 7 절 재 판

Ⅰ. 공개재판(public trial)의 권리

수정 제5조는 모든 형사소추에서 피고인은 공개재판을 받을 권리가 있다고 규정되어 있다. 공개재판이란 재판이 공정하고 정당하게 진행되는지 여부에 대하여 관심을 가지고 있는 사람들이 보고 들을 수 있는 상태에서 재판이 진행되는 것을 의미하므로, 재판에 대중들의 출입 및 방청이 허용되어야 한다. 그러므로 피고인의 의사에 반하여 재판이 판사실이나 교도소와 같은 비공개적인 장소에서 진행된다면, 이는 피고인의 공개재판에 대한 권리를 침해하는 것이 된다. 판사는 재판 진행과정에서 정당한 사유가 있는 경우에는 방청객의 일부 또는 전부에 대한 퇴정명령을 내릴 수 있다. 그러나 원칙적으로 피고인의 친구나 가족에게 비공개로 재판을 하는 것은 허용되지 않는다.

1. 피고인에게는 비공개재판의 권리를 가지고 있지 않다

피고인에게는 비공개재판을 요구할 수 있는 권리가 없다. 재판부는 피고인의 헌법상의 권리들을 침해하지 않는 범위 내에서 피고인의 반대의사와 관계없이 공개재판을 명령할 수 있다.

2. 부분적인 비공개

경우에 따라서 공개재판에 대한 피고인의 권리보다 공공 혹은 증인의 권익을 위한 부분적 비공개재판의 이익이 더 중시될 수 있다. 일반적으로 부분적 비공개재판을 요구하는 재판당사자(주로 검사 측)는 다음과 같은 점들을 명백히 밝혀야 한다.

① 국가의 권익을 위해서는 재판이 반드시 비공개적으로 행해져야 한다는 점

② 비공개의 정도가 국가의 권익을 보호하는 데 필요한 정도를 벗어나지 않는다는 점

③ 비공개적인 방법 이외에는 다른 적절한 대안이 존재하지 않는다는 점 등이 그것이다.[25]

[예] 만일 피고인이 미성년자인 V양에 대한 강간혐의로 재판을 받는다면, 재판부는 V양의 권익을 보호하기 위해 그녀의 증언이 진행되는 동안 재판이 비공개적으로 행해질 것을 명령할 수 있다. 그러나 재판의 모든 과정을 비공개로 할 수는 없다. 그러나 판사가 재판의 당사자들로 하여금 V양의 실명을 언급하지 않도록 명령할 수는 있다. 마찬가지로, 만약 비밀정보 제공자인 W씨의 증언이 수반되는 경우에는, W씨의 증언이 진행되는 동안의 재판에 대해서는 비공개로 하는 것이 합헌이라 하겠지만, 역시 재판의 모든 과정을 비공개로 할 수는 없다.

3. 이의 제기권자

공개재판에 대해 이의를 제기할 수 있는 사람이 누구이냐에 대하여는 견해가 나뉜다. ① 공개재판은 피고인의 이익을 위한 제도이므로 피고인만이 이의를 제기할 수 있다는 견해, ② 일반인도 공개재판에 대하여 권리를 가지고 있으므로 퇴정을 당한 사람 또는 언론도 적법하게 이의를 제기할 수 있다는 견해가 있다.

4. 소년범

소년에 대한 재판에서는 공개재판의 원칙이 적용되지 않는다. 많은 주에서 소년심판절차는 비공개로 규정하고 있고, 언론보도의 제한 또는 금지를 규정하고 있다.

5. 기 타

언론매체는 자유사회에 있어서 대중이 알권리가 있다고 주장하면서 때때

25 Waller v. Georgia, 467 U.S. 39 (1984).

로 공동체를 자극하는 내용을 보도하기도 한다. 언론의 보도로 인하여 배심에게 영향을 미치는 선입견을 가진 증거에의 접근이 차단되지 못하고 공평한 배심으로부터 공개재판을 받을 권리 및 적법절차가 침해될 수도 있다.

카메라 등으로 재판을 촬영하는 것은 법원의 허가를 받아야 한다. 형사재판을 생중계하는 경우가 있는데, 이러한 경우에는 판사, 검사 또는 변호사의 행동에 적절하지 않은 영향을 미친다는 비판이 있다.

적법한 절차는 피고인이 외부의 영향을 받지 않은 공평한 배심으로부터 재판을 받는 것을 의미한다.[26] 한편 편파적인 언론보도, 여론의 압박 등으로부터 재판의 공정을 지키기 위하여 재판장소 변경, 배심의 격리, 재판 연기, 재판 관련 당사자에 대한 함구령 등의 조치가 취해지는 경우가 있다.

또한 방송에 사용되는 밝은 조명과 큰 장비들은 형사재판을 방해할 수도 있다.[27] 그러나 재판에 대한 방송중계가 절대적으로 금지되는 것은 아니다.[28]

Ⅱ. 피고인의 재판 출석의 권리

피고인은 자신에 대한 재판에 출석할 수 있는 헌법상의 권리를 가진다. 이 권리는 수정 제5조에서 규정된 피고인이 자신에게 불리한 증인들과 법정 대면할 수 있는 권리로부터 나온 것이다. 피고인이 재판의 시작단계에서는 출석하였다가 그 이후의 재판절차에서 자발적으로 법정에 출석하지 아니하는 경우에는 피고인이 이 권리를 포기한 것으로 간주되므로, 피고인의 출석

26 Sheppard v. Maxwell, 384 U.S. 333 (1966). 저명한 클리블랜드의 의사가 그의 배우자를 살해한 사건으로 기소된 유명한 사건이다. 피고인은 처음에는 그 사건의 혐의자가 아니었는데, 특정 신문사설이 경찰로 하여금 피고인에게 초점을 맞추도록 하였다. 재판기간 동안 법정에는 실제 재판에 제출되지 아니한 증거에 대한 신문기사가 배심원들에게 읽혀질 수 있었고, 기자들이 재판석에 들어오는 것이 허용되었으며, 재판장은 언론을 전혀 통제하지 않았다. 또한 법정에 설치된 스피커 시스템에도 불구하고 법정이 너무 소란스러워서 증인이나 변호인의 말이 제대로 들리지도 않았고, 휴식시간에는 법정에서 사진이 촬영되기도 하였다.

27 Estes v. Texas, 381 U.S. 532 (1965).

28 Chandler v. Florida, 449 U.S. 560 (1981).

없이 재판을 진행할 수 있다. 피고인이 재판부 측의 경고 이후에도 법정에서 소란을 피우는 등의 방법으로 재판을 방해하는 행위를 계속한다면 피고인이 이 권리를 포기한 것으로 간주하고, 판사로부터 퇴정명령을 받을 수 있다. 이러한 경우에 법원이 취할 수 있는 조치로는 ① 법정모독으로 처벌을 받게 하는 방법, ② 법정에서 피고인을 결박하고 재갈을 물리는 방법, ③ 예의있게 행동하겠다는 약속을 할 때까지 법정에서 퇴정시키는 방법 등이 있다.[29]

Ⅲ. 법정대면(증인대면)의 권리들

수정 제6조는 "모든 형사절차에 있어서 피고인은 자신에게 불리한 증인을 대면할 권리를 가진다"라고 규정하고 있다. 이것이 바로 법정대면의 권리이다. 대면할 권리는 모든 형사소송에서 존재하는데, 대배심절차, 검시관의 검시 또는 입법부의 조사와 같은 수사상의 절차에는 적용되지 않는다. 이 권리는 연방정부뿐만이 아니라 주정부에도 적용된다. 한편 연방증거법은 "전문진술은 이 법이나 의회의 위임에 의하여 연방대법원이 제정한 규칙 또는 의회가 제정한 법에 의한 예외에 해당하지 아니하는 한 증거로 사용할 수 없다"라고 규정하고 있다.

Crawford 판결[30]을 통하여 연방헌법상의 법정대면권 조항이 실질적인 의미를 갖게 되었다. 연방헌법에 법정대면권이 규정되어 있다고 하더라도 법정 외의 진술이 절대로 증거로 사용될 수 없다는 의미는 아니다. 증인이 법정에 출석하지 않는 이상 피고인에게 불리한 진술을 증거로 사용할 수 없다는 것

29 Illinois v. Allen, 397 U.S. 337 (1970).

30 Crawford v. Washington, 124 S. Ct. 1354 (2004). 피해자는 자신의 아파트에서 피고인의 칼에 찔려 사망하였다. 피고인은 그날 밤 자신의 처와 함께 체포당하였다. 경찰 조사과정에서 피고인은 피해자가 자신의 처를 강간하려고 하였기 때문에 화가 나서 처와 함께 피고인을 찾으러 다니다가 피해자의 아파트에서 싸움이 벌어져 그 과정에서 피해자는 흉부에 찔리고 피고인 자신도 손에 자상을 입게 된 것이라고 하였다. 그러나 피해자가 먼저 칼을 꺼내들었다고 진술하였다. 피고인 처의 진술도 이와 유사하였지만, 피해자가 흉기를 꺼내 든 시점에 대하여 차이가 있었다.

은 검찰에 지나친 부담을 지우는 것이기 때문이다.

법정대면의 권리에 대한 연혁은 로마법까지 거슬러 올라갈 수 있는데, 유명한 Sir Raleigh 반역사건 등 역사적 교훈을 통하여 영미법의 중요한 전통으로 자리잡게 된 것이다.

법정대면의 권리는 크게 두 가지로 구성되어 있다. (1) 강제적 절차에 의해 증인을 확보할 권리, (2) 적대적인 증인에 대한 반대신문의 권리 등이 그것이다.

1. 강제적 절차에 의한 증인확보

재판부로 하여금 자신의 변론에 유용한 정보를 가지고 있는 증인들에 대해 법정에서의 증언을 강제할 수 있는 소환장을 발부하도록 할 수 있는 권리가 있음을 의미한다.

(1) 검사의 도움

강제적 절차에 의한 증인확보의 권리는 검사에게 피고인의 증인 탐색을 도와주어야 할 의무가 있음을 의미하기도 한다. 따라서 검사가 피고인에게 유리한 증인의 소재 혹은 신원을 파악하고 있을 경우, 검사는 그 정보를 피고인에게 알려주어야 할 헌법상의 의무가 있다.[31] (그러나 비밀 정보제공자의 경우 수사의 진행을 보호하고 정보제공자의 안전을 기하기 위하여 법정대면 조항에서 규정하는 피고인의 정보제공자의 신원에 대한 알 권리보다 국가 그리고 정보제공자의 권익이 더 중시된다.)

2. 반대신문의 권리

법정대면의 권리는 피고인의 반대신문의 권리에 제동을 거는 행위에 제한을 둔다.

[예] 소년사건의 재판을 근거로 한 피고인의 증인(소년)에 대한 반대신문을 금

31 Roviaro v. United States, 353 U.S. 53 (1957).

지하는 규정은 법정대면 조항에 위배된다.[32]

(1) 전문증거의 제한

법정대면의 권리는 국가가 피고인에 대한 전문증거를 채택하는 행위를 제한한다. 예를 들면 전문증거가 합당한 신뢰도의 지표가 구비된 상황에서 얻어진 것이 아니라면, 그 전문증거는 받아들여지지 않는다.[33] (그러나 사망 전 고백의 예외 등과 같은 오랜 관습법상의 예외에 대해서는 전문증거가 받아들여지고 있는 현실이며, 이는 대체적으로 충분한 신뢰도의 지표가 갖추어진 것으로 간주된다.)

이러한 판결의 내용은 2004년 Crawford 판결에 의하여 변경되어 전문증거가 받아들여지는 경우가 있다.

Ⅳ. 피고인의 진술거부권

수정 제5조는 모든 형사소추에서 어떠한 피고인도 자신에게 불리한 진술을 강요받지 아니한다고 규정하고 있다. 이 특권은 수정 제14조의 적법절차 조항에 의하여 각 주에 적용된다.

1. 증언석에 서지 않을 권리

이 권리는 단순히 피고인이 검사의 질문에 대한 답변을 거부할 수 있음을 의미하는 것은 아니다. 이 권리는 그 대신에 피고인에게 증언석에 서지 않을 권리가 있다는 것을 의미한다. 많은 경우에 있어서 피고인은 증언석에 서지 않는다.

(1) 권리의 포기

그러나 이 권리는 포기될 수 있다. 피고인이 증언석에 서게 되면, 통상 반대신문의 상당한 범위 내에서 어떠한 내용에 대하여도 그의 특권을 포기한

32 Davis v. Alaska, 415 U.S. 308 (1974).
33 Ohio v. Roberts, 448 U.S. 56 (1980).

것으로 보여진다.

[예] 일단 피고인이 증언대에 서면, 그는 자신의 부정직과 거짓 진술이 수반되어진 유죄판결 사건과 같은 그의 정직성에 영향을 줄 과거의 유죄판결 사건들에 대해 반대신문을 받게 된다.[34]

2. 검사가 언급

자기부죄금지특권은 검사가 피고인의 진술거부에 대하여 언급할 권리에 제한을 두고 있다. 일반적으로 검사는 피고인이 증언석에 서기를 거절했다는 사실에 대하여 어떠한 언급도 할 수 없다.[35]

3. 배심원에 대한 설시

피고인은 판사로 하여금 다음과 같은 사항을 설시하도록 할 권리가 있다. ⅰ) 피고인은 증언석에 서지 않을 헌법상 권리가 있다. ⅱ) 배심원들은 이러한 권리의 행사로부터 유죄의 추론을 하여서는 아니된다.

만일 피고인이 자기의 입장에서 진술의 기회가 부여되지 않았다고 주장한다면, 위와 같은 제한은 해제되어(open the door), 검사는 피고인 자신이 증언석에 설 수 있었음에도 불구하고 그러하지 않았다고 반박할 수 있다.

34 이를 Hobson's Choice라고 한다. 주어진 것을 '갖느냐 안 갖느냐'의 선택을 의미하는데, 선택의 여지가 없는 선택을 말한다. 예를 들어 빵과 밥 중에서 어느 하나를 선택하는 것이 아니라 빵을 선택하거나 아니면 굶어야 하는 선택을 말한다.

35 Griffin v. California, 380 U.S. 609 (1965). 1급 살인죄로 재판을 받는 도중에 피고인은 증언을 하지 않았는데, 배심원이 유죄의 평결을 하기 전에 검찰 측과 법원은 피고인이 증언을 하지 않았음을 언급하였다. 판사와 검사가 배심원에게 피고인이 증언을 하지 않았다는 것을 언급하는 것이 수정 제5조 소정의 자기부죄금지특권을 침해하느냐 여부가 쟁점이 된 사안이다. 법정의견을 작성한 Douglas 대법관은 판사나 검사에 의한 그러한 언급은 헌법이 보장하는 자기부죄금지특권의 행사를 어렵게 하는 것으로 허용되어서는 아니되고, 수정 제5조가 보장하고자 하는 형사 정의의 규문적인 체제의 잔재(remnant of the inquisitorial system of criminal justice)라고 지적하였다. 피고인이 증언을 하지 않는 것은 유죄의 자연적인 추론이 될 수도 있으나, 배심원은 스스로의 추론에 의하여야 하는 것일 뿐 법원의 언급에 기인하여서는 아니되는 것이라고 한다.

제 8 절 이중기소금지의 원칙

Ⅰ. 이중기소금지의 원칙

수정 제5조는 "누구라도 동일한 범죄로 인해 생명 및 신체에 대하여 이중위험에 처해지지 않는다"라고 규정하고 있다. 이는 이중기소를 방지하여 인권을 보장하기 위한 규정이다. 이 원칙의 가장 전통적인 적용례는 배심원에 의해 무죄가 선고된 피고인이 다시 재판을 받게 되는 것이다. 그러나 이 원칙은 다른 상황에 대해서도 적용되는 경우가 있다(예를 들면, 피고인의 유죄판결이 항소심에서 증거불충분을 이유로 파기되었다면, 그에 대한 재기소는 허용되지 않는다).

이중위험이라 함은 동일한 관할에서 동일한 범죄로 동일한 피고인에 대하여 연속적으로 소추하는 것을 의미한다.

1. 주에도 적용됨

이중기소금지의 원칙은 연방 차원의 재판뿐만이 아니라 주 법원 재판에도 적용된다.[36]

Ⅱ. 이중기소의 임박

이중위험에 대한 보호는 위험(기소를 통한 처벌의 위험)에 처할 때까지는 적용되지 않는다. 피고인에게 아무리 불공정한 절차라 하더라도 새로운 절차를 통하여 검사가 피고인을 동일한 범죄로 기소하는 것은 이중위험금지에 의하여 제한되지 않는다.

36 Benton v. Maryland, 395 U.S. 784 (1969).

1. 배심 재판

배심원에 의해 재판이 진행되는 경우, 배심원들이 배심원 명부에서 선택되고 배심원 선서를 하는 순간부터 위험이 임박한 것으로 간주된다. 즉, 선택된 모든 배심원들이 배심원 선서를 마치는 순간 위험은 발생한 것으르 보아 검사는 동일한 죄로 다시 기소할 수 없다.[37]

2. 판사 재판(bench trial)

배심원 없이 판사 단독에 의해 재판이 진행되는 경우, 첫 번째 증인이 증인선서를 하는 순간 위험이 발생한 것으로 본다.

3. 유죄인정 진술(guilty plea)

피고인이 유죄를 인정하는 진술에 의하여 절차가 종료되는 경우, 법원이 피고인의 유죄인정을 조건없이 수용하였을 때 피고인이 위험에 처한 것이다. 따라서 피고인이 사전심문이나 법정에서 심문을 받은 것만으로는 피고인이 위험에 처하여진 것이 아니다.

Ⅲ. 무효재판(mistrial) 이후의 재기소

재판이 무효재판으로서 종결된다면, 검사는 피고인에 대한 재심리를 요구할 수 있다.

1. 피고인의 동의가 있을 경우

만일 무효재판이 피고인의 요청 혹은 동의에 의해 발생한 것이라면 재기소는 반드시 허가된다. 이는 검사의 고의적인 부당행위에 의해 무효재판이 야기되었으므로, 이에 대한 피고인의 동의가 필요한 경우에도 마찬가지이다.

37 Crist v. Bretz, 437 U.S. 28 (1978).

2. 피고인의 동의가 없을 경우

무효재판에 대해 피고인의 동의를 하지 않았다고 할지라도 재기소는 허가된다.

(1) 명백한 필요성

예를 들면, 재판부가 명백한 필요성에 의해 무효재판으로서의 종결이 필요하다고 판단한다면, 재기소는 허용된다. 대부분의 경우 재판부는 이와 같은 필요성에 대해 매우 민감하다.

[예] 만일 배심원의 평결이 만장일치에 도달하지 못해 미결정심리가 야기되거나, 또는 질병으로 인해 배심원의 숫자가 지나치게 부족하다면, 재심리는 대부분 허가된다.[38]

Ⅳ. 무죄선고 이후의 재기소

전통적으로 이중기소금지의 원칙은 무죄선고를 받은 피고인에 대한 검사의 재기소를 금지하는 원칙이다.

1. 배심원에 의한 무죄선고

배심원에 의해 평결이 내려지는 경우에 배심원들이 피고인의 무죄를 결정한다면, 피고인은 이중기소금지의 원칙에 의해 재심리를 받지 않는다.[39] 이는 제시된 증거가 충분하지 못하다는 이유로 무죄가 선고되거나 또는 무죄가 선고된 이후에 당시 피고인의 위증이 증명되었다고 하더라도 마찬가지이다. 따라서 검사는 배심원의 무죄선고에 대해 이의를 제기하지 못한다.

---

38 일반적으로 배심원은 12인으로 구성되는데, 대부분의 주에서는 12명 전원의 만장일치로 평결을 한다. 다만, 일부 주에서는 만장일치를 요구하지 않는다.

39 United States v. Ball, 163 U.S. 662 (1896).

2. 판사에 의한 무죄선고

판사가 무죄를 선고한 경우에도 본질적으로 동일한 원칙이 적용된다. 따라서 검사가 하나 또는 그 이상의 범죄성립요건을 입증하지 못하여 무죄가 선고된 경우 검사는 항소할 수 없다. 판사의 평결이 검찰 측의 유리한 증거를 채택하지 않은 것과 같은 법률 적용의 잘못에 기인한 것이라 하더라도 마찬가지이다. 그러나 배심원이 피고인을 유죄로 평결하였음에도 불구하고 판사가 증거의 신빙성에 반하여 배심원단의 평결을 기각한 경우에는 이에 대한 불복이 허용된다.

Ⅴ. 유죄선고 이후의 재기소

경우에 따라서는 피고인이 유죄선고를 받았다는 사실에 의해 그 이후의 기소는 인정되지 아니한다.

1. 항소에 의한 배심평결의 파기

만일 피고인이 재판에서 유죄를 선고받은 이후, 항소심을 통해 배심의 유죄평결을 파기시키는 데 성공한다면, 이 경우 피고인에 대한 재심리는 허용된다.

[예] 피고인의 주장에 따르자면, 자신은 수정 제14조에 위배되는 수사 및 압수에 의해 유죄가 선고되었다고 한다. 그리고 항소심에서 이와 같은 피고인의 주장이 받아들여져 원심의 유죄판결이 파기된다면 피고인에 대한 재심리는 허용된다.

(1) 증거의 불충분

그러나 여기에는 한 가지 예외가 있다. 만약 항소심에서의 유죄선고 번복이 증거의 불충분으로 인한 것이었다면(예를 들면, 어떠한 배심원도 제시된 증거들 가운데 피고인의 유죄를 입증할 만한 것이 없다고 여긴다면), 재기소는 허용되지 않는다.

2. 재선고

피고인이 유죄선고를 받은 이후, 항소심을 통해 재심리를 받게 된다면, 이중위험금지의 원칙에 따라 새로운 유죄선고에 의해 피고인에게 선고될 형량에 제한을 둔다.

(1) 형기의 공제

피고인은 원심의 평결이 파기되기 전에 자신이 그로 인해 복역해 온 형기들에 대한 공제를 헌법에 의해 보장받는다.[40]

(2) 더 무거운 형량의 선고

판사는 피고인에게 그가 이전의 선고에 의해 받았던 형량보다 더 무거운 형량을 선고할 수도 있다. 피고인을 다시 재판할 수 있는 권한으로부터 피고인에 대하여 전심에서 부과되었던 형에 비하여 중하거나 경하거나 불문하고 합법적으로 인증된 어떠한 형도 선고할 수 있는 권한이 추론된다.[41](그러나 만일 검사에 의해 사형으로 기소된 피고인이 첫 번째 선고에서 사형 이하의 형을 선고받은 경우에 피고인이 1심 판결에 불복하여 항소하여 항소심에서 유죄의 선고를 받는다면, 피고인은 이중위험금지의 원칙에 의하여 사형을 선고받지 아니한다.[42])

Ⅵ. 다른 주권에 의한 재기소

하나의 사법권에 의한 유죄 혹은 무죄의 선고는 다른 사법권에 의한 재기소를 가로막는 요인이 되지 못한다. 이것이 이른바 이중주권주의이다.

[예] 경찰관인 피고인이 수감 중인 피의자 X씨에 대한 가중폭행으로써 주 법원에 기소되었으나 무죄선고를 받았다. 피고인은 그 이후 X씨의 시민권을 침

40 North Carolina v. Pearce, 395 U.S. 711 (1969).
41 North Carolina v. Pearce, supra.
42 Bullington v. Missouri, 451 U.S. 430 (1981).

해한 혐의로 연방법원에 기소되었다. X씨에 대한 시민권 침해를 구성하는 범죄사실들은 이전에 주 법원에서 기소된 범죄사실들과 동일하다. 그러나 연방검찰은 피고인의 이중기소금지의 권리를 침해한 것이 아니다. 왜냐하면 그것은 이전과는 다른 주권의 사법권에 의해 기소된 것이기 때문이다. 이는 연방법원에 기소된 이후에 주법원에 다시 기소되는 경우에도 마찬가지이다.

1. 비헌법상의 제한들

대다수 주에서 다른 사법권에 의해 유죄를 선고받은 피고인을 재기소로부터 보호하기 위한 주 헌법상 혹은 법률상의 규정들을 마련해 놓고 있다. 마찬가지로 연방의 기소지침 역시 법무부장관보의 재기소 승인이 있지 않은 한 주법원에의 기소와 유사한 연방법원 기소를 금지하고 있다.

Ⅶ. 범죄의 중첩

경우에 따라서는 두 가지의 서로 다른 범죄들이 동시에 이중기소금지의 대상으로 여겨질 정도로 일련의 동일한 범죄사실들을 포함하고 있는 경우가 있다. 이와 같은 범죄의 중첩의 문제를 해결하기 위해서는 비록 둘 다 동일한 범죄사실을 포함하고 있다고 할지라도 어떤 하나의 범죄가 다른 하나의 범죄에 포함되어 있는가를 살펴보아야 한다.

1. 작은 범죄를 먼저 재판할 경우

피고인 스스로가 범한 두 가지 범죄 가운데 하나의 범죄에 포함되는 작은 범죄를 먼저 재판할 경우를 가정해 본다. 이러한 경우 첫 번째 재판의 결과가 무죄 혹은 유죄로 선고됨에 관계없이, 검사는 중한 범죄를 추가로 기소할 수 없다.[43]

---

43 Brown v. Ohio, 432 U.S. 161 (1977).

2. 중한 범죄를 먼저 재판할 경우

반대의 경우 이중기소금지 조항은 포함되는 중한 범죄에 대한 재판이 유죄선고로 종결될 경우 포함하는 작은 범죄에 대한 추가기소를 금지하고 있다.

3. 두 가지 범죄가 동시에 심리될 수 없는 경우

두 가지 범죄에 대한 연속적인 기소를 금지하는 이 경우 예외적으로 검사가 두 가지의 범죄를 모두 다룰 수 없는 경우에는 적용되지 않는다.

[예] 첫 번째의 범죄를 심리할 때 두 번째의 범죄를 입증할 수 있는 범죄사실이 미처 다 밝혀지지 않았다면, 검사의 업무 태만이 인정된다고 할지라도, 두 번째 범죄에 대한 심리는 허용된다.

부 록

미합중국헌법

전 문

우리들 합중국(the United States) 인민은 보다 완벽한 연합(Union)을 형성하고, 정의를 확립하고, 국내의 평안을 보장하고, 공동방위를 도모하고, 국민복지를 증진하고, 그리고 우리들과 우리의 후손들에게 자유의 축복을 확보하기 위하여 이 아메리카합중국헌법을 제정한다.

제 1 조 (입법부)

제 1 절

이 헌법에 의하여 부여되는 모든 입법권한은 합중국 연방의회(Congress of the United States)에 속하며, 연방의회는 상원(Senate)과 하원(House of Representatives)으로 구성한다.

제 2 절 (하원)

제 1 항 하원은 각 주의 주민이 2년마다 선출하는 의원으로 구성하며, 각 주의 선거인은 주의회의 의원수가 가장 많은 의원의 선거인에게 요구되는 자격요건을 구비하여야 한다.

제 2 항 누구든지 연령이 만 25세에 미달한 자, 합중국 시민으로서의 기간이 7년이 되지 아니한 자, 그리고 선거 당시에 선출되는 주의 주민이 아닌 자는 하원의원이 될 수 없다.

제 3 항 〔하원의원의 수와 직접세는 연방에 가입하는 각 주의 인구수에 비례하여 각 주에 배정한다. 각 주의 인구수는 연기복무자를 포함시키고, 과세되지 아니하는 인디언을 제외한 자유인의 총수에 그 밖의 총인원수의 5

분의 3을 가산하여 결정한다.(수정 제13조, 제14조 참조)〕 인구수의 산정은 제1회 연방의회를 개회한 후 3년 이내에 행하며, 그 후는 10년마다 법률이 정하는 바에 따라 행한다. 하원의원의 수는 인구 3만명 당 1인의 비율을 초과하지 못한다. 다만, 각 주는 적어도 1명의 하원의원을 가져야 한다. 위의 인구수의 산정이 있을 때까지 뉴햄프셔 주는 3명, 매사추세츠 주는 8명, 로드아일랜드 주와 프로비던스 식민지는 1명, 코네티컷 주는 5명, 뉴욕 주는 6명, 뉴저지 주는 4명, 펜실베이니아 주는 8명, 델라웨어 주는 1명, 메릴랜드 주는 6명, 버지니아 주는 10명, 노스 캐롤라이나 주는 5명, 사우스 캐롤라이나 주는 5명, 그리고 조지아 주는 3명의 의원을 각각 선출할 수 있다.

제 4 항 어느 주에서, 그 주에서 선출된 하원의원에 결원이 생겼을 경우에는 그 주의 행정부가 그 결원을 채우기 위한 보궐선거의 명령을 내려야 한다.

제 5 항 하원은 그 의장과 그 밖의 임원을 선임하며, 탄핵권한을 전유한다.

제 3 절 (상원)

제 1 항 상원은 〔각 주의회에서 선출한(수정 제 7 조로 개정)〕 6년 임기의 상원의원 2명씩으로 구성되며, 각 상원의원은 1표의 투표권을 가진다.

제 2 항 상원의원들이 제1회 선거의 결과로 당선되어 회합하면, 즉시로 의원총수를 가능한 한 동수의 3개 부류로 나눈다. 제1부류의 의원은 2년 만기로, 제2부류의 의원은 4년 만기로, 그리고 제3부류의 의원은 6년 만기로, 그 의석을 비워야 한다. 이렇게 하여 상원의원 총수의 3분의 1이 2년마다 개선될 수 있게 한다. 〔그리고 어느 주에 있어서나 주의회의 휴회 중에, 사직 또는 그 밖의 원인으로 상원의원의 결원이 생길 때에는, 그 주의 행정부는 다음 회기의 주의회가 결원의 보충을 할 때까지 잠정적으로 상원의원을 임명할 수 있다.(수정 제17조)〕

제 3 항 연령이 30세에 미달하거나, 합중국 시민으로서의 기간이 9년이 되지 아니하거나, 또는 선거 당시, 선출되는 주의 주민이 아닌 자는 상원의원이 될 수 없다.

제 4 항 합중국의 부통령은 상원의장이 된다. 다만, 의결시에 가부 동수일 경우를 제외하고는 투표권이 없다.

제 5 항 상원은 의장 이외의 임원들을 선임하며, 부통령이 결원일 경우이거나, 부통령이 대통령의 직무를 집행하는 때에는 임시의장을 선임한다.

제 6 항 상원은 모든 탄핵심판의 권한을 전유한다. 이 목적을 위하여 상원이 개

회될 때, 의원들은 선서 또는 확약을 하여야 한다. 합중국 대통령에 대한 심판을 하는 경우에는 연방대법원장을 의장으로 한다. 누구라도 출석의원 3분의 2 이상의 찬성 없이는 유죄판결을 받지 아니한다.

제 7 항 탄핵심판에서의 판결은 면직, 그리고 합중국 아래에서의 명예직, 위임직 또는 유급 공직에 취임·재직하는 자격을 박탈하는 것 이상이 될 수 없다. 다만, 이같이 유죄판결을 받은 자일지라도 법률의 규정에 따른 기소, 재판, 판결 및 처벌을 면할 수 없다.

제 4 절 (연방의회의 조직)

제 1 항 상원의원과 하원의원을 선거할 시기, 장소 및 방법은 각 주에서 그 주의회가 정한다. 그러나 연방의회는 언제든지 법률에 의하여, 그러한 규정을 제정 또는 개정할 수 있다. 다만, 상원의원의 선거장소에 관하여는 예외로 한다(수정 제17조로 개정).

제 2 항 연방의회는 매년 적어도 1회 집회하여야 한다. 그 집회의 시기는 법률에 의하여 다른 날짜를 지정하지 아니하는 한 12월의 첫째 월요일로 한다(수정 제 2 조 참조).

제 5 절

제 1 항 각 원은 그 소속 의원의 당선, 득표수 및 자격을 판정한다. 각 원은 소속 의원의 과반수가 출석함으로써 의사를 진행시킬 수 있는 정족수를 구성한다. 정족수에 미달하는 경우에는 출석의원이 연일 휴회할 수 있으며, 각 원에서 정하는 방법과 벌칙에 따라 결석의원의 출석을 강요할 수 있다.

제 2 항 각 원은 의사규칙을 결정하며, 원내의 질서를 문란케 한 의원을 징계하며, 의원 3분의 2 이상의 찬성을 얻어 의원을 제명할 수 있다.

제 3 항 각 원은 의사록을 작성하여, 각 원에서 비밀에 붙여져야 한다고 판단하는 부분을 제외하고, 이것을 수시로 공표하여야 한다. 각 원은, 출석의원수의 5분의 1 이상이 요구할 경우에는, 어떠한 문제에 대해서도 소속의원의 찬반투표수를 의사록에 기재하여야 한다.

제 4 항 연방의회의 회기 중에는 어느 의원이라도 다른 의원의 동의 없이 3일 이상 휴회하거나, 회의장을 양원이 개회한 장소 이외의 장소로 옮길 수 없다.

제 6 절

제 1 항 상원의원과 하원의원은, 그 직무에 대하여 법률이 정하고 합중국 국고로부터 지급되는 보수를 받는다. 양원의 의원은 반역죄, 중죄 및 치안 방해죄를 제외하고는 어떠한 경우에도 그 의원의 회의 출석중에 그리고 의사당까지의 왕복 도중에 체포되지 아니하는 특권이 있다. 양원의 의원은 원내에서 행한 발언이나 토론에 관하여 원외에서 문책받지 아니한다.

제 2 항 상원의원 또는 하원의원은 재임기간 중에 신설되거나 봉급이 인상된 어떠한 합중국의 공직에도 임명될 수 없다. 합중국의 어떠한 공직에 있는 자라도 재직 중에 양원 중의 어느 의원의 의원이 될 수 없다.

제 7 절

제 1 항 세입 징수에 관한 모든 법률안은 먼저 하원에서 제안되어야 한다. 다만, 상원은 이에 대해 다른 법안에서와 마찬가지로 수정안을 발의하거나 수정을 가하여 동의할 수 있다.

제 2 항 하원과 상원을 모두 통과한 모든 법률안은 법률로 확정되기에 앞서 대통령에게 이송되어야 한다. 대통령이 이를 승인하는 경우에는 이에 서명하며, 승인하지 아니하는 경우에는 이의서를 첨부하여 이 법률안을 발의한 의원으로 환부하여야 한다. 법률안을 환부받은 의원은 이의의 대략을 의사록에 기록한 후 이 법률안을 다시 심의하여야 한다. 다시 심의한 결과, 그 의원의 의원 3분의 2 이상의 찬성으로 가결할 경우에는, 이 의원은 이 법률안을 대통령의 이의서와 함께 다른 의원으로 이송하여야 한다. 다른 의원에서 이 법률안을 재심의하여 의원의 3분의 2 이상의 찬성으로 가결할 경우에는 이 법률안은 법률로 확정된다. 이 모든 경우에 있어서 양원은 호명, 구두, 표결로 결정하며, 그 법률안에 대한 찬성자와 반대자의 성명을 각 원의 의사록에 기재하여야 한다. 법률안이 대통령에게 이송된 후 10일 이내(일요일 제외)에 의회로 환부되지 아니할 때에는 그 법률안은 대통령이 이에 서명한 경우와 마찬가지의 법률로 확정된다. 다만, 연방의회가 휴회하여 이 법률안을 환부할 수 없는 경우에는 법률로 확정되지 아니한다.

제 3 항 상 · 하 양원의 의결을 필요로 하는 모든 명령, 결의 또는 표결(휴회에 관한 결의는 제외)은 이를 대통령에게 이송하여야 하며, 대통령이 이를 승인하여야 효력을 발생한다. 대통령이 이를 승인하지 아니하는 경우에는 법률안에서와 같은 규칙 및 제한에 따라서 상원과 하원에서 3분의 2 이

상의 의원의 찬성으로 다시 가결하여야 한다.

제 8 절 (연방의회에 부여된 권한)

제 1 항 연방의회는 다음의 권한을 가진다. 합중국의 채무를 지불하고, 공동 방위와 일반 복지를 위하여 조세, 관세, 공과금 및 소비세를 부과·징수한다. 다만 관세, 공과금 및 소비세는 합중국 전역에 걸쳐서 획일적이어야 한다.

제 2 항 합중국의 신용으로 금전을 차입한다.

제 3 항 외국과의, 주 상호간의 그리고 인디언 부족과의 통상을 규지한다.

제 4 항 합중국 전체에 공통되는 획일적인 귀화규정과 파산문제에 대한 획일적인 법률을 제정한다.

제 5 항 화폐를 주조하고, 미국 화폐 및 외국 화폐의 가치를 규정하며, 도량형의 기준을 정한다.

제 6 항 합중국의 유가증권 및 통화의 위조에 관한 벌칙을 정한다.

제 7 항 우편 관서와 우편 도로를 건설한다.

제 8 항 저작자와 발명자에게 그들의 저술과 발명에 대한 독점적인 권리를 일정기간 확보해 줌으로써 과학과 유용한 기술의 발달을 촉진시킨다.

제 9 항 연방대법원 아래에 하급법원을 조직한다.

제10항 공해에서 범한 해적행위 및 중죄 그리고 국제법에 위배되는 범죄를 정의하고 이에 대한 벌칙을 정한다.

제11항 전쟁을 포고하고, 나포 허가장을 수여하고, 지상 및 해상에서의 나포에 관한 규칙을 정한다.

제12항 육군을 모집, 편성하고 이를 유지한다. 다만, 이 목적을 위한 경비의 지출기간은 2년을 초과하지 못한다.

제13항 해군을 창설하고 이를 유지한다.

제14항 육·해군의 통수 및 규제에 관한 규칙을 정한다.

제15항 연방법률을 집행하고, 반란을 진압하고, 침략을 격퇴하기 위하여 민병의 소집에 관한 규칙을 정한다.

제16항 민병대의 편성, 무장 및 훈련에 관한 규칙과, 합중국의 군무에 복무하는 자들을 다스리는 규칙을 정한다. 다만, 각 주는 민병대의 장교를 임명하고, 연방의회가 정한 군율에 따라 민병대를 훈련시키는 권한을 각각 유보한다.

제17항 특정 주가 합중국에게 양도하고, 연방의회가 이를 수령함으로써 합중국

정부 소재지로 되는 지역(10평방 마일을 초과하지 못함)에 대하여는 어떠한 경우를 막론하고 독점적인 입법권을 행사하며, 요새, 무기고, 조병창, 조선소 및 기타 필요한 건물을 세우기 위하여 주의회의 승인을 얻어 구입한 모든 장소에 대해서도 이와 똑같은 권한을 행사한다.

제18항 위에 기술한 권한들과, 이 헌법이 합중국 정부 또는 그 부처 또는 그 관리에게 부여한 모든 기타 권한을 행사하는 데 필요하고 적절한 모든 법률을 제정한다.

제 9 절 (연방의회에 금지된 권한)

제 1 항 연방의회는 기존의 각 주 중 어느 주가 허용함이 적당하다고 인정하는 사람들의 이주 또는 입국을 1808년 이전에는 금지하지 못한다. 다만, 이러한 사람들의 입국에 대하여 1인당 10달러를 초과하지 아니하는 한도 내에서 입국세를 부과할 수 있다.

제 2 항 인신보호영장에 관한 특권은, 반란 또는 침략의 경우에 공공의 안전상 요구되는 때를 제외하고는 이를 정지시킬 수 없다.

제 3 항 사권박탈법(Bill of Attainder) 또는 소급처벌법을 통과시키지 못한다.

제 4 항 인두세나 그 밖의 직접세는 앞서(제 2 절 제 3 항에) 규정한 인구조사 또는 산정에 비례하지 아니하는 한, 이를 부과하지 못한다.

제 5 항 주로부터 수출되는 물품에 조세 또는 관세를 부과하지 못한다.

제 6 항 어떠한 통상 또는 세수입 규정에 의하여서도, 다른 주의 항구보다 특혜적인 대우를 어느 주의 항구에 할 수 없다. 또한 어느 주에 도착 예정이거나 어느 주를 출항한 선박을 다른 주에서 강제로 입·출항수속을 하게 하거나, 관세를 지불하게 할 수 없다.

제 7 항 국고금은 법률에 따른 지출 승인에 의하여서만 지출할 수 있다. 또한 모든 공금의 수납 및 지출에 관한 정식 결산서는 수시로 공표하여야 한다.

제 8 항 합중국은 어떠한 귀족의 칭호도 수여하지 아니한다. 합중국에서 유급직 또는 위임에 의한 관직에 있는 자는 누구라도 연방의회의 승인 없이는 어떠한 국왕, 왕족 또는 외국으로부터도 종류 여하를 막론하고 선물, 보수, 관직 또는 칭호를 받을 수 없다.

제10절 (주에 금지된 권한)

제 1 항 어느 주라도 조약, 동맹 또는 연합을 체결하거나, 나포 허가장을 수여하거나, 화폐를 주조하거나, 신용증권을 발행하거나, 금화 및 은화 이외의

것으로서 채무지불의 법정수단으로 삼거나, 사권박탈법, 소급처벌법 또는 계약상의 채무에 해를 주는 법률 등을 제정하거나, 또는 귀족의 칭호를 수여할 수 없다.

제2항 어느 주라도 연방의회의 동의 없이는 수입품 또는 수출품에 대하여 검사법의 시행상 절대 필요한 경우를 제외하고는 공과금 또는 관세를 부과하지 못한다. 어느 주에서나 수입품 또는 수출품에 부과하는 모든 공과금이나 관세의 순수입은 합중국 국고의 용도에 제공하여야 한다. 또한 연방의회는 이런 종류의 모든 주법들을 개정하고 통제할 수 있다.

제3항 어느 주라도 연방의회의 동의 없이는 톤세를 부과할 수 없고, 평화시에 군대나 군함을 보유할 수 없고, 다른 주나 외국과 협정이나 맹약을 체결할 수 없으며, 실제로 침공당하고 있거나 지체할 수 없을 만큼 급박한 위험에 처해 있지 아니하고는 교전할 수 없다.

제 2 조 (행정부)

제 1 절

제1항 행정권은 아메리카합중국 대통령에게 속한다. 대통령의 임기는 4년으로 하며, 동일한 임기의 부통령과 함께 다음과 같은 방법에 의하여 선출된다.

제2항 각 주는 그 주의회가 정하는 바에 따라, 그 주가 연방의회에 보낼 수 있는 상원의원과 하원의원의 총수와 동수의 선거인을 임명한다. 다만, 상원의원이나 하원의원, 또는 합중국에서 위임에 의한 또는 유급의 관직에 있는 자는 선거인이 될 수 없다.

제3항 선거인은 각기 자기 주에서 회합하여 비밀투표에 의하여 2인을 선거한다. 다만, 그 중 적어도 1인은 선거인과 동일한 주의 주민이 아니어야 한다. 선거인은 모든 득표자들의 명부와 각 득표자의 득표수를 기재한 표를 작성하여 서명하고 증명한 다음, 봉합하여 상원의장 앞으로 합중국정부 소재지로 송부한다. 상원의장은 상원의원 및 하원의원들의 앞에서 모든 증명서를 개봉하고 득표수를 계산한다. 최고득표자의 득표수가 임명된 선거인의 총수의 과반수가 되었을 때에는 그가 대통령으로 당선된다. 과반수 득표자가 2인 이상이 되고, 그 득표수가 동수일 경우에는 하원이 즉시 비밀투표로 그 중 1인을 대통령으로 선임하여야 한다. 과반수 득표자가 없을 경우에는 하원이 동일한 방법으로 목록에 있는 최다득표자 5명 중에서 대통령을 선임한다. 다만, 이러한 방법에 의하여 대

통령을 선거할 때에는 선거를 주 단위로 하고, 각 주의 하원의원은 1표의 투표권을 가지며, 그 선거에 필요한 정족수는 전체 주의 3분의 2의 주로부터 1명 또는 2명 이상의 의원의 출석으로써 성립되며, 전체 주의 과반수의 찬성을 얻어야 선출될 수 있다. 어떤 경우에 있어서나, 대통령을 선출하고 난 후에 최다수의 득표를 한 자를 부통령으로 한다. 다만, 동수의 득표자가 2인 이상 있을 때에는 상원이 비밀투표로 그 중에서 부통령을 선출한다.

제 4 항 연방의회는 선거인들의 선임시기와 이들의 투표일을 결정할 수 있으며, 이 투표일은 합중국 전역을 통하여 같은 날이 되어야 한다.

제 5 항 출생에 의한 합중국 시민이 아닌 자, 또는 본 헌법의 제정시에 합중국 시민이 아닌 자는 대통령으로 선임될 자격이 없다. 연령이 35세에 미달한 자, 또는 14년간 합중국 내의 주민이 아닌 자도 대통령으로 선임될 자격이 없다.

제 6 항 대통령이 면직되거나, 사망하거나, 사직하거나 또는 그 권한 및 직무를 수행할 능력을 상실할 경우에, 대통령의 직무는 부통령에게 귀속된다. 연방의회는 법률에 의하여 대통령 및 부통령의 면직, 사망, 사직 또는 직무수행 불능의 경우를 규정할 수 있으며, 그러한 경우에 대통령의 직무를 수행할 관리를 정할 수 있다. 이 관리는 대통령의 직무수행 불능이 제거되거나 대통령이 새로 선임될 때까지 대통령의 직무를 대행한다(수정 제20조 및 제25조 참조).

제 7 항 대통령은 그 직무수행에 대한 대가로 정기적으로 보수를 받으며, 그 보수는 임기 중에 인상 또는 인하되지 아니한다. 대통령은 그 임기 중에 합중국 또는 어느 주로부터 그 밖의 어떠한 보수도 받지 못한다.

제 8 항 대통령은 그 직무수행을 시작하기에 앞서 다음과 같은 선서 또는 확약을 하여야 한다. "나는 합중국 대통령의 직무를 성실히 수행하며, 나의 능력의 최선을 다하여 합중국 헌법을 보전하고, 보호하고, 수호할 것을 엄숙히 선서(또는 확약)한다."

제 2 절

제 1 항 대통령은 합중국 육·해군의 총사령관, 그리고 각 주의 민병이 합중국의 현역에 복무할 때는 그 민병대의 총사령관이 된다. 대통령은 각 소관 직무사항에 관하여, 행정 각 부처 장관의 문서에 의한 견해를 요구할 수 있다. 대통령은 합중국에 대한 범죄에 관하여, 탄핵의 경우를 제외하고, 형의 집행유예

및 사면을 명할 수 있는 권한을 가진다.

제 2 항 대통령은 상원의 권고와 동의를 얻어 조약을 체결하는 권한을 가진다. 다만, 그 권고와 동의는 상원의 출석의원 3분의 2 이상의 찬성을 얻어야 한다. 대통령은 대사, 그 밖의 공사 및 영사, 연방대법원 판사 그리고 그 임명에 관하여 본 헌법에 특별 규정이 없으나 이후어 법률로써 정해지는 그 밖의 모든 합중국 관리를 지명하여 상원의 권고와 동의를 얻어 임명한다. 다만, 연방의회는 적당하다고 인정되는 하급관리 임명권을 법률에 의하여 대통령에게만, 법원에게, 또는 각 부처 장관에게 부여할 수 있다.

제 3 항 대통령은 상원의 휴회 중에 생기는 모든 결원을 임명에 의하여 충원하는 권한을 가진다. 다만, 그 임명은 다음 회기가 만료될 때에 효력을 상실한다.

제 3 절

대통령은 연방의 상황에 관하여 수시로 연방의회에 보고하고, 필요하고도 권고할 만하다고 인정하는 법안의 심의를 연방의회에 권고하여야 한다. 긴급시에는 대통령은 상·하 양원 또는 그 중의 1원을 소집할 수 있으며, 휴회의 시기에 관하여 양원 간에 의견이 일치되지 아니하는 때에는 대통령은 적당하다고 인정할 때까지 양원의 정회를 명할 수 있다. 대통령은 대사와 그 밖의 외교사절을 접수하며, 법률이 충실하게 집행되도록 유의하며, 또 합중국의 고든 관리들에게 직무를 위임한다.

제 4 절

대통령, 부통령 그리고 합중국의 모든 문관은 반역죄, 수뢰죄, 또는 그 밖의 중대한 범죄 및 경죄로 탄핵받고 유죄판결을 받음으로써 면직된다.

제 3 조 (사법부)

제 1 절

합중국의 사법권은 1개의 연방대법원에, 그리고 연방의회가 수시로 제정 설치하는 하급법원들에 속한다. 연방대법원 및 하급법원의 판사는 그 행상이 선량한 한 그 직을 보유하며, 그 직무에 대하여 정기적으로 보수를 받으며, 그 보수는 재임 중에 감액되지 아니한다.

제 2 절

제 1 항 사법권은 본 헌법과 합중국 법률, 그리고 합중국의 권한에 의하여 체결되었거나 체결될 조약으로 하여 발생하는 모든 보통법상 및 형평법상의 사건, 대사와 그 밖의 외교사절 및 영사에 관한 모든 사건, 해사재판 및 해상관할에 관한 모든 사건, 합중국이 일반 당사자가 되는 분쟁, 2개주 이상의 주 간에 발생하는 분쟁, 어느 주와 타주 시민 간의 분쟁, 상이한 주의 시민들 간의 분쟁, 타주로부터 부여된 토지에 대한 권리에 관하여 발생하는 같은 주 내의 시민 간의 분쟁, 그리고 어떤 주나 그 주의 시민과 외국 또는 외국시민과의 사이에 발생하는 분쟁에 미친다.

제 2 항 대사와 그 밖의 외교사절 및 영사에 관계되는 사건과, 주가 당사자인 사건은 연방대법원이 제1심의 재판관할권을 가진다. 그 밖의 모든 사건에 있어서는 연방의회가 정하는 예외의 경우를 두되, 연방의회가 정하는 규정에 따라 법률문제와 사실문제에 관하여 상소심 재판관할권을 가진다.

제 3 항 탄핵사건을 제외한 모든 범죄의 재판은 배심제로 한다. 그 재판은 그 범죄가 행하여진 주에서 하여야 한다. 다만 그 범죄지가 어느 주에도 속하지 아니할 경우에는 연방의회가 법률에 의하여 정하는 장소에서 재판한다.

제 3 절

제 1 항 합중국에 대한 반역죄는 합중국에 대하여 전쟁을 일으키거나, 또는 적에게 가담하여 원조 및 지원을 할 경우에만 성립한다. 누구라도 명백한 상기 행동에 대하여 2명의 증인의 증언이 있거나, 또는 공개법정에서 자백하는 경우 이외에는 반역죄의 유죄선고를 받지 아니한다.

제 2 항 연방의회는 반역죄의 형벌을 선고하는 권한을 가진다. 다만, 반역죄의 선고로 사권이 박탈된 자는 자기의 생존기간을 제외하고 혈통오독(血統汚瀆)이나 재산몰수를 초래하지 아니한다.

제 4 조 (주와 주, 연방의 관계)

제 1 절

각 주는 다른 주의 법령, 기록 및 사법절차에 대하여 충분한 신뢰와 신용을 가져야 한다. 연방의회는 이러한 법령, 기록 및 사법절차를 증명하는 방법과 그것들의 효력을 일반법률로써 규정할 수 있다.

제 2 절

제 1 항 각 주의 시민은 다른 어느 주에서도 그 주의 시민이 향유하는 모든 특권 및 면책권을 가진다.

제 2 항 어느 주에서 반역죄, 중죄 또는 그 밖의 범죄로 인하여 고발된 자가 도피하여 재판을 면하고, 다른 주에서 발견된 경우, 범인이 도피해 나온 주의 행정당국의 요구에 의하여, 그 범인은 그 범죄에 대한 재판관할권이 있는 주로 인도되어야 한다.

제 3 항 어느 주에서 그 주의 법률에 의하여 사역 또는 노역을 당하도록 되어 있는 자가 다른 주로 도피한 경우에, 다른 주의 어떠한 법률 또는 규정에 의하여서도 그 사역 또는 노역의 의무는 해제되지 아니하며, 그 자는 그 사역 또는 노역을 요구할 권리를 가진 당사자의 청구에 따라 인도되어야 한다(수정 제13조 참조).

제 3 절

제 1 항 연방의회는 신주를 연방에 가입시킬 수 있다. 다만, 어떠한 주의 관할구역에서도 신주를 형성하거나 설치할 수 없다. 또 관계 각 주의 주의회와 연방의회의 동의 없이는 2개 이상의 주 또는 주의 일부를 합병하여 신주를 형성할 수 없다.

제 2 항 연방의회는 합중국에 속하는 영토 또는 그 밖의 재산을 처분하고 이에 관한 모든 필요한 규칙 및 규정을 제정하는 권한을 가진다. 다만, 이 헌법의 어떠한 조항도 합중국 또는 어느 주의 권리를 훼손하는 것으로 해석하여서는 아니된다.

제 4 절

합중국은 이 연방 내의 모든 주에 공화정체(Republican Form of Government)를 보장하며, 각 주를 침략으로부터 보호하며, 또 각 주의 주의회 또는 행정부(주의회를 소집할 수 없을 때)의 요구가 있을 때에는 주 내의 폭동으로부터 각 주를 보호한다.

제 5 조 (헌법수정절차)

연방의회는 상 · 하 양원 의원의 3분의 2가 본 헌법에 대한 수정의 필요성을 인정할 때에는 헌법수정을 발의하여야 하며, 또는 각 주 중 3분의 2 이상의 주의회의 요청이 있을 때에는 수정발의를 위한 헌법회의를 소집하여야 한다. 어느 경우에 있어서나 수정은 연방의회가 제의하는 비준의 두 방법 중의 어느 하나에 따라, 4분의 3의 주의 주의회에 의하여 비준되거나, 또는 4분의 3의 주의 주헌법회의에 의하여 비준되는 때에는 사실상 본 헌법의 일부로서 효력을 발생한다. 다만, 1808년 이전에 이루어지는 수정은 어떠한 방법으로도 제 1 조 제 9 절 제 1 항 및 제 4 항에 변경을 가져올 수 없다. 어느 주도 그 주의 동의 없이는 상원에서의 동등한 투표권을 박탈당하지 아니한다.

제 6 조

제 1 항 (연방채무) 본 헌법이 제정되기 전에 계약된 모든 채무와 체결된 모든 계약은 본 헌법하에서도 연합규약(the Confederation)하에서와 마찬가지로 합중국에 대하여 효력을 가진다.

제 2 항 (연방정부의 최고성) 본 헌법, 본 헌법에 준거하여 제정되는 합중국의 법률 그리고 합중국의 권한에 의하여 체결되었거나 체결될 모든 조약은 이 나라의 최고법률이며, 모든 주의 법관은, 어느 주의 헌법이나 법률 중에 이에 배치되는 규정이 있을지라도 이에 구속된다.

제 3 항 상기한 상원의원 및 하원의원, 각 주의 주의회의원, 합중국 및 각 주의 모든 행정관 및 사법관은 선서 또는 확약에 의하여 본 헌법을 받들 의무가 있다. 다만, 합중국의 어떠한 관직 또는 위임에 의한 공직에도 그 자격요건으로서 종교상의 자격은 요구되지 아니한다.

제 7 조 (헌법 비준)

본 헌법이 이를 비준하는 각 주간에 확정발효되기 위하여는 9개 주의 주헌법회의에 의한 비준이 있으면 충분하다.

서기 1787년, 아메리카합중국 독립 제12년, 9월 17일, 헌법회의에 참석한 각 주의 만장일치의 동의를 얻어 본 헌법을 제정한다. 이를 증명하기 위하여 우리들은 이에 서명한다.

〈헌법수정조항〉

아래는 미국헌법의 수정조항이다. 수정헌법의 첫 10개 조항은 권리장전(Bill of Rights)이라고 알려져 있다.

수정헌법 제 1 조 (종교, 언론, 출판, 집회의 자유 및 청원의 권리)

연방의회는 국교를 정하거나 또는 자유로운 신앙행위를 금지하는 법률을 제정할 수 없다. 또한 언론, 출판의 자유나 국민이 평화로이 집회할 수 있는 권리 및 불만사항의 구제를 위하여 정부에게 청원할 수 있는 권리를 제한하는 법률을 제정할 수 없다.

수정헌법 제 2 조 (무기 휴대의 권리)

규율 있는 민병들은 자유로운 주의 안보에 필요하므로 무기를 소장하고 휴대하는 인민의 권리를 침해할 수 없다.

수정헌법 제 3 조 (군인의 숙영)

평화시에 군대는 어떠한 주택에도 그 소유자의 승낙을 받지 아니하고는 숙영할 수 없다. 전시에 있어서도 법률이 정하는 방법에 의하지 아니하고는 숙영할 수 없다.

수정헌법 제 4 조 (수색 및 체포영장)

부당한 수색 · 체포 · 압수로부터 신체, 가택, 서류 및 동산의 안전을 보장받을 인민의 권리는 이를 침해할 수 없다. 그리고 체포 · 수색 · 압수의 영장은 상당한 이유에 의하고, 선서 또는 확약에 의하여 뒷받침되고, 특히 수색될 장소, 체포될 사람 또는 압수될 물건을 기재하지 아니하고는 이를 발급할 수 없다.

수정헌법 제 5 조 (형사사건에서의 권리)

누구라도, 대배심에 의한 고발 또는 기소가 있지 아니하는 한, 사형에 해당하는 죄 또는 파렴치죄에 관하여 심리를 받지 아니한다. 다만 육군이나 해군에서 또는 전시나 사변시에 복무 중에 있는 민병대에서 발생한 사건에 관하여서는 예외로 한다. 누구라도 동일한 범행으로 생명이나 신체에 대한 위협을 재차 받지 아니하며, 어떠한 형사사건에 있어서도 자기에게 불리한 증언을 강요당하지 아니하며, 누구라도 정당한 법의 절차에 의하지 아니하고는 생명, 자유 또는 재산을 박탈당하지 아니한다. 또 정당한 보상 없이, 사유재산을 공공용으로 수용당하지 아니한다.

수정헌법 제6조(공정한 재판을 받을 권리)

모든 형사소추에 있어서, 피고인은 범죄가 행하여진 주 및 법률이 미리 정하는 지역의 공정한 배심에 의한 신속한 공판을 받을 권리, 사건의 성질과 이유에 관하여 통고받을 권리, 자기에게 불리한 증인과 대질심문을 받을 권리, 자기에게 유리한 증인을 얻기 위하여 강제적 수속을 취할 권리, 자신의 변호를 위하여 변호인의 도움을 받을 권리가 있다.

수정헌법 제7조(민사사건에서의 권리)

보통법상의 소송에 있어서, 소송에 걸려 있는 액수가 20달러를 초과하는 경우에는 배심에 의한 심리를 받을 권리가 보유된다. 배심에 의하여 심리된 사실은 보통법의 규정에 의하는 것 이외에 합중국의 어느 법원에서도 재심 받지 아니한다.

수정헌법 제8조(보석금, 벌금 및 형벌)

과다한 보석금을 요구하거나, 과다한 벌금을 과하거나, 잔혹하고 비정상적인 형벌을 과하지 못한다.

수정헌법 제9조(인민이 보유하는 권리)

본 헌법에 특정 권리들을 열거한 사실이, 인민이 보유하는 그 밖의 여러 권리들을 부인하거나 경시하는 것으로 해석되어서는 아니된다.

수정헌법 제10조(주와 인민이 보유하는 권한)

본 헌법에 의하여 합중국에 위임되지 아니하였거나, 각 주에게 금지되지 아니한 권한들은 각 주나 인민이 보유한다.

수정헌법 제11조(주를 상대로 하는 소송)

*이 수정조항은 1974년 3월 4일에 발의되어, 1975년 2월 7일에 비준됨.

합중국의 사법권은 합중국의 한 주에 대하여 다른 주의 시민 또는 외국의 시민이나 신민에 의하여 개시되었거나 제기된, 보통법상 또는 형평법상의 소송에까지 미치는 것으로 해석할 수 없다.

수정헌법 제12조 (대통령 및 부통령의 선출)

*이 수정조항은 1803년 12월 9일에 발의되어, 1804년 7월 27일에 비준됨.

선거인은 각각 자기 주에서 회합하여, 비밀투표에 의하여 대통령과 부통령을 선거한다. 양인 중 적어도 1인은 선거인과 동일한 주의 주민이 아니어야 한다. 선거인은 투표용지에 대통령으로 투표되는 사람의 이름을 지정하고, 별개의 투표용지에 부통령으로 투표되는 사람의 이름을 지정하여야 한다. 선거인은 대통령으로 투표된 모든 사람의 명부와 부통령으로 투표된 모든 사람의 명부, 그리고 각 득표자의 득표수를 기재한 표를 별개로 작성하여 선거인이 이에 서명하고 증명한 다음, 봉합하여 상원의장 앞으로 합중국정부 소재지로 송부한다. 상원의장은 상원의원 및 하원의원 참석하에 모든 증명서를 개봉하고 개표한다. 대통령으로서의 투표의 최고 득표자를 대통령으로 한다. 다만, 득표수가 선임된 선거인의 총수의 과반수가 되어야 한다. 이와 같은 과반수 득표자가 없을 경우 하원은 즉시 대통령으로 투표된 사람의 명부 중 3인을 초과하지 아니하는 최다수 득표자들 중에서 대통령을 비밀투표로 선거하여야 한다. 다만, 이러한 방법으로 대통령을 선거할 때에는 선거를 주 단위로 하고, 각 주는 1표의 투표권을 가지며, 그 선거에 필요한 정족수는 전체 주의 3분의 2의 주로부터 1명 또는 그 이상의 의원의 출석으로써 성립되며, 전체 주의 과반수의 찬성을 얻어야 선출될 수 있다. 대통령 선정권이 하원에 귀속된 경우에 하원이 (다음 3월 4일까지) 대통령을 선정하지 않을 때에는 대통령의 사망 또는 그 밖의 헌법상의 직무수행 불능의 경우와 같이 부통령이 대통령의 직무를 행한다. 부통령으로서의 최고 득표자를 부통령으로 한다. 다만, 그 득표수는 선임된 선거인의 총수의 과반수가 되어야 한다. 과반수 득표자가 없을 경우에는 상원이 득표자 명부 중 최다수 득표자 2인 중에서 부통령을 선임한다. 이 목적을 위한 정족수는 상원의원 총수의 3분의 2로 성립되며, 그 선임에는 의원 총수의 과반수가 필요하다. 다만, 헌법상 대통령의 직에 취임할 자격이 없는 사람은 합중국 부통령의 직에 취임할 자격도 없다.

수정헌법 제13조 (노예제도 폐지)

*이 수정조항은 1865년 1월 31일에 발의되어, 1865년 12월 6일에 비준됨.

제1항 노예 또는 강제노역은 당사자가 정당하게 유죄판결을 받은 범죄에 대한 처벌이 아니면 합중국 또는 그 관할에 속하는 어느 장소에서도 존재할 수 없다.

제2항 연방의회는 적당한 입법에 의하여 본 조의 규정을 시행할 권한을 가진다.

수정헌법 제14조 (공민권)

*이 수정조항은 1866년 6월 13일에 발의되어, 1868년 7월 9일에 비준됨.

제 1 항 합중국에서 출생하고 또는 귀화하고, 합중국의 관할권에 속하는 모든 사람은 합중국 및 그 거주하는 주의 시민이다. 어떠한 주도 합중국 시민의 특권과 면책권을 박탈하는 법률을 제정하거나 시행할 수 없다. 어떠한 주도 정당한 법의 절차에 의하지 아니하고는 어떠한 사람으로부터도 생명, 자유 또는 재산을 박탈할 수 없으며, 그 관할권 내에 있는 어떠한 사람에 대하여도 법률에 의한 평등한 보호를 거부하지 못한다.

제 2 항 하원의원은 각 주의 인구수에 비례하여 각 주에 할당한다. 각 주의 인구수는 과세되지 아니하는 인디언을 제외한 각 주의 총인구수이다. 다만, 합중국 대통령 및 부통령의 선거인, 연방의회의 하원의원, 각 주의 행정관, 사법관 또는 각 주 주의회의 의원을 선출하는 어떠한 선거에서도, 반란이나 그 밖의 범죄에 가담한 경우를 제외하고, 21세에 달하고 합중국 시민인 당해 주의 남성주민 중의 어느 누구에게 투표권이 거부되거나, 어떠한 방법으로 제한되어 있을 때에는 그 주의 하원의원 할당수의 기준은 그러한 남성주민의 수가 그 주의 21세에 달한 남성주민의 총수에 대하여 가지는 비율에 따라 감소된다.

제 3 항 과거에 연방의회 의원, 합중국 관리, 주의회 의원 또는 각 주의 행정관이나 사법관으로서, 합중국 헌법을 수호할 것을 선서하고, 후에 이에 대한 폭동이나 반란에 가담하거나 또는 그 적에게 원조를 제공한 자는 누구라도 연방의회의 상원의원이나 하원의원, 대통령 및 부통령의 선거인, 합중국이나 각 주 밑에서의 문무의 관직에 취임할 수 없다. 다만, 연방의회는 각 원의 3분의 2의 찬성 투표로써 그 실격을 해제할 수 있다.

제 4 항 폭동이나 반란을 진압할 때의 공헌에 대한 은급 및 하사금을 지불하기 위하여 기채한 부채를 포함하여 법률로 인정한 국채의 법적 효력은 이를 문제로 삼을 수 없다. 그러나 합중국 또는 주는 합중국에 대한 폭동이나 반란을 원조하기 위하여 기채한 부채에 대하여 또는 노예의 상실이나 해방으로 인한 청구에 대해서는 채무를 부담하거나 지불하지 아니한다. 모든 이러한 부채, 채무 및 청구는 위법이고 무효이다.

제 5 항 연방의회는 적절한 입법에 의하여 본 조의 규정을 시행할 권한을 가진다.

수정헌법 제15조 (흑인의 투표권)

*이 수정조항은 1869년 2월 26일에 발의되어, 1870년 2월 3일에 비준됨.

제1항 합중국 시민의 투표권은 인종, 피부색 또는 과거의 예속 상태로 해서, 합중국이나 주에 의하여 거부되거나 제한되지 아니한다.

제2항 연방의회는 적절한 입법에 의하여 본 조의 규정을 시행할 권한을 가진다.

수정헌법 제16조 (소득세)

*이 수정조항은 1909년 7월 12일에 발의되어, 1913년 2월 3일에 비준됨.

연방의회는 어떠한 소득원에서 얻어지는 소득에 대해서도, 각 주에 배당하지 아니하고 국세 조사나 인구수 산정에 관계없이, 소득세를 부과·징수할 권한을 가진다.

수정헌법 제17조 (연방 상원의원의 직접선거)

*이 수정조항은 1912년 5월 13일에 발의되어, 1913년 4월 3일에 비준됨.

제1항 합중국의 상원은 각 주 2명씩의 상원의원으로 구성된다. 상원의원은 그 주의 주민에 의하여 선출되고 6년의 임기를 가진다. 각 상원의원은 1표의 투표권을 가진다. 각 주의 선거인은 주 입법부 중 의원수가 많은 의원의 선거인에 요구되는 자격을 가져야 한다.

제2항 상원에서 어느 주의 의원에 결원이 생긴 때에는 그 주의 행정부는 결원을 보충하기 위하여 선거명령을 내려야 한다. 다만, 주민이 주의회가 정하는 바에 의한 선거에 의하여 결원을 보충할 때까지 주의회는 그 주의 행정부에게 임시로 상원의원을 임명하는 권한을 부여할 수 있다.

제3항 본 수정조항은 본 헌법의 일부로서 효력을 발생하기 이전에 선출된 상원의원의 선거 또는 임기에 영향을 주는 것으로 해석하지 못한다.

수정헌법 제18조 (금주법)

*이 수정조항은 1917년 12월 18일에 발의되어, 1919년 1월 26일에 비준됨.

제1항 본 조의 비준으로부터 1년을 경과한 후에는 합중국 내와 그 관할에 속하는 모든 영역 내에서 음용할 목적으로 주류를 양조, 판매 또는 운송하거나 합중국에서 이를 수입 또는 수출하는 것을 금지한다.

제2항 연방의회와 각 주는 적절한 입법에 의하여 본 조를 시행할 동등한 권한

을 가진다.

제3항 본 조는 연방의회로부터 이를 각 주에 회부한 날부터 7년 이내에 각 주 주의회가 헌법에 규정된 바와 같이 헌법수정으로서 비준하지 아니하면 그 효력을 발생하지 아니한다.

수정헌법 제19조 (여성의 선거권)

*이 수정조항은 1919년 6월 4일에 발의되어, 1920년 8월 18일에 비준됨.

제1항 합중국 시민의 투표권은 성별로 해서 합중국이나 주에 의하여 거부 또는 제한되지 아니한다.

제2항 연방의회는 적절한 입법에 의하여 본 조를 시행할 권한을 가진다.

수정헌법 제20조 (대통령과 연방의회 의원의 임기)

*이 수정조항은 1932년 3월 2일에 발의되어, 1933년 1월 23일에 비준됨.

제1항 대통령과 부통령의 임기는 본 조가 비준되지 아니하였더라면 임기가 만료하였을 해의 1월 20일 정오에, 그리고 상원의원과 하원의원의 임기는 그러한 해의 1월 3일 정오에 끝난다. 그 후임자의 임기는 그때부터 시작된다.

제2항 연방의회는 매년 적어도 1회 집회한다. 그 집회는 의회가 법률로 다른 날을 정하지 아니하는 한 1월 3일 정오부터 시작된다.

제3항 대통령의 임기 개시일로 정해 놓은 시일에 대통령 당선자가 사망하였으면 부통령 당선자가 대통령이 된다. 대통령 임기의 개시일로 정한 시일까지 대통령이 선정되지 아니하였거나, 대통령 당선자가 자격을 구비하지 못하였을 때에는 부통령 당선자가 대통령이 그 자격을 구비할 때까지 대통령의 직무를 대행한다. 연방의회는, 대통령 당선자와 부통령 당선자가 모두 자격을 구비하지 못하는 경우에 대비하여 법률로써 규정하고, 대통령의 직무를 대행하여야 할 자 또는 그 대행자의 선정방법을 선언할 수 있다. 이러한 경우에 선임된 자는 대통령 또는 부통령이 자격을 구비할 때까지 대통령의 직무를 대행한다.

제4항 연방의회는, 하원이 대통령의 선정권을 갖게 되었을 때에 하원이 대통령으로 선정할 인사 중 사망자가 생긴 경우와, 상원이 부통령의 선정권을 갖게 되었을 때에 상원이 부통령으로 선정할 인사 중 사망자가 생긴 경우를 대비하여 법률로 규정할 수 있다.

제5항 제1항 및 제2항은 본 조의 비준 후 최초의 10월 15일부터 효력을 발생한다.

제6항 본 조는 회부된 날로부터 7년 이내에 각 주의 4분의 3의 주의회에 의하여 헌법수정조항으로 비준되지 아니하면 효력을 발생하지 아니한다.

수정헌법 제21조 (금주법의 폐기)

*이 수정조항은 1933년 2월 20일에 발의되어, 1933년 12월 5일에 비준됨.

제1항 연방헌법 수정 제18조는 이를 폐기한다.

제2항 주, 합중국의 영토 또는 속령의 법률에 위반하여 이들 지역 내에서 인도 또는 사용할 목적으로 주류를 이들 지역에 수송 또는 수입하는 것을 금지한다.

제3항 본 조는, 연방의회가 이것을 각 주에게 회부한 날부터 7년 이내에 헌법 규정에 따라서 각 주의 헌법회의에 의하여 헌법수정조항으로서 비준되지 아니하면 효력을 발생하지 아니한다.

수정헌법 제22조 (대통령 임기의 제한)

*이 수정조항은 1947년 3월 24일에 발의되어, 1951년 2월 27일에 비준됨.

제1항 누구라도 2회 이상 대통령직에 선출될 수 없으며, 누구라도 타인이 대통령으로 당선된 임기 중 2년 이상 대통령직에 있었거나, 대통령 직무를 대행한 자는 1회 이상 대통령직에 당선될 수 없다. 다만, 본 조는 연방의회가 이를 발의하였을 때에 대통령직에 있는 자에게는 적용되지 아니하며, 또 본 조가 효력을 발생하게 될 때에 대통령직에 있거나 대통령 직무를 대행하고 있는 자가 잔여임기 중 대통령직에 있거나 대통령 직무를 대행하는 것을 방해하지 아니한다.

제2항 본 조는 연방의회가 각 주에 회부한 날로부터 7년 이내에 각 주의 4분의 3의 주의회에 의하여 헌법수정조항으로서 비준되지 아니하면 효력을 발생하지 아니한다.

수정헌법 제23조 (콜럼비아 특별구에서의 선거권)

*이 수정조항은 1960년 6월 16일에 발의되어, 1961년 3월 29일에 비준됨.

제1항 합중국 정부 소재지를 구성하고 있는 지구는 연방의회가 다음과 같이

정한 방식에 따라 대통령 및 부통령의 선거인을 임명한다. 그 선거인의 수는 이 지구가 주라면 배당받을 수 있는 연방의원 내의 상원 및 하원 의원수와 같은 수이다. 그러나 어떠한 경우에도 최소의 인구를 가진 주보다 더 많을 수 없다. 그들은 각 주가 임명한 선거인들에 첨가된다. 그러나 그들도 대통령 및 부통령의 선거를 위하여 주가 선정한 선거인으로 간주된다. 그들은 이 지구에서 회합하여, 헌법수정 제12조가 규정하고 있는 바와 같은 직무를 수행한다.

제 2 항 연방의회는 적절한 입법에 의하여 본 조를 시행할 권한을 가진다.

수정헌법 제24조 (인두세)

*이 수정조항은 1962년 8월 27일에 발의되어, 1964년 1월 23일에 비준됨.

제 1 항 대통령 또는 부통령, 대통령 또는 부통령 선거인들, 또는 연방의회 상원의원이나 하원의원을 위한 예비선거 또는 그 밖의 선거에서의 합중국 시민의 선거권은 인두세나 기타 조세를 납부하지 아니하였다는 이유로 합중국 또는 주에 의하여 거부되거나 제한되지 아니한다.

제 2 항 연방의회는 적절한 입법에 의하여 본 조를 시행할 권한을 가진다.

수정헌법 제25조 (대통령의 직무수행 불능과 승계)

*이 수정조항은 1965년 7월 6일에 발의되어, 1967년 2월 10일에 비준됨.

제 1 항 대통령이 면직, 사망 또는 사임하는 경우에는 부통령이 대통령이 된다.

제 2 항 부통령직이 궐위되었을 때에는 대통령이 부통령을 지명하고, 지명된 부통령은 연방의회 양원의 다수결에 의한 인준에 따라 취임한다.

제 3 항 대통령이 상원의 임시의장과 하원의장에게, 대통령의 권한과 임무를 수행할 수 없다는 것을 기재한 공한을 송부할 경우에, 그리고 대통령이 그들에게 그 반대의 사실을 기재한 공한을 송부할 때까지는 부통령이 대통령권한대행으로서 그 권한과 임무를 수행한다.

제 4 항 부통령, 그리고 행정부 각 부의 또는 연방의회가 법률에 의하여 설치하는 기타 기관의 장관들의 대다수가 상원의 임시의장과 하원의장에게, 대통령이 그의 직의 권한과 임무를 수행할 수 없다는 것을 기재한 공한을 송부할 경우에는 부통령이 즉시 대통령권한대행으로서 대통령직의 권한과 임무를 떠맡는다. 그 이후 대통령이 상원의 임시의장과 하원의장에게 직무수행 불능이 존재하지 아니하다는 것을 기재한 공한을 송부

할 때는, 대통령이 그의 직의 권한과 임무를 다시 수행한다. 다만, 그러한 경우에 부통령 그리고 행정부 각 부, 또는 연방의회가 법률에 의하여 설치하는 기타 기관의 장들의 대다수가 4일 이내에 상원의 임시의장과 하원의장에게 대통령이 그의 직의 권한과 임무를 수행할 수 없다는 것을 기재한 공한을 송부하지 아니하여야 한다. 그 경우에 연방의회는 비회기 중이라 할지라도 목적을 위하여 48시간 이내에 소집하여 그 문제를 결정한다. 연방의회가 후자의 공한을 수령한 후 21일 이내에 또는 비회기 중이라도 연방의회가 소집 요구를 받은 후 21일 이내에 양원의 3분의 2의 표결로써 대통령이 그의 직의 권한과 임무를 수행할 수 없다는 것을 결의할 경우에는 부통령이 대통령권한대행으로서 계속하여 그 권한과 임무를 수행한다. 다만, 그렇지 아니한 경우에는 대통령이 그의 직의 권한과 임무를 다시 수행한다.

수정헌법 제26조 (18세 이상인 시민의 선거권)

*이 수정조항은 1971년 3월 23일에 발의되어, 1971년 7월 1일에 비준됨.

제 1 항 연령 18세 이상의 합중국 시민의 투표권은 연령을 이유로 하여 합중국 또는 주에 의하여 거부되거나 제한되지 아니한다.

제 2 항 연방의회는 적절한 입법에 의하여 본 조를 시행할 권한을 가진다

수정헌법 제27조 (의원 세비 인상)

*이 수정조항은 1992년 5월 7일에 비준됨.

상·하의원의 세비 변경에 관한 법률은 다음 하원의원 선거 때까지 효력을 발생하지 않는다.

판례색인

S

T

U

사항색인

[오경식]
연세대학교 법과대학 졸업(법학사)
연세대학교 대학원 석사과정 졸업(법학석사)
연세대학교 대학원 박사과정 졸업(법학박사)
독일 Tuebingen 대학(객원교수)
일본 동북대학(연구원)
미국 UC Berkeley Law School(Visiting Scholar)
OCU(열린사이버대학) 형사소송법 겸임교수
중앙경찰학교 형사법담당 외래강사
한국비교형사법학회 15대 회장
한국피해자학회 6대 회장
한국형사소송법학회 부회장
사법시험, 행정고시, 입법고시, 변호사시험 출제위원
국립 강릉대학교 사회과학대학장, 경영정책 대학원장
법무부 형사소송법 개정위원
(현)국립 강릉원주대학교 법학과 교수

〔저 서〕
신형사소송법(도서출판 피데스)

〔논 문〕
한국의 형사재판에서 증거조사 절차에 대한 소고
권리로서의 피해자진술권 확보방안
한국의 테러방지법제의 분석과 개선방안 등 다수

[최창호]
서울대학교 법과대학 사법학과 졸업
서울대학교 법과대학원 박사과정 수료
미국 플로리다 대학 방문연구원
서울중앙지검, 수원지검, 청주지검, 여주지청 검사
대구지검 부부장 검사
법무부 검사, 헌법재판소 헌법연구관
법무부 국가송무과장
서울남부지검 형사3부장
청주지검 충주지청장
대구지검 서부지청 차장검사
법무연수원 연구위원
서울고검, 대전고검 검사
사법시험, 변호사시험 출제위원
(현)서울중앙지검 중요경제범죄조사단 검사

〔저 서〕
형사소송법(공저, 대명출판사)

〔논 문〕
형벌법규의 위헌심사에 관한 연구
미국법상 수색의 개념에 관한 연구
수용자의 헌법상 권리에 관한 소고 등 다수

미국형사소송 실무와 절차

2017년 4월 26일 초판인쇄
2017년 5월 2일 초판발행

저 자 오경식 · 최창호
발행인 이구만
발행처 유원북스

04091 서울특별시 마포구 토정로 222,
한국출판콘텐츠센터 416호
대표전화 (02)593-1800 Fax (02)6455-1809
등록 2011. 9. 6. 제25100-2012-3호
www.uwonbooks.com uwbooks@daum.net

정 가 30,000원 ISBN 978-89-97926-71-8 93360

이 도서의 국립중앙도서관 출판예정도서목록(CIP)은 서지정보유통지원시스템 홈페이지(http://seoji.nl.go.kr)와 국가자료공동목록시스템(http://www.nl.go.kr/kolisnet)에서 이용하실 수 있습니다. (CIP제어번호 : CIP2017010342)